课程领导力视域下的课例研究

卜健 周梅 主编

上海教育出版社
SHANGHAI EDUCATIONAL
PUBLISHING HOUSE

丛书编委会

（按姓氏笔画排序）

卜　健	王白云	王海蕾	朱清一	吴　巍
吴　芳	余　娟	邹雪峰	张根洪	陆卫忠
周　梅	郑小燕	徐佑翔	徐春华	高慧军
黄　琴	谢秋观			

本书编委会

主　编　卜健　周梅

编　委（按姓氏笔画排序）

丁利民	王　音	王　隽	卞松泉	田　勇
邬红卫	刘荣明	阮　为	孙广波	李鸿娟
李　丹	李　荔	李艳璐	杨惠萍	肖　磊
邱爱萍	何　洁	张浩平	张朝晖	张田岚
张贤臣	张　清	张　满	张雅倩	陈佳凡
郑　静	胡卫江	胡靓瑛	姜　谊	秦　娟
贾晓岚	钱文静	徐劲潮	徐　晶	楼蓓芳
薛志刚				

上海市杨浦区提升中小学(幼儿园)
课程领导力行动研究项目
指导团队

总指导 徐淀芳　纪明泽　王　洋

专家团队(以姓氏笔画为序)

王　俭	王　健	朱伟强	朱怡华	朱耀庭
安桂清	杨　荣	吴端辉	余利惠	张　治
张玉华	张根洪	陈群波	金京泽	周洪飞
赵伟新	胡惠闵	贺　蓉	袁晓东	夏雪梅
徐则民	高　敬	韩艳梅	魏志春	

区教研员团队(以姓氏笔画为序)

丁正建	王宏年	王　晴	叶霞敏	叶小青
朱　捷	刘丽君	刘晓青	苏莲琴	肖　磊
何　平	邹雪峰	张爱嫣	张　敏	陈　谨
陈　炜	祝智颖	顾　群	高慧军	黄　琴
黄　芳	曹　军	盖　敏	蒋余泉	路叶燕
戴缪勇	戴敏亮			

前　言

载体・支点

——课程领导力视域下的课例研究

2016 年 3 月,在上海市提升中小学(幼儿园)课程领导力行动研究项目的引领下,杨浦区正式启动了杨浦区提升中小学(幼儿园)课程领导力行动研究项目(2016—2020 年)。作为杨浦区教育综合改革的核心项目、杨浦区"十三五"规划的重点项目、第三轮基础教育创新试验区建设的七大创新行动之一,这项研究对区域教育发展具有重要的引领价值与实践意义。

基于学校的真实问题与现实需求,杨浦区提升中小学(幼儿园)课程领导力的行动研究项目注重问题导向和实证取向,在不断定位问题、聚焦问题、分析问题、破解问题的过程中,生成新想法、开展新探索、形成新成果。如何找到提升课程领导力的实践载体? 如何建构提升课程领导力的区域路径? 如何形成提升课程领导力的团队合力? 围绕这三个基点,总项目之下构建了七个子项目,分别从学理层面、实践层面和机制层面开展了一系列实践研究。

在历时五年的实践研究中,项目组每年设计不同的关键词和主题:2016 年"思路与设计"、2017 年"优化与实施"、2018 年"调整与突破"、2019 年"整合与提升"、2020 年"总结与推广"——这些关键词和主题有机串联起整个项目研究,呈现出一步一个脚印、环环相扣的项目研究历程。五年来,高中、初中、小学和学前学段的 30 所项目实验校参与了实践研究,近 100 位专家参与了项目指导,辐射一线教师近 1200 人,影响学生多达 15000 余人,牵涉人员广,影响面大。

2020 年,项目组运用词频分析工具,分析了项目的研究方案、调研报告、中期报告、学校案例等若干文本,生成了项目词云图。在项目词云图中,项目组发现有三个关键词——"课程文本""课堂转型""课例研究"占据了显要位置,有力地印证了区域提升学校课程领导力的实践特色。在提升学校课程领导力的项目实践中,区域层面抓住了课程文本、课堂转型、课例研究这三大关键点,以课程文本为实践载体,以课堂转型为变革愿景,以课例研究为主要方法,点动成线,线动成面,面动成体,建构了区域提升学校课程领导力的行动框架。其中,课例研究发挥着至关重要的作用,是课程文本走向真实课堂的主要方法和桥梁纽带。

念念不忘,必有回响。为什么进行课程领导力研究?如何进行课程领导力研究?为什么进行课程领导力视域下的课例研究?如何进行课程领导力视域下的课例研究?项目组经常在不同时间、不同场合接受来自不同主体的"灵魂拷问"。正是在每一次叩问、追问中,在每一次冥思苦想中,在每一次实践探索中,项目组的研究思路越来越清晰,实践步伐越来越坚实。

为什么进行课程领导力视域下的课例研究?在区域提升学校课程领导力的实践研究中,项目组形成了一条由课程文本到课堂转型再到课例研究的"三步走"的清晰轨迹。2017年,区域层面迈出的第一步便是以看得见、摸得着、用得到的课程文本为提升学校课程领导力的实践载体。课程文本作为一套规范的专业文本,是学校各层级一致性解决课程问题的最优化结构设计。项目组引领学校规范编制各层级的课程文本,并通过文本的"设计—转化与实施—反思与更新"这样一个完整的过程,解决学校的课程问题。2018年,区域层面迈出了提升课程领导力行动研究的第二步,即将课堂文化转型作为提升课程领导力的共同变革愿景。课堂文化转型是以校为本的课堂改进行动,以建构校本课堂文化为目标,包括课堂理念文化、行动文化、制度文化和环境文化四大维度。引领项目实验校以课程文本为蓝本,进一步明确课堂文化转型的校本理念与主题,并选取试点学科开展了聚焦课堂文化转型的校本实践。

在由课程文本转向真实课堂的过程中,项目组一直在思考:如何让课程文本真正落实到课堂?如何检验课程文本是否落实到课堂?2019年,在与指导专家的多次研讨中,项目组找到了课例研究这一主要方法,探索用课例研究将课程文本和课堂转型二者有机结合起来,把课例研究作为由课程文本转向真实课堂的主要方法,铺就引领更多教师参与项目研究的现实路径。

什么是课程领导力视域下的课例研究?课例研究作为课堂研究的主要方法,是促进课堂变革的有效模式,是构建教师学习共同体的路径依托,是实现教师共同成长的有效路径。与一般意义的课例研究有所不同,课程领导力视域下的课例研究有着丰富的概念内涵。在项目组看来,课程领导力视域下的课例研究是体现课程文本价值引领、聚焦课堂文化转型主题、指向课堂教学真实问题解决,以一节课或一个单元的全程或片段为剖析对象,在课程文本设计、转化与实施过程中所进行的课堂研究。

课程领导力视域下的课例研究有四大特征:一是强调课程文本引领,即注重各层级课程文本对课例研究的规范引领,突出教师对课程文本要求的理解;二是聚焦课堂转型,即课例应该聚焦学校课堂转型的理念主题,反映课堂转型的教学改进过程,能够呈现转型后的课堂样态;三是注重团队研修,课程领导力视域下的课例研究更加关注教师群体的习惯和行为转变;四是强调循证改进,课例研究基于证据采取"设计—实施—更新—再设计—再实施—再更新"的循证改进过程,同时注重发挥课例研究结果对课程文本的反哺更新作用。

课程领导力视域下的课例研究如何开展? 2019年,项目组用整整一年的时间来推进课程领导力视域下的课例研究。在前期酝酿筹备的基础上,4月,总项目组研制出了课程领导力视域下的课例征集评选活动方案,明确了课例的内涵、构成要素、撰写要求和推进安排等;5月,总项目组组织了以课程领导力视域下的课例研究为专题的工作坊研修;6月,聚焦课堂文化转型的校本主题,30所项目学校组织试点学科教师团队开展课例研究并形成课例初稿;7—8月,各校对口专家对学校课例进行指导,并撰写指导意见,形成一校一表;9月,各校递交课例修改稿;10月,高中、初中、小学和学前四个学段组织专家对课例修改稿进行文本初评,选出三等奖获奖课例,并确定一、二等奖入围名单;11月,组织入围一、二等奖的课例进行现场汇报,由专家组评选后确定一、二等奖获奖名单;12月,区域层面组织优秀课例的交流分享,推介优秀课例成果。以"月份"为单位,课程领导力视域下的课例研究有机整合了内涵研究、校本实践、团队研修、专家指导、激励反馈等若干因素和环节。在实践推进中,课程领导力视域下的课例研究更加注重在课程文本的引领下,由课堂原生态到课堂新常态的课堂样态转变,更加关注教师群体习惯性行为的转变。

作为杨浦区提升中小学(幼儿园)课程领导力行动研究项目(2016—2020年)的系列成果之一,项目组集结优秀案例形成《课程领导力视域下的课例研究》一书,该书共包括七章内容。第一章主要阐释了区域开展课程领导力视域下的课例研究的现实背景,第二章深度剖析了课程领导力视域下课例研究的目标指向,第三、第四章梳理提炼了课程领导力视域下课例研究的区校实践,第五、第六和第七章分别呈现了中学、小学和学前学段项目实验校教师的课例研究成果和实践智慧。

　　落其实者思其树,饮其流者怀其源。在项目推进的过程中,有幸得到上海市教委教研室、华东师大课程与教学研究所、上海市教科院普教所等专业团队的全程指导和全力支持。同时,上述成果的取得,离不开区域行政层面的大力支持,离不开项目实验校的扎根实践,离不开一线教师的倾情投入,离不开方方面面的关心鼓励。借此向他们致以满满的敬意和诚挚的谢意!

　　凡是过往,皆为序章。新时代、新形势、新背景对教育发展也提出了新命题、新要求和新挑战,五年的项目实践已接近尾声,新一轮的项目启动正在积极酝酿。让课程领导力扎根于学校,发力于教师,落实于课堂,让课程领导力成为学校的"软实力"、校长的"真功夫"、教师的"好本领",最终让学生健康快乐成长,是项目组不变的初心和始终坚持的方向。项目组深信,道阻且长,行则将至。

周　梅

2020 年 5 月 25 日

目 录

▪ 第一章

课例研究背景：深化课程教学改革

　　研究背景是项目研究和实践的逻辑起点，即提出问题，阐述研究的原因，一般包括理论意义、政策依据和现实需要。课例研究背景主要阐述了"四个需要"：一是推进新时期基础教育课程改革的需要，二是深化基础教育创新试验区建设的需要，三是促进学校内涵发展的需要，四是提升学校课程领导力的需要。

　　课程变革具有持续性与复杂性的特点，在区域提升学校课程领导力的实践研究中，课程变革唯有扎根于课堂实践才是最有价值的，课例研究作为课堂教学研究的主要方法，其价值追求与杨浦区课程领导力提升、学校课堂文化转型的追求是一致的。

第一节　新时期基础教育课程改革的需要

2017 年,党的十九大报告做出"努力让每个孩子都能享有公平而有质量的教育"的庄严承诺,为我国新时代教育事业的改革与发展奠定了基调,指明了方向。2018 年全国教育大会提出"教育是国之大计、党之大计"的科学判断,教育事业如何交上一份优秀的答卷,关系到国家和民族的未来。可以说,"公平"与"质量"已经成为新时代教育事业发展的核心与关键。① 上海始终坚持教育优先发展战略,为了"每一个学生的终身发展",全面深化教育综合改革,落实国家、教育部深化教育改革的系列新政,呼应十九大精神,建设"公平而有质量的教育",努力办出与城市发展战略定位相匹配、与人的全面发展需求相契合、与信息革命大趋势相适应、与现代化教育制度体系相适应的一流教育。让每一个学习者都能得到全面而有个性的发展,都能享有人生出彩的机会。②

新一轮基础教育课程改革重点关注课程目标的重构、课程体系的统整完善、国家课程的校本化实施、特色校本课程的开发与实施、课堂教学方式的转型、课程资源的挖掘与整合、校本教研的发展等,这些都呼唤着学校的新角色——课程领导。2010 年 4 月,上海市教委下发了《上海市提升中小学(幼儿园)课程领导力三年行动计划(2010—2012 年)》,要求大力加强中小幼学校课程领导力建设。2015 年 3 月,上海市提升中小学(幼儿园)课程领导力行动研究项目组提出,结合上海教育综合改革,启动第二轮上海市提升中小学(幼儿园)课程领导力行动研究——校本化实施课程的品质提升实践项目。2018 年上海基础教育课程改革 30 年之际,上海市教委副主任贾炜在《改贵有恒,守真志满——关于上海深化基础教育课程改革的若干思考》一文中提出:"站在深化课改新的历史起点上,我

---

① 新华网.习近平在全国教育大会上发表重要讲话[EB/OL].(2018 - 09 - 10)[2020 - 06 - 17].http://www.xinhuanet.com/politics/2018 - 09/10/c_1123406247.htm.
② 中国教育报.上海市教育大会召开[EB/OL].(2019 - 03 - 23)[2020 - 06 - 17].http://www.jyb.cn/rmtzgjyb/201903/t20190323_219186.html.

们所处的时代背景和教育改革发展形势相较之前已经发生了很大的变化，基础教育课程改革正面临着新形势、新任务、新技术、新环境的时代之'变'。面对未来，就上海基础教育课改深化整体而言，要着力加强第三轮学校课程领导力建设，持续提升中小学校长的课程领导力是课程建设的重点任务之一。"①因此，顺应国家课程改革的发展趋势，提升课程领导力已经成为基础教育课程改革的应然选择。

第二节　基础教育创新试验区深化建设的需要

一、回应杨浦区的政策定位、发展要求和课程改革中的瓶颈问题

杨浦区根据国务院、教育部和上海市关于基础教育课程改革的相关政策要求和精神，秉持"为每一个学生未来奠基"的核心理念，加快推进教育现代化，坚持深化教育改革创新，坚持促进教育公平和提高教育质量，为建成杨浦人民满意的更加公平、更高质量、更富内涵的教育现代化强区不断努力。在这个过程中，既要着眼长远目标，又要夯实当下基础。必须要直面区域教育现代化发展中的突出问题、主要短板和薄弱环节，解决关键领域中影响、制约、禁锢教育科学发展的瓶颈问题，才能凸显区域教育改革发展特色，持续提升区域教育发展水平，为加快推进区域教育现代化做好准备。②

加拿大著名学者富兰曾经说过："变革是一个过程，而不是一张蓝图，变革的特点是不慌不忙和持续改变。变革的复杂性恰恰是变革的真正领域，它是未知的，是不可预测的，是无法追踪的。"课程变革具有持续性与复杂性的特点。③因此，课程与教学改革作为区域教育综合改革的核心领域，是一个长期而又复杂的系统工程。在此背景下，区域需要找到一个"牵一发而动全局"的项目，这个项目

---

① 贾炜.改贵有恒，守真志满——关于上海深化基础教育课程改革的若干思考[J].上海课程教学研究,2018(10):3-7.

② 杨浦时报.杨浦发布面向2020年加快推进教育现代化行动方案[EB/OL].(2019-08-27)[2020-06-18].http://www.yptimes.cn/html/2019-08/27/content_1_4.htm.

③ 刘徽.在复杂环境中教育改革需要非线性的语言——解读迈克尔·富兰的《变革的力量》三部曲(下)[J].现代教学,2008(05):76-78.

主要由教科研引领、基层学校主导和行政力量支持,它可以精准发力、精准施策和精准突破,能够撬动区域学校的课程与教学变革,形成动态的课程改革过程,这个项目就是"课程领导力"。

提升学校课程领导力能深化课程与教学改革,破解教育难点和瓶颈问题,是实现学校自主发展的有效途径。2015年,在上海市提升中小学(幼儿园)课程领导力行动研究项目(第二轮)的宏观引领下,在杨浦区教育局深化上海市基础教育创新试验区的整体部署下,杨浦区提升中小学(幼儿园)课程领导力行动研究(简称课程领导力)项目作为十三个区域教育综合改革项目之一,也是区域"十三五"教育发展规划和第三轮基础教育创新试验区建设的七大创新行动之一,引领着区域教育改革的整体推进与创新实践。

二、持续深化区域课程与教学改革的实然行动

杨浦区课程领导力项目启动之时,区域已进行了两轮基础教育创新试验区建设。在两轮的创新试验中,杨浦教育牢牢把握"联动高校、创新提升"这一主线,以课程资源建设、课堂教学改进、师资培养和评价突破四个项目作为引领创新试验的支撑点,建立和完善政策支持、专业支撑、组织架构、项目运行、经费支持等保障机制,初步建立纵向贯通、横向联合的杨浦创新人才培育模式。在持续深化依托高校人才培养模式的改革中,推动大学与基础教育合作成为新常态,提升教育内涵达到新高度,力争全面建成基础教育创新区,打造教育新生态。

根据区域加强学校课程领导的机制创新实践研究的前期相关研究成果,杨浦区教育局和教育学院初步建立了学校课程计划审核机制,初步进行了国家基础型课程校本化实施的实践,初步建立了优质课程资源区域共享机制。同时,组织构建了包括学校课程建设、教师专业发展、课堂转型与教学变革、督导评估四大机制,以加强区域学校课程领导建设,并以此为抓手推动区域学校课程与教学的整体变革。创智课堂、研修一体等实践研究,目前已经形成了区域课程变革的特色经验,积累了较为丰硕的实践成果。杨浦区提升中小学(幼儿园)课程领导力行动研究项目作为七大创新行动之一,为有力促进第三轮基础教育创新试验区建设,实现区域教育良性发展和区域教育的新生态奠定了扎实基础。

随着课程改革步入深水区,基础教育创新试验区的建设只有惠及学生的成长,基础教育的内涵才能真正得以提升。区域课程领导力的作用就是要培育区

域课程文化,引导教师创造性地实施新课程、开发和整合课程资源、组织区域课程评价。因此,需要进一步加强课程的横向贯通和纵向衔接,形成丰富学生实践性学习经历和培育学生创新能力的课程体系;需要进一步探索课程和教学组织形式的多样化,促进学生的个性化和选择性学习;需要深入推进各学科基于课程标准的教学与评价;需要构建以校为本的质量保障体系;需要关注课堂转型与教学变革。杨浦区提升中小学(幼儿园)课程领导力行动研究项目聚焦学校课程领导力的提升,关注点囊括了课程体系构建、课堂教学转型、课程资源建设、督导与评估等,有利于突破目前区域课程与教学改革推进过程中遇到的困难和瓶颈,从而持续深化区域课程与教学改革。

三、课程领导力助力区域打造品牌学校和品牌校长

任何教育变革最终都需要落实到课堂予以实现,助力学生发展和教师成长。区域层面的行动研究不再停留于项目推进本身,而是逐渐转向专业支持取向的研究视野,将研究与项目有机整合,注重过程中策略、路径的提炼,以期为后续的项目提供参考。此外,就杨浦区课程领导力项目而言,最大的特色在于对学校课程领导力自主提升机制的强调,从项目实验校中发现、总结、提炼优秀经验并转化为文本形式的典型样例,便于成果辐射与推广。在研究的过程中有力促成一批品牌学校和品牌校长,成就一批有影响力的学校(幼儿园)、校长和教师队伍等。这些都是区域提升学校课程领导力行动研究重点关注的目标旨趣,也是研究的意义与价值所在。

第三节 学校自身发展的需要

一、学校内涵发展的需要

杨浦区提升中小学(幼儿园)课程领导力的行动研究作为上海市基础教育创新区发展、持续深化区域课程与教学改革的重要基石,充分发挥了学校在破解教育难题、探索育人模式、提高教育教学质量等方面的主动性和创造性。通过两轮创新试验,区域各学校的课程计划编制文本日趋完善,课程开发和校本化实施能力有所改善,课程评价在一些领域得到初步彰显。但是,学生创新实践能力的培

养还存在较大上升空间,体现在学校的课程规划能力有待进一步提升,教师教育理念尚须持续更新,教师利用信息技术优化课堂教学、转变教与学方式的能力还须加强,评价制度仍须进一步改进。总结起来,学校需要进一步围绕课程文本,增进课程与教学改革实践的能动性和行动力,持续提升学校课程校本化实施的品质,提升学校课程领导力。

变革并非一蹴而就,而是具有持续性和阶段性特征。区域的初步调研结果显示,学校校长和教师对学校课程领导力的内涵缺乏较为深入的系统思考,关于学校课程领导力的区域共识尚未形成,而学校在区域的行政推动下开展的关于创智课堂或学校课程计划编制与完善等方面的相关研究,对于学校自主提升课程领导力是远远不够的。具体到学校的课程,主要体现在校长及其团队对学校个性化的办学思想、办学目标和课程理念思考不够深入,有待进一步厘清;学校课程的结构性和逻辑性设计不足,有待进一步完善;学校对基础型课程的校本化实施关注不够,有待进一步提升;以校长为核心的学校课程团队的评价知识储备不足,有待进一步增强。在困难和挑战面前,为突破当前区域提升学校课程领导力的现实瓶颈,杨浦区开展区域提升中小学(幼儿园)课程领导力的行动研究尤为必要。

二、从"个力"走向"合力"的需要

上海教育学会会长、上海市教委原副主任尹后庆在《微观与顶层之间架起机制的桥梁——谈上海基础教育课程改革的布局与落子》一文中说到:"课改是关系到国家、民族和地区未来,关系到每一个孩子终身发展的大事,是从宏观决策到微观实施各个环节环环相扣的系统工程,它非常专业且牵一发而动全身,它的神经末梢是每一所学校里的每一个课堂以及其中的师生互动,它的系统运行需要强有力的心脏搏动,需要有效的政策设计和机制保障。"他认为,校长是学校课程实施方案的制订者、学校教育教学资源的支配者、学校课程实施团队的引领者和学校课程质量监控的把关者。校长对于课程的认识、理解以及对课程实施的掌控,直接决定了学校能否将课改要求落实到位,因此,在顺应新时代发展趋势,上海基础教育课程改革深水前行的背景下,提升校长课程领导力是一项紧迫而长久的任务。课程改革只有通过"自上而下的设计与推动"与"自下而上的生长与创造"两者结合,才能形成合力,得到有效保障,也才能达到费孝通先生所说的"各美其美,美人之美,美美与共,天下大同"的美好格局。①

袁晓英在《变革,让区域课程领导更有张力》一文中提出,领导力是一条链,是一种综合品质、品行和品位,它包含影响力、执行力、指导力、理解力和推进力,是领导者为实现共同理想或目标而影响和改变群体心理状态和行为的能力。② 沃伦·班尼斯认为,领导力就是领导者个人或团队带领所在组织迎接挑战实现共同目标的能力,是领导者将愿景转化为现实的能力。③

因此,学校的课程领导力是以校长及学校课改攻坚团队为主体的学习和研究共同体为实现课程变革的共同愿景而迸发出的思想和行为能力,这个共同体要围绕学校课堂文化转型的核心指向,从目标体系走向操作体系,和教研组、学科教师一起研究"做什么"和"如何做"。

第四节　提升学校课程领导力的需要

一、课程领导力"四力"落地的需要

美国著名教育学家古德莱德在其课程层次理论中,将课程分为理想的课程、正式的课程、领悟的课程、运作的课程和经验的课程。实践中,我们发现从理想的课程到学生经验的课程还存在较大的落差。如何通过课程领导力研究解决课程"理念好,落地难"的问题,越来越受到大家的关注。2010年,上海正式启动了第一轮课程领导力行动研究,项目提出学校课程领导力是课程领域实现目标的过程,课程领导力是权变的,是建立在课程环境、快餐文化和课程约束条件下的协同能力,它是双向的价值观、能力和影响方式的作用结果。④

---

① 沈祖芸.在微观与顶层之间架起机制的桥梁——尹后庆谈上海基础教育课程改革的布局与落子[J].上海课程教学研究,2018(Z1):5-10.

② 袁晓英.变革,让区域课程领导更有张力[J].上海教育科研,2015(05):56-59.

③ 杨艾娜.高中生领导力培养研究[D].华东师范大学,2017.

④ 金京泽.简论学校课程领导力之上海模型[J].上海课程教学研究,2019(12):6-12.

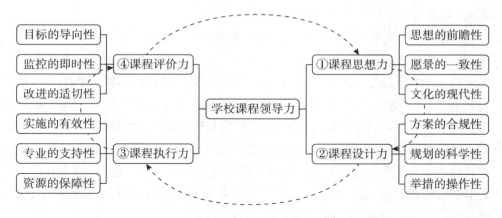

图 1-1　学校课程领导力上海模型框架

　　根据学校课程领导力上海模型框架,课程领导力是指以校(园)长为核心、以教师为主体的课程领导共同体,聚焦课堂教学存在的实际问题,为提升学校课程实施的品质所表现出来的课程价值认识与理解的思想力、课程规划与开发的设计力、课程实施与评价的执行力和课程文化的建构力等多维度的综合能力。首先,课程领导力本质上是一种专业影响力,它包含课程思想力、设计力、执行力和评价力,是校长及其课程团队在解决课程问题的过程中相互作用、彼此带动所产生的影响力,这种影响力不是"个力",而是"合力"。其次,学校课程领导力的呈现载体是课程,主要通过课程计划、课程实施、课程评价、课程组织管理及制度等环节呈现出来,课程领导力的"四个力"最终要在解决课程问题的过程中得以提升和落地。再次,学校课程领导力的价值在于促进学生的发展、教师的发展、课程的发展、学校文化的发展,目的是实现学校的可持续发展。因此,校长引领的学校教师团队领导力的提升,是推进区域课程与教学改革的理性选择,它可以推进区域课程与教学改革的深化和发展,凸显区域教育改革发展特色,持续提升区域教育发展水平。

二、实现学校课堂文化转型的需要

　　中国香港学者郑燕祥提出的课程领导力"五向度模型"量表被国内外学者广泛采用,这五向度主要分为文化领导力、教育领导力、政治领导力、人际领导力与结构领导力。雷万鹏等在此基础上进行了分析,认为将校长领导力划分为价值领导力、课程领导力、组织领导力三个维度，更加适合中国内地的实际。① 陈玉琨教授认为，学校领导力指的是战略思维能力、组织协调能力、课程开发与教学指导能力、对学校现状的评价与诊断能力以及争取社会支持的能力。学校领导的核心竞争力是组织校本课程编制的能力、指导教师提升课堂教学的能力和促进教师专业发展的能力。② 刘云生指出，学校具有课程领导力，就应该有自己的课程思想、课程设计、课程执行、课程评估以及渗透在这些因素之中的课程文化和精神。因此，根据文献研究结果和项目组的内化理解，对学校课程领导力达成了如下基本共识：学校课程领导力不仅包括校长个人的课程领导力，也包括学校其他成员的课程领导力，是一种团队能力；学校课程领导力的呈现载体是课程，主要通过课程计划、课程实施、课程评价、课程组织管理及制度等环节呈现出来；学校课程领导力的价值体现在促进学校课程文化的发展、课堂文化的发展和师生共同的发展，目的是实现学校的可持续发展。

因此，通过行动研究着力提升学校校长、教师等关于学校课程领导力、课堂文化转型等的概念和内涵的区域理解，达成文化共识，探索提升学校课程领导力的实践载体、现实路径、多元技术与具体策略，开发学校提升课程领导力的典型案例和聚焦课堂文化转型的典型课例，探索建构系列运行机制和推进策略，成为学校课堂文化转型的需要，是区域、学校课程领导力的共同愿景。追求课堂文化转型的过程，是每一个成员真心追求、逐步深化的过程，是不断增强清晰度的热情交流过程。同时，在课程领导力提升、课堂文化转型的过程中进一步扩大学校影响力，可以成就一批优秀教师，最终助力学生全面发展。

三、实现贯通性与贯通力的需要

提升课程领导力是在共同愿景与价值的引领下，发挥学校校长及其团队的合力作用，创造有价值的学校文化的过程。区域教育变革的推进难点在于区域的变革愿景难以成为学校校长、教研组、教师等不同层级变革主体的理念共识，即使有了理念共识也难以转化为具体行动，收获具体成效。另外，任何教育变革

---

① 雷万鹏，马丽.赋权与增能：中小学校长课程领导力提升路径[J].教育研究与实验，2019(03):68-72.

② 陈玉琨.课程领导力的基本框架和主要内容[J].世界教育信息，2013,26(23):42-46.

最终都需要真正落实到课堂予以实现。

因此,项目组追求的是从以教为中心到以学为中心转变的课堂文化的整体性变革,主要表征为营造积极的心理氛围、构建新型的师生关系、促进学生思维品质的提升。在《课例研究》一书中,作者认为,自 20 世纪 50 年代教研机制确立以来,课例研究作为教师教研活动的一种形式已经具有广泛的实践基础,但是,面对精彩纷呈的国际经验,有必要在借鉴和反思的基础上改进课例研究的操作方法,创造更加有效的本土经验。课例研究要树立以学习为中心的价值取向,发展教师看待儿童的眼光,实现教学研究和教学改革由教到学的重心转移。[①] 课例研究作为教学研究的一种重要方式,其价值追求与杨浦区课程领导力、学校课堂文化转型的追求是一致的。

---

① 安桂清.课例研究[M].上海:华东师范大学出版社,2018:15-16.

第二章

课例研究目标:促进课堂文化转型

　　课堂文化转型是杨浦区提升学校课程领导力的变革愿景,也是杨浦区课例研究的出发点和落脚点。也就是说,课例研究的直接目标是促进课堂文化转型,课例研究的最终目标是促进学生素养的提升。通过课例研究,促进课堂文化转型,实现提升教师专业素养和学生核心素养的目的。

　　本章主要阐述课堂文化转型的理念引领、课堂文化转型的"四维结构"以及课堂文化转型的策略。在推动学校课堂文化转型过程中,创新课堂教学理念,用先进的思想和理念导向,用课堂文化转型的"四梁八柱"指导课堂教学实践,用课堂文化转型的策略实现课堂教学变革,这是符合学校发展逻辑和充满教育智慧的现实路径。

第一节　课堂文化转型的导向

在课堂文化转型中加强课堂教学的价值引导力,实质上是一个文化自觉的过程。在实践中,杨浦区始终坚持创智课堂的价值导向,明确提出了儿童立场、生活指向、创新旨趣、探究取向的课堂文化特征。

一、课堂文化转型之儿童立场

(一) 以学生发展为本,关注课堂教学主体的生命性

儿童立场即尊重儿童自身在世界的独立价值,在研究儿童的基础上,展开基于儿童、经由儿童并为了儿童的课堂实践。创智课堂所坚持的儿童立场是希望教师基于不同学生的差异和学情特点,设计学习目标、学习活动和评价活动等,最终指向儿童自由自在的智慧生长和生命自觉,在整个过程中儿童不是被教师强迫进行知识灌输并接受知识,而是儿童结合自身体验,自主建构知识并将其内化为个人成长体验的过程。

课堂教学中的生命主体是教师和学生。课堂教学的实质是师生生命成长、相互润泽的过程。叶澜教授指出:"课堂教学应被看作师生人生中一段重要的生命经历,是他们生命有意义的构成部分。"她认为,课堂教学必须突破"特殊认识活动论"的传统框架,从更高的层次——生命的层次,用动态生成的观念,重新全面地认识课堂教学,构建新的课堂教学观。她所期望的实践效应是让课堂焕发出生命的活力。对学生而言,课堂教学首先是他们生命活力与生命价值的体现,课堂教学中知识的传播过程实质上是知识的生成过程,知识的传授与接收如同生命一样,紧密结合,相互协调,能最大限度地发挥各自的能效,即课堂具有生命性。把教育提升到生命的层次,使教学成为学生的一段生命历程,一种生命体验和感悟。

(二) 注重以人为本的理念引领

一是文化转型中的课堂应该是以人为核心、以育人为根本任务的课堂。教师在课堂教学中注重"人"的培养,同时也要注重在"人"的培养中发展自己。北京市十一学校校长李希贵说过"我们学校的教师不是教学科的,而是教学生的","不是教学科的"这一说法不是对学科的轻视,更不是对学科的否定,而是说要从

所教学科的背后或深处看到人、看到学生。教师往往习惯于站在学科的角度看待问题,教学科很容易让步于学科,教知识很可能止步于知识,而忘掉了一切教学都是育人。站在人的角度、站在育人的高度,才会让教学富有蓬勃的生命力和无限的创造力。

二是文化转型中的课堂应该是尊重人的尊严、呵护学生心灵的课堂。有尊严的课堂教学,要把学生看成成长中的生命,学生有着与生俱来的好奇心,容易犯各种各样的错误,需要教师不断呵护学生的灵性和好奇心,去激发他们探究的天性。因为学生是成长中的生命,所以教师要宽容学生的错误,耐心等待学生成长,坚决反对歧视和排斥。有尊严的课堂教学,教师眼中的每一个学生都是不一样的生命,就如同天底下没有相同的两片树叶。因此教师要尊重每一个学生的发展需要,为他们的个性发展提供支持。从某种意义上说,教师在课堂上能够真正尊重学生生命的独立品性,呵护学生生命的成长过程,倾听学生生命的自由感悟,共享学生生命的真实体验,就能够营造出一个充满生命活力的课堂。

三是文化转型中的课堂应该是注重能力培养、满足学生生命成长需求的课堂。这种课堂摒弃一味追求知识的掌握和考试的分数,更加看重充分开发人的潜能、发展人的能力,尤其是学生的思维能力和实践能力;这种课堂不仅强调发挥教师的主体性、积极性和创造性,而且更加强调培育并弘扬学生的主体性,即积极性、主动性和创造性,促进人的全面发展和个性发展。总之,注重能力的课堂教学过程是生命主体被激活、被发现、被尊重、被欣赏的过程,是自我展示、自我生成、自我超越的过程。

四是文化转型中的课堂应该是关注情感需求、培育学生幸福感的课堂。生命具有丰富的情感,教师在教与学的过程中不仅要引领学生学习知识、增长才干,而且要能够满足情感需求。这种课堂提倡对学生的关心和关爱,提倡激发学生学习的兴趣,关注教育的细节与学习者的感受;这种课堂希望学生能够与教师有良好的互动并对教师有积极的反馈,使教和学的过程都是美好的,让教师和学生都有一种满足感和幸福感。

二、课堂文化转型之生活指向

(一)把生活带进课堂,让课堂融入生活

陶行知先生曾经提出"生活教育"理论。先生认为"生活教育是生活所原有,生活所自营,生活所必需",因而提出"生活即教育,社会即学校""教学做合一""在劳力上劳心"等主张。先生还说过:"没有生活做中心的教育是死教育,没有

生活做中心的学校是死学校,没有生活做中心的书本是死书本。"先生主张把生活带进课堂,让课堂融入生活,从而能够激起学生的学习欲望和学习潜能。只有植根于生活世界并为生活世界服务的课堂才是具有强盛生命力的课堂,只有不脱离学生生活实际的教学才是具有珍贵价值的教学。

(二) 注重生活指向的理念引领

一是体现教学情境生活化。课堂教学中要设置与教学有关的生活情境,从生活情境出发,把课堂中学习的知识与学生熟知的生活现象相联系,帮助学生用学到的知识解释生活现象,解决生活中遇到的问题,从而充分调动学生学习的积极性和主动性,鼓励学生积极思维,使他们主动参与学习活动,使学生对生活现象的认识上升到理性层面。

二是体现教学内容生活化。课堂教学中设计学生感兴趣的生活素材,调动学生的生活经验和已有的知识经验,联系学生的生活实际,让教学回归学生的生活世界。

三是体现教学方法生活化。课堂教学中设置生活化题材,开展生活化的活动,探究生活中的一些现象、实例,让学生亲身参与一些充满生活气息的活动,使学生主动参与学习,从而实现事半功倍的效果。

四是体现学习经历丰富化。生活中处处是课堂,只要你细心感悟,就会获得人生的真谛。学校要组织学生开展丰富多彩的校内外活动,加强学生的社会实践和劳动教育,让学生有丰富的生活经历,帮助学生在学科知识与日常生活之间建立起有机的联系,逐步理解知识内在的意义及与生活之间的联系,从而体验知识背后的思想观念和深刻内涵。

三、课堂文化转型之创新旨趣

(一) 在教与学的过程中发展学生的创造性思维和品质

当前关于核心素养的课程改革非常强调学生的实践创新能力,它超越了传统上认为创新仅仅是创造性思维的狭隘理解,将其扩展为通过实践将创造性观念、创造性思维转化为创造性行动或创造性产品。创智课堂所坚持的创新旨趣有实践创新的诉求,但在以创新作为课堂教学的要旨时,更强调创新是全体学生个性健全的自然表现,旨在发展学生创造性的思维和品质。

在创智课堂的理念引领下,创新不仅是能力层面、知识层面,或是制作一个创造性产品,而是如何形成符合儿童天性、符合儿童发展、符合儿童个性化的健康人格。换言之,不是强调儿童最终做成了什么产品,而是找到儿童最符合其自身成长的最好可能,并实现这种可能。总之,创智课堂坚持的创新,根本上是基于人格的个性上的认识和完善,能力发展、学业成就等都是次要的,首要的是帮助儿童找到符合自己基础、自己天性的人格创新。当然,我们并非坚持二元论的观点,认为只有创新人格是重要的,而创造性产品就是不重要的。我们坚持的首先是人格,其次是产品,不能单纯将创造性产品视为当前课堂教学的第一目的,它只是就人格成长与完善而言的课堂教学的副产品。

(二) 注重创新旨趣的理念引领

一是创新要顺应学生生长规律。创智课堂作为一种价值取向,强调从教师的"教会"转向学生的"学会",从学习知识转向促进学生生长,建构充满生长气息的课堂。创智课堂作为一种行为准则,强调尊重学生主体、基于学生经验、顺应学生身心发展规律、发展学生潜能,引领我们以生长的眼光看教育,以生长的规律和生长的要求做教育,耐心期待、精心呵护、顺势而为、尊重差异、保护天性、发展个性,促进学生自主发展和主动发展。

二是创新要尊重差异。多元智力理论认为,学生个体与生俱来就不相同,他们具有自己的智力强项,有自己的学习风格。芬兰教育成功的一个重要原因就是尊重每一个学生的学习差异,为每一个学生制定不同的学习方案,特别是对那些有特殊才能和学习障碍的学生会给予特别的支持、帮助。强调学生学习的主体性就是要让每一个学生都能找到适合自己的学习内容,而不是学生只能在规定的课程框架内被动接受。多元智力理论为实施个性化教学创造了条件,在课堂中,教师的教学要考虑学生的背景、学习兴趣、学习强项、学习习惯、学习方式方法,然后采取最有利于学生学习的教学方法与策略,这样教学就会产生最大的功效。

三是创新需要教师成长。教师也是课堂的生命体,教师与学生一样有着生命生长的需求。在课程建设和课堂教学中,教师的日常积累、经历和感受会自然融入教学中;教师的思维方式、治学风格和情感态度会成为一种课程资源,为课堂教学注入新的活力;在课堂教学中,教师的课程意识、教学能力得到增强,会生成许多新的成果和经验。因此,学校要鼓励广大教师积极参与课程建设和课堂变革,在教育实践中促进教师的成长。

四、课堂文化转型之探究取向

(一) 在真实的探究环境中获得体验和生长

探究取向即把探究视为学生与世界交往的方式,激发学生展开对生活世界和科学世界的探索,在充分尊重每一个学生独特的探究方式的基础上实现学生观念认知和意义建构的统一。正如杜威所说,我们不是把知识的记录本当作知识本身,更重要的是把这些知识作为自我探索新世界的资源加以利用。

(二)注重探究取向的理念引领

一是探究取向应该立足于交往和对话。交往和对话,既包括师生之间、生生之间的交往和对话,又包括师生与教材之间的对话。在课堂上,人与人之间的关系是平等的,为了保证学生之间的对话具有平等性,需要建立一套适合学生互动的规则;为了保证师生之间对话的平等性,倡导课堂上学生要以对话的状态出现,教师更要用对话的态度关注课堂。对话还包括师生与教材的对话,学生与教材的对话是学生运用自己生活的经验和体会来理解教材,教师与教材的对话主要包括教师对教材的理解和对学生的了解。师生之间、生生之间有着共同的文化,他们在交往和对话中共享自己的文化,从而获得归属感和认同感,建立起自己的世界。

二是探究取向应该立足于质疑和探究的环境。建立一个自然和谐、富有个性的学习生态环境,强调从学生兴趣出发,设置适宜学生探究的环境,增强学生的探究意识,激发学生的探究热情,培养学生的探究能力,从而发展他们的创新精神、动手实践能力以及解决问题的能力。

三是探究取向应该立足于自主和合作。构建学生自主学习的课堂,主张"学然后知不足,教然后知困"。体现师生合作与生生合作,学生之间的合作就是相互学习、共同讨论。为了保证合作学习的顺利进行,需要建立一套适合学生合作的规则和要求。自主和合作的课堂,往往会出现多边、多样、丰富的信息交流与反馈,是一种师生、生生之间以及师生与环境之间信息交流的立体结构。

第二节　课堂文化转型的设计

课堂文化转型是新时期基础教育实现"公平而有质量的教育"的关键,是推进课程领导力综合改革项目的重点,是学校改革的核心、根本任务和终极追求。杨浦区从文化的角度,构建了四个维度、八大发力点的课堂文化结构模型。四个维度分别是课堂理念文化、课堂行动文化、课堂制度文化、课堂环境文化。八大发力点是课堂理念文化的一致贯通和认同参与、课堂行动文化的教学改革和能动学习、课堂制度文化的行为准则和激励评价、课堂环境文化的信息技术和"创智"场所。

一、课堂理念文化的发力点

课堂理念文化的发力点是一致贯通和认同参与。其中，一致贯通是前提，认同参与是关键。

（一）课堂理念文化之一致贯通

课堂理念的"一致性"指的是，学校教育理念与素质教育的理念和根本目标具有一致性，学校办学理念与课程理念、课堂文化理念在价值观方面保持一致性，理念的表述和内涵的诠释在各类文本中保持一致性。课堂理念的"贯通性"指的是理念系统与实践操作系统的贯通。要使先进的理念在学校落地生根，不仅需要先进的理念系统，更需要扎实的实践操作系统。这样课堂理念的一致贯通才能达成共识、凝聚人心，产生"共振现象"，发挥理念文化的引领作用。

课堂理念一致贯通的发力点主要包括两点。一是根据素质教育的根本要求和学校优秀传统文化，在学校发展规划文本、课程文本、课堂文化转型文本中清晰表达学校的办学理念、课程理念和课堂文化转型理念，并对它们的内涵进行诠释，使它们在学校各类文本中保持一致；二是在理念的引领下，形成实践主题和相关项目，加以顶层设计，形成学校"有魂、有形、有评"的具有内在逻辑结构的操作系统，这样才能使学校的理念真正落地，避免出现理念挂在墙上、不走心、被弱化的尴尬境地。

（二）课堂理念文化之认同参与

学校推进课堂理念文化转型有四个环节，即知晓度、认同度、参与度、奉献度，其中最重要的是认同度和参与度，理念认同是前提，理念参与是关键。当教师对学校的办学理念和发展目标形成共同愿景时，才能激发教师的工作热情，使他们与学校发展保持较高的相关度，才会激发教师的创造力，唤醒他们的内驱力，从而使学校课堂文化转型理念落地生根、开花结果。如果课堂文化转型理念得不到广大教师的认同，那么在价值多元选择面前，理念就是一纸空文，不能发挥统一思想、凝聚人心的作用。

课堂理念认同参与的发力点主要包括两点。一是加强理念的宣传演讲，例如通过教师讲堂发动广大教师从自己的工作实际出发谈谈对理念的认识和理解,组织广大教师深入讨论。一般而言,认同度源于学校文化的传承、共同愿景的成功体验和人文关怀。加强并实施人文价值教育的学习活动,能有效提升教师的理念认同。二是通过项目化实施,组织教师积极参与其中,让教师积累成功的体验,提升教育实践理性,获得专业成长,增强对理念的信心。

二、课堂行为文化的发力点

课堂行为文化的发力点是教学改革和能动学习。其中,教学改革是前提,能动学习是关键。

（一）课堂行为文化之教学改革

教学改革是指教师在课程领导力团队指导下,实现教学行为、教学方式、教学模式的主动改变,从而更好地适应学生学习。课堂教学改革是深化基础教育课程改革的核心环节,对于有效落实国家课程方案、提高课堂效率、推进素质教育具有十分重要的意义。课堂教学改革是为了把课堂真正还给学生,即把学习权、讨论权、质疑权、发言权还给学生,教师在课堂中扮演组织者和引导者的角色。课堂教法不变,学校教育就不变;课堂教法不变,学生学习就不变。

教学改革的发力点主要包括三点。一是主题化设计。首先,学校从课堂文化转型的要求出发,在自身形成的经验和优势的基础上,确定课堂文化转型的主题;其次,围绕学校课堂教学改革的主题进行顶层设计,包括理念目标、改革内容、方法手段、效果评价、实验培训等内容。方案的制定要具有科学性、创造性和可操作性。二是项目化处理。形成推进项目,如大力加强班组文化、导学案、课堂流程、评价机制等建设,形成适合学校发展的课堂教学模式,全面实现课堂面貌改变、师生教学状态改变。三是组织项目实施小组,形成核心团队,组织集体攻关,依据目标任务分阶段推进实施,形成案例、课例等阶段性成果。

（二）课堂行为文化之能动学习

钟启泉教授认为,能动学习是面向问题的发现与解决而展开的探究性、协同性、反思性的学习活动,能动学习旨在培育"真实的学力"。[1] 法国哲学家雅克·朗西埃在《无知的教师:智力解放五讲》一书中指出,教师中心主义的教法预设教师的智力高于学生,教师的知识水平高于学生的知识水平,这种预设把

---

[1] 钟启泉.课堂转型:静悄悄的革命[J].上海教育科研,2009(03):4—6+57.

教师知识之教当作学生学习的充分必要条件。[①] 学生学习中心主义认为,教师教学的意义在于激发、解放学生的智性行动,让学生智性能力运用起来,在各种各样的感受、理解、体悟、活动中运用起来,让智性去创造,去行动,去带出经验和知识,去创造自身和人性,去变现自己的实践、理解自己的经验、表达自己的思想、报告自己的见闻和思考。[②]

能动学习的发力点主要包括两点。一是更加重视课堂中的合作学习。建立相互交往、共同发展的新型师生关系,使教学过程成为师生互动、教学相长的过程;进一步创设民主、平等、合作、和谐的课堂氛围,使学生成为学习的主体,使教师成为课堂教学的策划者和组织者以及学生学习的引导者和促进者。二是更加重视课堂中的探究学习。透过探究的课堂,展开能动的学习——同客观世界对话、同他者对话、同自我对话,最大限度地丰富每一个学生的探究体验,培育"求真、求善、求美"的探究精神。教师在教育环境打造与教学过程的设计中,通过走进现实场景、再现现实场景和模拟现实场景三种方式,最大限度地走近现实、还原生活,鼓励学生独立思考、大胆质疑、主动学习,让创新无处不在。

三、课堂制度文化的发力点

课堂制度文化的发力点是行为准则和激励评价。其中,行为准则是保障,激励评价是手段。

(一)课堂制度文化之行为准则

课堂制度是按一定程序活动建立的价值规范和行为准则,要求教师、学生和管理人员等组织成员共同遵守。课堂制度能规范教学主体的行为,具有行为导向的作用,能保障课堂教学持续运行,形成学校制度化成果。课堂制度建设对保障学校教育教学质量具有十分重要的意义。

行为准则的发力点主要包括两点。一是学校制定和完善普遍性的基本教学制度和具有校本特色的具体教学制度。前者例如:教学五环节制度、听评课制度、教研组教研活动制度、学生作业批改制度等;加强课堂教学常规管理,建立优秀教案、课件、导学案、习题、错题、优秀试题库等,实现校内优质教学资源共享;

---

① 张颖. 平等地感知:朗西埃艺术教育思想简论[J]. 艺术生活—福州大学厦门工艺美术学院学报,2018(03),71-73.

② 王洪才. 何谓"学生中心主义"?[J]. 大学教育科学,2014(06):62-66.

精编校本作业,重视作业的设计、布置、批改和反馈,培养学生自主学习能力等。学校规章制度的制定应当尽可能地规范健全,使之成为依法治校在学校里的具体实施范本。后者指围绕学校课堂文化转型主题,保障有关项目实施所制定的具有特色的校本教学制度。二是学校牢固树立制度管理意识,重视执行制度时的公平与公正,加强精细化管理,从严从实开展各项工作,以制度抓管理,以制度促内涵发展,努力提升学校文化品位。

（二）课堂制度文化之激励评价

教育评价是基础教育课程改革成败的关键,教师教学评价和学生学习评价又是教育评价的核心内容。特别是素质教育的实施迫切地需要研究现行的教师教学评价和学生学习评价制度并改革评价中的不合理内容,这是推进和实施新课程改革的重要举措。课堂评价应该建立正向激励机制,建立教师教学反馈与诊断的改进机制,建立促进学生学习与发展的评价与改进机制,尤其要研究如何发挥考试对学生后续学习的激励作用。

激励评价的发力点主要包括三点。一是学校围绕课堂文化转型的主题和实施的改革项目,研究制定课堂教学评价的方案以及课堂教学评价的指标系统,在评价内容和标准的制定上,体现新课程的理念以及教学改革的方向,反映学校课堂文化转型的要求;坚持从学生全面发展的目标出发,突出评价课堂教学中的学生思维培养、兴趣激发和师生关系融洽等要素;对处于不同专业发展阶段的教师给予适当的指导帮助,努力使课堂评价过程成为引导教师学会反思、学会自我总结的过程,从而促使教师进一步提高认识、更新观念。二是建立能动学习的激励评价制度,树立"一切为了学生能动学习、主动发展"的评价理念,实现从以"教"为中心向以"学"为中心转变,从"传授模式"向"学习模式"转变,从而提高学生的学习质量,使学生在知识、能力和素质上获得全面提升。应重点评价学生在课堂教学中研究性学习、实践性学习、合作式学习的表现。三是建立考试的激励评价制度,推广基于自主命题的校本研修,多途径提高教师的评价素养,推广基于实证改进教学的校本研修,充分发挥评价的诊断与改进功能。

四、课堂环境文化的发力点

课堂环境文化的发力点是信息技术和"创智"场所。其中,信息技术是支撑,"创智"场所是辅助。

（一）课堂环境文化之信息技术

教育信息化是实现教育现代化的重要保障,也是课程领导力项目对完善学习方式提出的要求之一。教育信息化对支持课堂文化转型的重要意义有以下几点。一是信息化助推学生学习方法的改变,体现以育人为核心,以学生学习为中心,以培养学生的创新精神和实践能力为重点,为学生终身学习奠基的发展观。二是信息化助推教师教学方法的改变,教师在信息技术与教育教学深度融合的过程中,不断提升教学目标的适切性、主体学习的人文性、教学方法的灵活性、学习指导的层次性、交流反馈的及时性,使自身的专业水平有质的飞跃。三是信息化助推学校课堂教学管理方法的改变,信息化为学校的课堂教学规范管理提供了方法和手段。

信息技术的发力点主要包括三点。一是加强学校教育信息化整体框架的顶层设计,进一步明确教育信息化建设的指导思想、发展目标、主要任务以及特色项目,形成操作性很强的发展蓝图。二是加强信息技术与学科整合,充分创造出一个图文并茂、有声有色、生动逼真的教学环境,帮助学生适时获取信息、分析和综合信息,实现精讲多练的目的,培育学生的信息素养以及利用信息技术自主探究、解决问题的能力。三是加强课堂教学信息化平台建设,开发能满足课堂教学改革需求和符合学校实际情况的管理信息化软件,借助信息化管理平台,进一步提升课堂教学管理的水平。

(二) 课堂环境之"创智"场所

"创智"场所是学校实现办学理念的承载体、形成办学特色的新途径,为学校提供了新的增长点;是基于满足学生个性化学习需求的课程资源,融学习内容、学习方式和设施设备为一体的学习环境;是支持学生个性化学习的场所,成为培养学生创新志趣、开发学生创新潜质、帮助学生开展研究性学习和探究性实验搭建的新平台。

"创智"场所的发力点主要包括两点。一是学校根据上海市中小学创新实验室建设指南和新课程改革的发展趋势,在学校办学理念和育人目标的指引下,围绕学校的办学特色、师生实际情况,以现代教育技术为依托,结合学校的选修课程、学生社团活动和校园文化,分层分批建设一批市、区、校级创新实验室以及其他平台,建设一批配套的课程。二是创新实验室的建设与发展离不开教师专业能力的支持,因此需要加强教师的学习和培训,使其尽快适应创新实验室的教学工作。创新实验室课程的任课教师不但要具有学科专业知识和技能,还应具备较强的创新意识、合作意识和课程开发能力,具有较强的实践动手能力,从而引导学生自主学习、自主体验和创新实践。

表 2 - 1　课程文本的课堂文化转型表征(杨浦区)

发力点 / 课程文本 维度	课堂理念文化		课堂行动文化		课堂制度文化		课堂环境文化	
	一致贯通	认同参与	教学改革	能动学习	行为准则	激励评价	信息技术	"创智"场所
学校试点学科(课程群)主题式课程方案								
试点学科课程纲要和单元计划(教研组)								
试点学科教师的课时计划								

第三节　课堂文化转型的策略

课堂文化是一种独特的文化模式,课堂文化转型是新课程改革的重要目标之一。课堂中教与学的变革需要重新审读教学理念、学习方式和师生关系,重构课堂教学文化。杨浦区实施五大策略推进课堂文化的转型升级。

一、理念导航

只有在正确的价值取向下才有可能产生正确的行动目标。推进区域课程改革与课堂文化转型,首要的工作就是让校长和教师树立新的发展理念。杨浦区推进课程改革的核心理念是"课程成就学校,课程成就教师,课程成就学生",促进课堂文化转型的核心理念是"生命课堂,生活课堂,生长课堂,生态课堂"。

"课程成就学校",即课程是学校内涵发展的核心领域,是学校教育的关键要素。一所学校的办学质量和办学特色必然建立在优质的校本课程基础上,学校只有重视和不断加强课程建设，并将课程建设与特色培育、队伍建设、文化建设等有机融合，才能真正成为品质优秀、特色鲜明、人民满意的学校。

"课程成就教师"，即教师是教育的第一资源，课堂教学是教师专业发展的主阵地。教师只有主动参与教学改革，以课程视野开展教学研究与实践，坚持追求教育的更高境界，才能不断提升自身的专业水平，真正成为一名适应时代发展要求的研究型教师。

"课程成就学生"，即让学生健康快乐地成长是学校教育的出发点和根本目的。课程和教学是培养学生的主渠道，学校要不断提升课程和教学质量，为学生提供多样化、可选择的优质学习资源，丰富学生的学习经历，培养学生的个性和特长。

区域内通过校长和骨干教师的培训活动，不断宣传核心理念，让广大教育工作者接受进而认同这些理念，并且在实践中发挥导航的作用，同时检验其实效性。

二、目标引领

目标既是行动的出发点，又是行动的归宿。在推进学校课程建设和课堂文化转型过程中，必须明确目标并且能清晰地予以表述。

杨浦区课程建设的目标是实现学校课程建设的规范、适切和特色发展。规范发展，即学校依据上海市的课程计划规范自身课程设置和课程计划的执行，营造课程与教学改革氛围，努力提升校长课程领导力和教师课程执行力；建立和完善区域提升课程领导力、提高教学有效性的共同体机制；课程设置、课时安排、活动总量等符合有关规定，并落实减负增效的有关措施。适切发展，即学校的课程要适切校情、师情和生情。学校从实际情况出发，从学科出发，从教师出发，从学生的需求出发，适应社会需求的多样化，促进学生全面而有个性的发展。在课程建设的方案制定、目标定位、方法实施、多元评价等方面立足校本，做到以学定教、因材施教。学校构建重基础、多样化、有层次、综合性的课程结构，为学校创造性地实施国家课程、因地制宜地开发学校课程，为学生有效选择课程提供保障。课程实施中要适应学生的个性特征，关注学生的个性差异，采取适合其特点的有效方法，促进学生个性的差异发展。特色发展，即学校将课程建设与杨浦基础教育创新试验区建设相融合，与学校办学特色建设相结合，在课程的设计、实施、评价等方面有个性做法、亮点特色及影响力，推进国家课程的校本化实施和校本课程的品牌化建设，初步形成具有学校特色的课程文化。这就要求学校在课程建设中能统筹利用课程资源,广泛利用学校、家长、社区以及课外教育基地、高校和教科研机构等相关资源,根据学生的发展需求构建校本课程,创造性地落实课程方案,同时大力推进特色学科建设与特色活动开展。

杨浦区课堂文化转型的目标是从文化的角度重构四个维度、八大发力点的课堂文化结构模型,实现深化课堂理念文化、提升课堂行动文化、完善课堂制度文化、营造课堂环境文化的目标。

三、试点先行

学校课程建设和课堂文化转型不可能一蹴而就,也不可能一下子全面铺开,而需要抓典型、抓试点,以点带面、点面结合、循序渐进。为此,杨浦区确定了同济大学第一附属中学、上海市三门中学、上海市杨浦区平凉路第三小学、上海市本溪路幼儿园等30所学校为实验校。实验校先行先试,探索提升课程领导力和促进课堂文化转型的有效做法,形成有推广价值的典型经验,发挥示范辐射作用,带动其他学校,整体提升学校的课程建设和课堂变革能力。

项目组落实过程管理、指导与调研,通过对实验学校课程领导力和课堂文化转型的诊断评估和专业支持,组织实验校进行经验总结、交流与研讨,达到推动全体学校加强课程建设和课堂文化转型的目的。这种做法既符合教育自身规律,又是区域推进的有效方法。

四、专业支撑

对于学校的课程建设和课堂文化转型,专家的专业指导是关键。据校长和教师反映,在学校课程建设和课堂文化转型过程中,他们最需要得到的是专业上的支持。因此,杨浦区采取了如下策略。

区域建立一支专家队伍。专家是指具备课程专业能力,在课堂教学领域有研究、有造诣的人。为了满足学校课程建设和课堂文化转型的专业需求,杨浦区建立了由市和区两部分人员组成的专家组,其中有华东师范大学课程与教学研究所教授、博士生导师,有上海市教委教研室的研究人员,还有对学校课程和课堂教学颇有研究的特级教师、特级校长。他们具有课程和课堂教学的专业知识,能为学校课程建设和课堂文化转型提供智力支持。

专家实施专业的指导。专家的指导必须植根于学校自身的思考、行动、策划和变革之中。专家深入学校进行调查研究,与教师面对面,与校长面对面,在熟悉情况的前提下,结合学校实际情况,寻找学校的着力点,顺其势、把好脉、开良方,提出具体详细的建议和意见。专家的专业指导,给学校带来新的思路和视角,提升了校长的眼界和气度,提高了教师的教育水平。

五、评价推动

评价是推进学校课程建设和课堂文化转型的有效手段。项目组制定项目结项工作方案,研制结项评估工具,撰写项目结题报告,汇编出版系列研究成果,如《杨浦区课程领导力项目校课程文本集》《杨浦区课程领导力项目校优秀课例集》《杨浦区的课程领导故事》《杨浦区提升中小学(幼儿园)课程领导力行动研究项目画册》等。

在评估的基础上,开展区课程领导力示范校评选活动,发展一批品牌学校,推出一批品牌校长,成就一批优秀教师。在评估的基础上,项目组组织召开经验分享交流会,在全区甚至全市发挥辐射推广效应。

第三章

课例研究的区域推进：实现课堂教学样态变革

　　课例研究的区域推进主要沿着"理解—设计—实施—成效"的路径发展。其中课例研究的区域理解是前提，课例研究的设计是关键，课例研究的实施是基础，课例研究的成效是成长。

　　课程领导力视域下的课例研究是体现课程文本价值引领，聚焦课堂文化转型主题，指向课堂教学问题，在课程文本转化与实施过程中进行课堂研究的典型案例。课程领导力视域下的课例研究，既是课堂变革的主要方法和关键技术，又是教师专业发展的有效载体与实现路径。本章主要描述区域在课程领导力视域下的课例研究推进过程中，发挥专家团队的支撑作用，通过区校实践、多元研修、评审示范相结合，区域、学校校长、教研组、教师等不同层级变革主体在研究过程中相互影响，形成变革合力，助推课堂转型。

第一节　课程领导力视域下课例研究的区域理解

在市、区专家的专业引领下，项目组明晰了课例研究的基本内涵、主要特征和成果表达，形成了课程领导力视域下课例研究的杨浦理解。

一、课程领导力视域下课例研究的基本内涵

课例研究是改善教学行为的实践研究，即以一个单元或一节课的全程或片段为对象进行解剖分析，开展特定教学问题的深刻反思，寻找解决问题的方法和技巧的过程。

课程领导力视域下的课例研究是体现课程文本价值引领，聚焦课堂文化转型主题，指向课堂教学真实问题，以一节课或一个单元的全程或片段为剖析对象，在课程文本设计、转化与实施过程中进行的课堂研究。

二、课程领导力视域下课例研究的主要特征

课程领导力视域下的课例研究主要有四大特征。一是强调课程文本引领，即注重各层级课程文本对课例研究的规范引领，突出教师对课程文本的理解。二是聚焦课堂文化转型，课例应该聚焦学校课堂文化转型的理念，反映课堂文化转型的教学改进过程，能够呈现转型后的课堂样态。三是注重团队研修，有别于一般意义上的课例研究仅仅关照个别教师的偶然行为变化，课程领导力视域下的课例研究更加关注教师群体的习惯和行为转变。四是强调循证改进，课例研究的过程即基于证据进行"设计—实施—更新—再设计—再实施—再更新"的循证改进过程，同时注重发挥课例研究结果对课程文本的反哺更新作用。

三、课程领导力视域下课例研究的成果表达

课例研究成果的表达形式非常多元，课程领导力视域下课例研究的成果表

达包括主题与背景、设计与实践、反思与总结三大要素。

（一）主题与背景

以学校三级课程文本为引领，在教学实践中发现充满困惑的、相互冲突的、难以解决的真实问题，提炼出课例研究的主题，介绍并阐释课例研究的价值意义。

（二）设计与实践

围绕课程文本的实施，呈现课例研究的教学设计和教学实践。教学设计聚焦课堂文化转型的真实问题，体现问题解决的设计思路，反映问题解决的行动路径、关键技术和预期效果等，凸显学校各层级解决课程问题的一致性和合作性。教学实践呈现含有教学问题的关键事件，体现教学行为改进的实践过程。

（三）反思与总结

结合课程文本的完善和更新，进行课例研究的教学反思和教学总结。教学反思是以一节课的全程或片段作为案例进行解剖分析，找到成功之处或不足之处。教学总结是指在教学反思的基础上，陈述问题是否得到解决、如何解决，以及有待进一步解决的问题。

第二节　课程领导力视域下课例研究的区域设计

一、设计"三点一线式"各层级强力贯通与智能共振系统

杨浦区课程领导力项目主要借助课程文本、课堂文化转型、课例研究三大关键要素及要素间的逻辑关联，以实现区校项目研究团队从课程文本到课堂文化转型再到课程领导力提升之间的序列贯通。其中，以课堂文化转型作为贯通学校—教研组—教师三个层级的共同变革愿景；以课程文本的设计、转化、实施与更新实现学校—教研组—教师三个层级在操作层面的一致性与贯通性；以课例研究作为贯通性实现的主要方法和关键技术。总项目组、学校校长、教研组、教

师、区域等不同层级的变革主体在研究过程中相互不断影响,形成变革合力,在课程文本价值引领和课堂新样态探索过程中初步实现了区、校各层级的强力贯通,体现了智能共振的推进思路。(见图3-1)

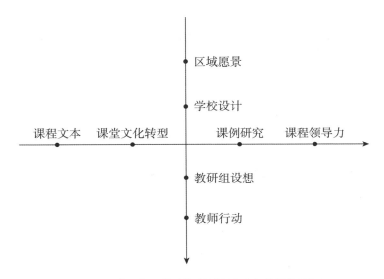

图3-1 "三点一线式"系统设计以实现层级贯通

二、形成杨浦区提升学校课程领导力的行动框架

区域课程领导力,是指区域课程领导团队基于区域教育发展定位对课程的规划、建设、实施、评价和管理的能力,是一个多层级的动态性支持系统。[1] 因此,杨浦区的课程领导力项目,从区域层面来看,关键在于顶层设计和建构动态支持系统;从学校层面来看,关键在于通过课例研究将区域顶层设计思想落地,实现学校层级、教研组层级、教师层级和学生层级的贯通。

在提升学校课程领导力的项目实践中,紧紧抓住课程文本、课堂文化转型、课例研究这三大关键点,项目组初步建构了提升学校课程领导力的区域行动框架,以课程文本为实践载体,形成了从文本设计出发,经过文本转化与实施、文本更新与改进,进而引发课堂文化转型这样一个动态循环的区域框架。试图用这样一个完整的过程解决学校的课程问题,推动学校课堂文化转型,继而实现课程

---

① 袁晓英.变革,让区域课程领导更有张力[J].上海教育科研,2015(05):56-59.

领导力的提升。在这个过程中,以课例研究为主要方法,点动成线,线动成面,从而促进学校整体性变革。(见图3-2)

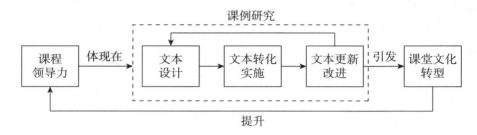

图3-2 提升学校课程领导力的区域行动框架

三、确定课程领导力视域下课例研究的路径

目前,国际上很多国家、地区将课例研究作为课堂变革研究的主要方法,课例研究也呈现出多视角探究的趋势。例如,2000年由香港教育学院和香港大学参与的"照顾学生个别差异——从'差异'开始(Creating for Individual Differences:Building on the Variation,简称CIDV计划)"项目,参照日本的"授业研究"模式及中国部分省市的教研实践,以"变易理论"作为理论框架,开展课堂分析研究。其整体目的是通过运用以三个层面的变易为前提的课堂学习研究活动,实现更加有效的教与学的教师专业发展,终极目标是让学生进行更有效的学习。香港课堂学习研究是设计本位研究,呈现了"设计—实施—评价—改进—再实施"的迭代循环过程。① 项目组认为,无论是强调以三个层面的变易为前提的课堂学习研究活动,还是课例研究的过程,以设计为本位的课堂学习研究与杨浦区课程领导力视域下的课例研究有着不谋而合之处。因此,参照设计本位课堂学习研究的操作流程,结合课程文本等关键要素,项目组形成了课程领导力视域下的课例研究路径。(见图3-3)

① 安桂清.课例研究[M].上海:华东师范大学出版社,2018:41.

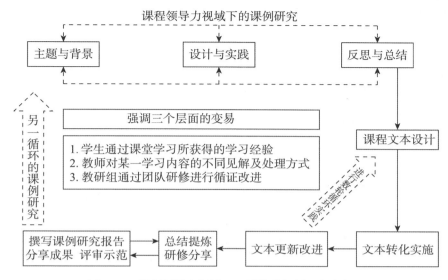

图3-3 课程领导力视域下区域推进课例研究流程图

课程领导力视域下的课例研究,主要结合课程文本的动态循环、多元研修与评审激励、不同层级的贯通性等多维度展开,为项目实验学校提供理论支持和实践指导。

第三节　课程领导力视域下课例研究的区域推进

一、专家团队成为区域课例研究的有力支撑

杨浦区课程领导力项目以课程变革愿景为目标,学校校长及其团队在解决课程问题的过程中彼此合作、相互影响,形成合力和影响力,进而形成有价值的课程文化。为了让学校和教师进一步了解课程领导力的内涵、要素、载体与区域顶层设计等,促进价值认同,助力实践落地,项目组组建了囊括总项目组、学段项目组、学校项目组和专家团队在内的多层级立体化研究网络,依托专家团队持续提供智力支持以保障项目推进的科学性。专家团队由两支队伍组成,分别是学校项目指导专家和学科指导专家,前者由高校

学者、市教研室专家、市教科院专家、区域专家等构成,后者则由学科教研员构成。(见图3-4)

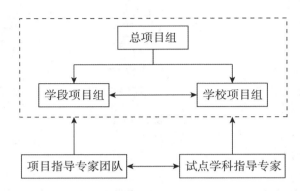

图3-4 杨浦区课程领导力项目专家团队架构图

2019年,项目组专家团队以"课例研究"为关键词开展专题讲座和学校项目指导,引导学校理论与实践双向发力,边研究、边实践、边改进,指导学校在三级课程文本的设计与引领下,通过课例研究反映学科和教师在课程文本引领下的课堂实践,促进课程文本向实践的转化。(见表3-1)

表3-1 2019年杨浦区课程领导力项目专家讲座一览表(部分)

时间	报告主题	主讲人	主讲人所在单位 (职务/职称)
2019.1.9	课程文本的转化与实施	朱伟强	华东师范大学(教授)
2019.4.30	从课程文本到真实课堂的课例研究	夏雪梅	上海市教科院普教所(研究员)
2019.10.30	课程领导力视域下的课例研究	张玉华	上海市教委教研室(教研员)
	课例研究:教师专业发展新途径	张根洪	杨浦区人民政府教育督导室(特级教师)

项目组为30所项目实验校分别配备了项目专家和学科专家,坚持每月至少一次面对面的指导,帮助学校深化、修正对课程文本的理解,复盘研究过程。例如:学校不同层级的课程文本是否更新完善;能否借助文本的动态运行聚焦课堂

文化转型主题，找到课堂教学真问题；课例是否体现了学校三级课程文本的价值引领；能否反映学科和教师在课程文本引领下的课堂实践……同时，项目专家和学科专家通过对学校的精准指导，帮助学校研究如何促进课程文本向实践的转化，学校课改理念如何落细落实为课堂教学的目标、设计、组织、实施和评价，如何通过课例的"设计—实施—反馈—改进—再设计—再实施"的螺旋优化过程实现课堂文化的转型和学校课程领导力的提升。更重要的是，项目专家和学科专家还指导学校项目团队在探索课例研究的方法策略、路径和机制上取得突破，为进一步形成学校课堂文化转型的研修制度奠定基础。

二、工作坊研修与课例评审相结合：区域引领下的迭代改进

从区域顶层设计到学校实施的过程中，课程领导力视域下的课例研究需要注意几个方面。一是课例研究的主体应该是项目学校的学习共同体，共同体包括学校对口专家、教研组和教师，课例研究应该体现课程文本学校层级、教研组层级和教师层级纵向的一致性。二是课例研究应与研修同步进行，避免出现"两张皮"的现象。三是以多元研修为专业支撑，研修要贯穿始终。因此，无论是总项目组还是"领头羊学校"或项目学校，阶段性研究成果都须通过工作坊研修、学段研讨、主题展示等方式及时进行分享交流和辐射，以实现课程领导力的过程性提升。基于以上原则，总项目组在理解课程领导力视域下课例的内涵和要素的基础上，制定课例征集方案，通过工作坊研修解读如何依据"主题与背景—设计与实践—反思与总结"的框架进行课例撰写，将总项目组的理念和设计稳稳地传递到每一所项目实验学校。2019年以课程领导力视域下的课例研究为主题，开展了三次工作坊研修、多次学段研修和一次总结会。其间，总项目组与项目校共同经历多轮修改，逐步优化完善课例，将课程领导力视域下的课例研究扎实有序并且富有成效地推进。项目学校的课例从最初的1.0版，逐渐形成了一个个富有学校特色的4.0版。在此基础上，区域组织专家进行评选，选出一批优秀课例进行分享交流，辐射经验。（见图3-5）课程领导力视域下课例研究的过程，实际上就是课程文本的"设计—实施—反思—更新"的过程，并且实现了研究和研修同步实施、整体提升的目的。

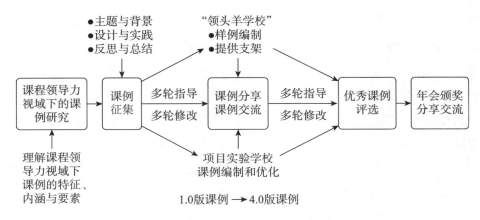

图 3-5　课程领导力视域下课例研究的区域研修路径

在工作坊研修与课例评审相结合的过程中,区域坚持多元研修与"领头羊学校"示范相结合,由"领头羊学校"提供"他山之石"。项目组根据项目学校情况,每个学段确定 1—2 所"领头羊学校",先行先试,主要分为两个阶段进行:首先,"领头羊学校"是区域课程领导力视域下课例研究的攻坚团队,在专家指导下,经过多轮修改,逐步完善和优化样本课例,提升研究能力;其次,"领头羊学校"又承担了培训者的角色,通过工作坊研修和学段研讨解读样本课例的形成路径、方法和策略,为其他项目实验学校提供课例研究的"他山之石","领头羊学校"团队在培训过程中也得到自我的提升。(见图 3-6)

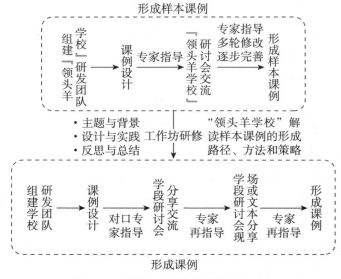

图 3-6　项目实验学校的课例研究路径

通过工作坊研修,在对口专家的多轮指导下,在"领头羊学校"思路和方法的引领下,项目实验学校组建团队,不断深化对课堂文化转型内涵的理解,并且在实践中不断提升和完善,将获取的经验在学段研讨会和主题展示中进行交流。另外,在研修团队合作研究的过程中,特别关注不同层级之间文本的纵向统整性和内在一致性,如试点学科课例研究涉及课程标准理解、单元教学设计编制、课堂真实问题的确定和教师团队循证改进的过程等,形成包含课例在内的学校课程方案、学期课程纲要、单元教学设计等研究成果,并及时将它们进行精细化再加工,最终形成系列性的研究成果。

三、年度主题式推进和成果交流

根据项目研究方案,项目组采取了"思路与设计—优化与实施—调整与突破—整合与提升—总结与推广"的分年度主题式推进路径。这种环环相扣、循序渐进、稳扎稳打的合力,推进项目实践走向纵深,成为项目研究的一大特色。

年度主题式推进以及工作坊研修、学段研讨会,进一步搭建课程领导力项目的交流展示平台,以不同形式及时呈现区域和学校的研究成果。通过成果推广,为学校校长和教师了解什么是好的课堂转型样态提供借鉴参考,以体现课程领导力项目研究的问题导向、需求导向、实践导向和成果导向,在这个过程中注重评价引领、培训伴随、互动生成、协同攻关,为形成一批优秀课例、成就一批优秀教师、推出一批品牌校长、打造一批品牌学校奠定基础。

四、加强推进机制保障

从理念到行动需要机制来保障。在项目推进过程中,项目组注重发挥机制的价值引领和行为规范功能,分别从区域层面和学校层面建构了推进机制。一是多元研修机制。通过专题讲座、工作坊、学段研讨、年会交流等多元研修活动,项目组引领学校和教师解读课程领导力的内涵、要素、载体与区域框架等,帮助教师加深理解,引发学校和教师的价值认同。同时,为学校提供设计与实施课程文本的策略方法、课堂文化转型的实践路径、课例研究的操作要点等关键技术与工具支撑,赋能于教师,助力学校和教师的实践研究。二是管理服务机制。架构完善了包括项目领导团队、专家团队、实践团队在内的提升课程领导力的项目组织机制,建立完善了月度例会、年度推进会、年度项目联席会议、定期(跨)学段专题研讨活动、两年一次的项目实验校展示活动等制度,通过杨浦区课程领导力项目网络平台的建设和微信公众号的运营,初步建立提升课程领导力的资源共享机制。三是调研评估机制。项目组以调研评估的反馈为激励引导,有机地将调研评估融于整个项目的推进中。通过课程领导力项目相关评估工具的开发与运用,依托现状调研、中期评估、创新试验区评估、结项评估等过程性和序列化的评估反馈,及时帮助项目实验校了解阶段性研究进展,适时调整后续研究方向。四是学校自主提升机制。课程领导力植根于学校、发轫于校长、发力于教师、落实于课堂。因而,项目组非常关注激发学校的内生力量。项目实验校建构了自主提升机制,找到了课程文本这一提升课程领导力的实践载体,以课例研究作为提升课程领导力的主要方法,为学校可持续发展提供了操作路径与具体策略,确立了课程文本和课例研究两大主要制度,为学校后续系统性、规范化推进项目研究提供了机制保障。

第四节　课程领导力视域下课例研究的初步成效

一、课程文本的价值引领作用有所体现

总项目组系统设计了从课程文本设计到课程实施到反思改进,再到新一轮的课程文本再设计、再实施、再反思改进的行动路径,以实现对区域课程与教学的整体托举。因此,课程领导力视域下的课例研究的"设计—实施—反馈—改进—再设计—再实施"的螺旋优化过程实际上是课程文本设计、课程实施和反思改进的过程,这个过程也是引发学校课堂文化转型的过程,最终实现课程领导力"四力"的提升。如本溪路幼儿园在"合作,是真的吗?——以大班学习活动'奇妙照相馆'为例"中,以"课程文本在课例研究中起到何种作用"为研究的起点,开展课程文本引领下的课例研究,帮助教师理解学校课程理念、内化学校课程文本精髓、开展课堂教学的设计与实施,将课堂真正放权于教师与学生。在这个过程中,不断加深教师对学校课程文本的内化与理解,从而达到不断优化完善课程文本的目的。同时,通过课程文本的价值引领,将课例研究作为教师专业发展的拐杖,让教师的思考与实践有本可依、有据可循,体现学校课程的思想力和设计力,实现学校团队的向"力"而生。

二、学校课程领导力团队的研修能力明显提升

课程文本、课堂文化转型、课例研究作为杨浦区课程领导力项目的三大要素，区域、学校借助三大要素形成变革合力，在研究过程中相互影响，共同提升。然而，课堂文化的构建并非只是一个简单执行课程文本的过程，关键在于要从文本走向真实课堂，将课程文本转化为真实的课堂实践。这个过程必须有学校校长、教研组、教师作为变革主体，将课程文本转化实施，蕴含在教研活动、课堂教学之中，需要集一群人的智慧来共同创造。上海理工大学附属小学作为小学学段的"领头羊学校"，在主题为"基于学生认知基础差异的小学数学驱动性任务设计与实施"的课例研究中，以多元研修为专业支撑，通过学校层面的三种"聚力"连接真实的课堂和学校所倡导的理念。在这个过程中，一聚教师的思考力，做一个研究型、反思型的教师是教师专业成长的必聚之力，只有教师更专业地了解课堂，教学才能更贴近学生的需求；二聚团队的合作力，有效地一起工作，友好地分享各自的经验，真诚地相互学习，提升团队的研修能力；三聚学校课程文本本身的优化之力，通过真实的课堂运作来验证学生在这个课程中学得如何，用真实的课堂实践来检验转换与落差，及时进行调试，尽可能减少落差，以促进文化传播。上海理工大学附属小学通过校本研修实现"学校—教研组—教师"层级自上而下的理念传导和自下而上的实践反哺，提升了学校课程文本的转化力和实施力。

上海市三门中学作为初中学段的"领头羊学校"，在主题为"上海市三门中学'盘剥思维包浆　示范思维过程'的实践探索"课例中，聚焦课堂关键问题，在教研员的专业支持和精准指导下，将集体设计、课堂观察、反思改进作为课例研究的三环节，通过具有可操作性的思维培育路径提升教师的实践力，循证改进式的研究方法帮助教师客观评价课堂效果，以求不断完善，使得教师的评价力得到提升。另外，研修团队作为教学研究共同体，在共享、共进中提升了课程文本的实施力和评价力。

三、学校课堂文化的课堂新样态初步呈现

为了及时提炼项目实验校在课堂文化转型上的个性化思考与设计以及操作过程中显现的实践智慧，并将学校的成功经验转变为可复制可推广的经验，项目组开展了课程领导力视域下的课例征集评选活动。以征集评选活动为契机，项目实验校尝试思考并厘清了课堂文化转型的目标与主题，依托试点学科开展了

课堂文化转型的落地实践。学校的课例反映了学校三级课程文本的设计与转化,体现了课程文本实施更新的策略、方法与途径,打通了从课程文本到真实课堂的"最后一公里",初步呈现了课堂文化转型的课堂新样态。在这个过程中涌现出很多典型课例,如上海市杨浦区齐齐哈尔路第一小学的"指向'趣动'课堂的课例研究行动——以科学与技术学科《厨房中物质的溶解现象》一课为例"、复旦大学第二附属学校的"基于'思维碰撞'的课堂教学研究"、同济大学第一附属中学的"课程领导力视域下的地理反思型课堂文化构建——以基于自我诊断的地理高阶思维培养指导课为例"。

四、产生了一定的辐射影响力

提升学校课程领导力是一项系统工程,具有一定的宏观性和整体性,需要进行系统设计和整体提升。因此,在项目持续深化实践的过程中,项目组通过工作坊研修、学段研讨、年会交流和课例征集等形式不断提炼学校课例研究的典型经验,征集了三十多个学校优秀课例。(见表3-2)同时,依托展示交流与成果集结,产生了一定的辐射影响力,涌现出一批敢于担当的"领头羊"学校和项目实验学校,同济大学第一附属中学、上海市三门中学、上海市杨浦区齐齐哈尔路第一小学、上海理工大学附属小学和上海市杨浦区本溪路幼儿园先行先试,主动探索,聚焦课堂文化转型,深入开展课例研究,为其他项目实验学校提供了具有可复制、可推广价值的实践经验,成为在区域内乃至全市层面具有一定知名度和影响力的品牌学校。另外,项目实验学校打造了一批初步具备课程思想力、设计力、执行力、评价力的校长与教师团队。将课程领导力视域下的课例研究作为促进课堂文化转型的主要方法,为学校的可持续发展提供了操作路径与具体策略,同时成就了一批优秀教师,最终助力学生的全面发展。

表3-2 项目实验学校的课程领导力视域下的课例研究主题

学段	课例主题	学校
中学	课程领导力视域下的地理反思型课堂文化构建——以基于自我诊断的地理高阶思维培养指导课为例	同济大学第一附属中学
	在关键问题及其追问中发展学生的思维水平——以《藕与莼菜》为例	上海市三门中学

（续表）

学段	课例主题	学校
中学	三大支架传导课堂"活力"文化——物理学科课程文本转化与实践	上海理工大学附属中学
	任务驱动促"好学"　情境创设启"致用"——以元素周期表的应用为例	上海财经大学附属中学
	问题探究：提升学生学习能力的探索实践案例——初中数学"等边三角形"课例研究报告	上海市惠民中学
	初中散文教学与学生"会合作"素养的培养——以《老王》为例的课例分析	上海市国和中学
	创设真实情境，构建合作课堂——以 Unit7 Front Page News 阅读导入课为例	上海市民星中学
	科学有效提问，促进学生表达——以初中英语阅读课 Controlling fire 为例	上海市市光学校
	跳跳糖引发的感官盛宴——真实情境下的写作教学课例初探	上海育鹰学校
	实践、体验前置式课堂转型的教学设计——以黄山研学中的徽茶初探为例	上海市复旦实验中学
	"自主探究"：培养学生思维品质的探索与实践——探究氢氧化钠是否变质及变质的程度	上海市铁岭中学
	基于"思维碰撞"的课堂教学研究	复旦大学第二附属学校
	慧力促智　学力提升——以综合实践课践行"慧动"课堂为例	上海音乐学院实验学校

（续表）

学段	课例主题	学校
小学	工具支持下的驱动性任务设计与研究——上海理工大学附属小学课堂文化转型案例	上海理工大学附属小学
	指向"趣动"课堂的课例研究行动——以科学与技术学科《厨房中物质的溶解现象》一课为例	上海市杨浦区齐齐哈尔路第一小学
	以"方寸"课堂文化理念 牵引学科课堂教学转型——小学数学《折线统计图的认识》课例研究报告	上海市杨浦区凤城新村小学
	基于学生表现 提升评价品质 激活深度学习——以牛津上海版一年级第一学期 Module2 Unit1 Period2 A talent show 为例	上海市杨浦区杨浦小学分校
	强化口头实践活动,提高口语表达能力——小学语文四年级《颐和园》课例	上海市杨浦区内江路小学
	"被消失"的学生再出现——"亲·信课堂"高关怀学生教学方法和路径的实践研究	上海市杨浦区开鲁新村第二小学
	"问"出来的儿童哲学——"问学"课堂在一年级儿童哲学绘本教学中的探索	上海市杨浦区六一小学
	任务型教学,让英语课堂真实而灵动	上海市杨浦区打虎山路第一小学
	巧用"课程资源" 打造快乐课堂——以《干点家务活》为例的"快乐、自主课堂"课例研究	上海市杨浦区二联小学
	低年级口语交际课堂转型初探——以一年级口语交际课"打电话"为例	上海市杨浦区教育学院实验小学
	环境创设"巧" 课堂力求"活"——沪教版一年级第一学期"大家来做加减法"课堂实践	上海市杨浦区中原路小学
	探索数学学科教学与"全人"课程理念同步发展的实践之路——关于小学乘法教学设计与实施的课例分析	上海市杨浦区控江二村小学

（续表）

学段	课例主题	学校
学前	自主合作，是真的吗？——大班"自主活动课堂"中"有效互动"原则实施的课例研究	上海市杨浦区本溪路幼儿园
	给幼儿一个游戏创造空间——向阳幼儿园小班"灵动游戏"的实施与调整	上海市杨浦区向阳幼儿园
	结构游戏中教师的"为"与"不为"——以小班某幼儿"小球的旅行"游戏为例	上海市杨浦区教育学院附属幼儿园
	追求玩与美的课堂样态——从中班涂鸦墙看教师的课堂转型	上海市杨浦区五角场幼稚园
	问题驱动下的课堂文化转型之路——以"水的流动"为例	上海市杨浦区黑山路幼儿园

第四章

课例研究的学校实践：典型路径与策略

　　本章讨论了学校课例研究的发展路径和实施策略，呈现了学校层面课例研究的实施步骤和实践要点。一是深化课例研究的校本理解。通过课例主题描述、实证分析、反思改进等活动，回答并解决学科教学实践中的真问题。二是明确课例研究的目标。课例研究是一种目标驱动的教研方式，目标具有导向、激励、评价等作用，是为了实现从"以教为中心"到"以学为中心"的转变。三是变革课例研究的研修方式。课例研究是校本教研最有效的途径之一，开展一日研修活动，探索课例研究的不同变式，以适应教学示范和教研活动。四是应用课堂观察技术。通过这一技术，可以提高实证水平，加强循证改进。五是形成同伴合作的文化。课例研究提供了新路径，有利于建设教师学习—研究共同体。

第一节　问题解决的研修方式:对课例研究的校本理解

一、课例研究的前提:在真实教学情境中寻找"真问题"

教学情境是学习环境中的四大要素之一。建构主义学习理论认为,知识是学习者在一定的情境中主动建构而获得的,是根据自己的经验背景,对外部信息进行主动选择、加工和处理,从而获得意义建构的过程。情境、协作、会话、意义建构是学习环境中的四大要素。情境是顺利建构的基础,协作与会话是在一定的情境中展开的,意义建构也是在此情境中完成的。

课例研究从解决教育教学中的问题入手,是为教育教学问题而存在的,也是以解决问题为宗旨而发展的。通过真实的教学情境,提出问题,发现问题,并采用课例研究的方法去解决问题,这是课例研究的真谛。

【学校在教学情境中寻找"真问题"的案例】

自 1997 年建校以来,上海市三门中学始终秉承让爱滋润每一个师生心田的办学理念,致力于把学生培养成有爱心、身心健、会学习、习惯好、有特长的阳光少年。在学校的教育哲学和办学理念统摄下,学校制订了"启智、暖心"的"暖记忆"校本课程计划,确立了"用智慧启迪智慧,用温暖传递温暖,让学生在成长中温暖心灵,在人生经历中拥有美好记忆"的课程愿景。在基础型课程建设过程中,学校运用精细化管理模式,以各年段的学段目标和智育目标为抓手,努力以"精心的态度"叩开"心灵之门",以"精致的方法"连通"智慧之门",以"精彩的表现"铸就"成长之门",使学生健康阳光发展,学校教育教学质量多年名列前茅,受到了社会的一致好评。"进口低,出口高"的"三门现象"也受到了各界的广泛关注,学校被社区称为"老百姓身边的好学校"。但是,从 2011 年和 2012 年学校的绿色指标测试情况反馈中发现,三门中学学生的高层次思维能力是短板。(见图 4-1)

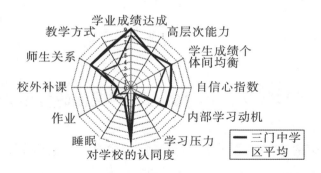

图 4‑1   三门中学 2012 年学业质量绿色指标测试雷达图

结合学校的课程建设推进发现在日常的教育教学过程中学生思维能力的培养没有落到实处。一些教师重知识传授,重机械训练,课堂教学忽视学生自主的思维创新,教师很少采用多样化的教学法满足学生独立思考的需要。学生为了在考试中取得好成绩,做得最多的是背公式、背定律、背定理,对同一类计算题反复打磨,最终达到考高分的效果。在这样的教学下,往往有一套定格的思维模式把学生的思维框定在机械的思维界域内,学生独立思考问题的能力僵化了,慢慢就养成了思维的惰性和依赖性。在课堂中学生有哪些思维发生与改进的表现?教师有哪些行为阻碍了学生思维的发展?如何有效培育学生的思维能力,引领教师加强思维培育意识?提升学校基础型课程的内涵品质是学校教育质量再提升的关键。

2013 年 5 月,全校教师经过多轮研讨,最终将"关注学生思维培养,促进终身发展"的实践研究项目作为学校基础型课程建设的新发展点,旨在探索教与学方式的转变,打造促进学生思维发展的有效课堂。

2014 年以来,学校联合教研联合体成员校共同开展基础型课程课堂教学的实践研究,教师在常态课中注重对学生思维培育的意识有了极大提高。

二、课例研究的关键:在行动研究中解决"真问题"

课例研究实际上是一种教育行动研究,为此学校项目组经过反复研讨,聘请专家指导解读,全面深刻领会课例研究的精神,聚焦教学过程中的真问题,以教研组为单位,采取行动研究的方法,组织教师通过一日研修和课堂观察,边学习,边实践,边总结,边研究,形成循环上升的研究路径。(见图4‑2)

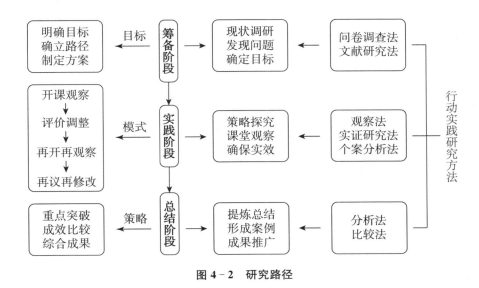

图 4－2　研究路径

在行动研究中强调"两个意识"。一是全程问题意识，即提出问题、解决问题、反思问题和发现新的问题。二是全程反思意识，即行动前反思（发现问题、分析问题、理论研读、形成计划）、行动中反思（实施行动、观察行动、调控行动、实践改进）、行动后反思（梳理经验、意义建构、观念确立、形成理论）。以研究引领实践，在实践中完善提升。

第二节　文化转型的目标构建：实现以学为中心的目的

一、促进课堂文化转型成为课例研究的目标

我们追求的课堂理念文化是"深度学习"的文化。著名教育家苏霍姆林斯基说："课——是点燃求知欲和道德信念火把的第一颗火星。"从这个意义上讲，课堂的核心不是"讲堂"，也不是"教堂"，而应该是"学堂"，即学生深度学习的课堂。如果没有学生，何来课堂？学生是课堂的根本，是课堂的主体，是课堂存在的全部理由，而学生进课堂的主要任务就是学习。我们要破除传统以教师为中心、以教材为中心、以课堂为中心的观念，追求学生深度学习的课堂，一个真正属于学生的课堂。在这一理念引领下，我们的课堂围

绕学生的学习来进行,教师以学生的学习为核心,创建学习的情境,激发学生的兴趣,培育学生的思维,丰富学习的方式,拓展学习的时空,发展学生自主学习的能力,激励学生在学习中进步。我们希望通过努力,让这一理念得到广大教师的认同,并且形成共同愿景,这样就能激发教师的工作热情,激发教师的创造力,唤醒教师的内驱力,从而使得学校课堂文化转型理念落地生根开花结果。

我们追求的课堂行为文化是"互动学习、探究学习"的文化。所谓互动学习,即更加重视课堂中的合作的学习。建立相互交往、共同发展的新型师生关系,使教学过程成为师生互动、教学相长的过程,进一步创设民主、平等、合作、和谐的课堂氛围,使学生成为学习的主体,使教师成为课堂教学的策划者和组织者以及学生学习的引导者和促进者。所谓探究学习,即透过探究的课堂,辅助学生开展能动的学习——主动同客观世界对话、同他人对话、同自我对话,最大限度地丰富每一个学生的探究体验,培育求真、求善、求美的探究精神。教师鼓励学生独立思考、大胆质疑、主动学习,让创新无处不在。

我们追求的课堂制度文化是"按一定程序活动的价值规范和行为准则"文化。这种制度文化不是为了单纯地约束教师的课堂教学行为,也不是为了单纯地约束学生的课堂学习行为,而是为了更好地引导课堂中的师生行为,保障课堂教学持续高效运行,形成学校的制度化成果。例如,学校围绕课堂文化转型的主题和实施的改革项目,研究制定课堂教学评价机制。在评价内容和标准的制定上,体现新课程的理念以及教学改革的方向,反映学校课堂文化转型的要求;坚持从学生全面发展出发,突出评价课堂教学中学生思维培养、兴趣激发和师生关系融洽等要素,重点评价学生在课堂教学中研究性学习、实践性学习、合作式学习的表现。对处于不同专业发展阶段的教师给予适当的指导帮助,努力使课堂评价过程成为引导教师学会反思、学会自我总结的过程。

我们追求的课堂环境文化是"教育信息化和创新场馆"文化。课堂环境文化不仅仅指一般意义的物质环境文化、空间环境文化和心理环境文化,而重在突出以下两个方面。一是突出信息化助推学生学习方法的改变,体现以育人为核心,以学生学习为中心,以培养学生的创新精神和实践能力为重点,为学生终身学习奠基的发展观。信息化助推教师教学方法的改变:教师在信息技术与教育教学深度融合的过程中,不断提升教学目标的适切性、主体学习的人文性、教学方法的灵活性、学习指导的层次性、交流反馈的及时性,使自身的专业水平有质的飞跃;信息化助推学校课堂教学管理方法的改变:信息化为学校的课堂教学规范管理提供了方法和手段。二是突出校内外创新实验室等场馆的建设。这些场馆已经成为学校实现办学理念的承载体和形成办学特色的新途径,为学校提供了新的增长点。这些场馆既是基于满足学生个性化学习需求的课程资源,融学习内容、学习方式和设施设备为一体的学习环境,也是支持学生个性化学习的场所,成为培养学生创新志趣、开发学生创新潜质、开展研究性学习和探究性实验的崭新平台。

二、从"以教为中心"到"以学为中心"的转变

【学校在课堂文化转型中实现"以学为中心"的案例】

通过课例研究渗透课堂理念文化——打造创智课堂,把握好促进思维发展的四个点:Lighten——点燃兴趣,学得快乐,创设好"兴趣点";Object——目标明确,关注分层,落实好"分层点";Variety——方法多样,互动有效,设置好"互动点";Experience——丰富体验,注重创新,激发好"创新点"。

通过课例研究强化课堂行为文化——关注"关键问题及其追问"的设计,促进学生思维螺旋上升。梳理每节课的关键事件,每个关键事件以一个关键问题为引领,围绕关键问题设计若干有逻辑关联、有层次梯度的追问,组成问题链。通过螺旋上升式的问题链,挖掘和展示知识发生、发展以及问题解决背后蕴含的思维价值,启发学生领悟其中的思想和方法。引导学生在具有一定结构的问题链中思考,让问题链成为思维发展的台阶,使学生的思维能力螺旋上升。

通过课例研究体现课堂制度文化——学习方式的转变,使课堂充满思维活力。通过课堂,让学生牢固掌握知识,这是最基本的要求。然后,在此基础上获得能力,感悟学习方法,学会思维,学会学习,在课堂中获得自尊,收获自信,达成自主,培养起我能学、我会学、我愿学的观念。这是一个由低到高的过程,掌握知识—形成能力—学会思维—收获自尊、自信、自主。

通过课例研究营造课堂环境文化——和谐的关系、开放的空间、联动的伙伴。课堂教学中的互动主要有两种:师生互动和生生互动。师生互动,指在教学过程中师生共同探讨、共同研究,在这一过程中教师给学生以指点,学生给教师以启发,师生相互促进,共同发展;生生互动指学生间摆脱了"各自为战"的学习方式,在学习活动中互相推动,从而共同提高学习效益。

　　通过课例研究,探索形成以新型师生关系的建构为核心、以学生思维品质的培养为导向、以学习兴趣的激发为策略的新型课堂文化,促进课堂教学的观念和教学形态等发生转变,实现从"以教为中心"到"以学为中心"转变的课堂文化的整体性变革。

第三节　一日研修的方式变革:
适应教学示范和教研活动

一、一日研修的教研方式

　　在课例研究过程中,学校一日研修方式即在"一日"之中采取"三研修、两观察"的教研运作方式。(见图 4-3)

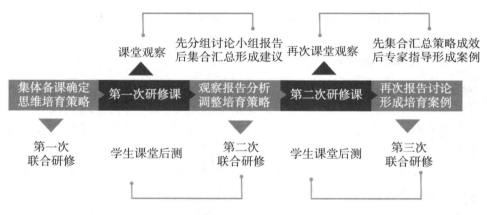

图 4-3　"三研修、两观察"的教研运作方式

　　同一备课组内的不同教师在集体备课的基础上,对同一教学内容采用相同的教案、相同或相似的课件进行执教。课堂观察者对教师关注学生思维培育的问题设计、互动方式、激励手段及学生课堂表现等情况进行观察记录。采用"开课观察—评价调整—再开课再观察—再评议再修改"的形式,根据观察进行梳理和比较分析,总结课堂思维培育的有效策略。

二、一日研修的关键要素

（一）研究主题确立

学校将"探究学生思维培育策略的课堂实践"作为提升课程领导力促进课堂文化转型的主题，从学生的兴趣与需求出发，结合教师的特长与专业化发展的追求，营造积极的心理氛围，构建新型的师生关系，促进学生思维品质的提升，逐步推进课堂文化转型。

（二）"关键问题"设计

教学中设计螺旋上升式的问题链，从横向看，可以让不同层次的学生都能参与思考，都有思维空间；从纵向看，可以让学生的思维不断爬坡，让学生的理解不断加深。课堂关键问题及其追问要突出核心问题。问题链的设计不需要每次都完全到位，也不能满足于得到教师所想的答案，而应该保持一定的弹性和张力，并体现思维的发散性，给学生留有发挥的空间，从而尽可能地激发不同层次学生的参与兴趣，让学生在更广阔的思维空间进行有效探索。

（三）"关键问题及其追问"探索

在思维培育项目的推进中，通过课堂观察发现，教师提出关键问题之后，学生回答如果正确，教师予以肯定，如果错误，请他人作答，直到答对为止。在这个过程中教师只关注对与错，常用的方法是鼓励与批评。这背后存在的问题是，重知识传授，缺乏对学生思维的培育，学生的认知结构是被动的，长此以往会养成一种思维的惰性和依赖性。针对这一问题，解决的对策是"思维示范"，即根据教学目标，围绕核心问题设计若干有逻辑关联、有层次梯度的子问题，组成系列问题，通过螺旋上升式的问题链，挖掘和展示知识发生、发展以及问题解决背后蕴含的思维价值，启发学生领悟其中的思想与方法。

三、一日研修的发展过程

学校在一日研修中经历了备教案、备课件、备课堂组织形式、备关键问题、备关键问题下的追问这"五备"的发展过程。

教研组的主题研修从备教案、备课件入手。课堂实践中发现不同的课堂组织形式对课堂效率影响较大，继而提出增加备课堂组织形式。在过程中发现教师对课堂关键问题的设计尤为重要，不同的关键问题设计对学生思维的促进程度有明显的差异,由此发展出备关键问题。在进一步的实践中发现,即使做到"四备",学生的思维表现又因教师追问、反问的不同产生了较大的区别,于是将教师提问的维度深入到追问,设计问题链。

梳理每节课的关键事件,每个关键事件以一个关键问题为引领,围绕关键问题设计若干有逻辑关联、有层次梯度的追问,组成问题链。通过螺旋上升式的问题链,挖掘和展示知识发生、发展以及问题解决背后蕴含的思维价值,启发学生领悟其中的思想与方法。设计螺旋上升式的问题链,从横向看,可以让不同层次的学生都能参与思考,都有思维的空间;从纵向看,可以让学生的思维不断爬坡,让学生的理解不断加深。学生在具有一定结构的问题链中思考,让问题链成为思维发展的台阶,从而使学生的思维能力得到螺旋上升式的发展。

通过"三研修、两观察"的过程,充分发挥教研组团队的力量,以实践为前提,以观察作基础,以分析促深化,形成对教学问题的深入认识,提炼促进效果提升的操作路径,积累提高教学质量的典型案例。

第四节　课堂观察的技术应用:
提高实证水平和加强循证改进

课堂观察是一种广泛使用的课堂研究方法。课堂观察指研究者或观察者带着明确的目的,凭借自身感官以及有关辅助工具,直接或间接从课堂情境中收集资料,并依据资料进行相应研究的一种教育教学研究方法。

一、五维度课堂观察法

要观察课堂,首先必须解构课堂。课堂涉及的因素很多,主要包括学生、教师、课程和课堂文化,各因素之间又是相互联系、交错互动、浑然一体的,因此课堂内可以采集的数据很多,可以观察的点也很多。关注学生思维发展的课堂观察将观察主题定位在学生的思维上。培育学生思维的方式也有多种,关注学生思维发展的课堂观察将重点放在师生对话上,搭建出一个简明、科学的观察框架作为观察的"支架"。

关注学生思维的课堂观察设计包括五个维度——教师问题设计维度:主要关注教师怎么问,问题对促进学生思维的效果怎样;学生课堂互动维度:主要关注教师的问题是否让学生的思维发生,有无促进作用;学生个体行为维度:主要关注问题顺应学生思维的适切性如何;课堂文化维度:主要关注教师、学生、思维三者之间发生的联系,在整个互动、对话的过程中形成了什么样的课堂文化(因此课堂文化关注的是思维培育的课堂环境怎么样);课堂后测维度:主要关注教师指导的思维方法学生理解了多少。这五个维度共同构成的关注学生思维的课堂观察框架成为课堂教学的抓手,观察点为观察者立足"点"来观察课堂提供了支持,而整个框架又为观察者从"面"上观察课堂提供了支持。(见表4-1)总之,课堂观察框架从"点"和"面"出发,引领观察者观察课堂。

表 4-1　学生思维的课堂观察设计

维度一:教师问题设计	
视角	观察点举例
关键	有几个关键事件(依据/逻辑关系/时间分配)? 每个关键事件中的关键问题设计是否恰当(问题类型/结构/认知难度)? 关键问题的设计关注了学生哪方面思维的培养? 有哪些证据说明关键问题的设计促进了学生思维的发展?
追问	每个关键问题下追问的设计如何(个数/合理/顺应思维/契合主题)? 追问效度如何(清晰/简洁/语速/音量/节奏)? 是否有预案(学生思维没有顺应预设追问,怎样调整追问)? 为学生完成追问提供了什么帮助? 是否适当? 是否有效?
对话	提问的时机、对象、次数怎样? 候答时间多少? 理答方式和内容怎样? 有哪些辅助方式? 有无转问? 转问与学习目标、思维培养的关系如何?
机智	问题设计有哪些调整? 效果如何? 如何处理学生提出的问题? 效果怎么样? 有哪些课堂行为有利于学生思维的培养(语言/教态/学识/技能/思想)?

（续表）

维度二：学生课堂互动	
视角	观察点举例
倾听	有多少学生能倾听教师的讲课？能倾听多长时间？ 有多少学生能倾听同学的发言？有多少人对同学的发言进行反驳或补充？
互动	有哪些互动行为/合作行为？有哪些行为直接针对思维培养的达成？ 参与小组讨论的时间、过程、结果怎样？ 个人/小组参与课堂活动的时间、过程、结果怎样？ 学生互动/合作的习惯怎样？出现了怎样的情感行为？
回答	参与回答的人数、对象、过程、结果怎样？ 有哪些回答说明学生的思维得到了促进？ 有无超出课堂预设的精彩生成？产生的原因是什么？ 有无无效回答？产生的原因是什么？怎样改进？
促进	学生清楚这节课除了知识点目标外还应掌握哪些思维方法吗？ 课堂中有什么证据（观点/练习/表情/板演/演示）证明学生思维有所促进？
维度三：学生个体行为	
视角	观察点举例
个体	被观察学生的学习基础如何？个性怎样？ 被观察学生的日常思维习惯怎样？ 被观察学生对学习内容的初步认知怎样？
行为	被观察学生在每个关键事件中的表现如何？ 在每个关键事件中有哪些行为证明学生的思维有所促进或有变化？ 对教师设置的关键问题的应答情况如何？
参与	被观察学生参与小组讨论的时间、过程、结果怎样？ 被观察学生参与课堂活动的时间、过程、结果怎样？ 被观察学生互动/合作的习惯怎样？
评价	被观察学生在关键事件中的表现是否得到过教师的评价？是否得到教师的辅导？ 教师的辅导对学生的思维发展有无促进？ 被观察学生在互动/合作中是否得到过同伴的评价？是否得到同伴的帮助？同伴的帮助对学生的思维发展有无促进？

（续表）

维度四：课堂文化	
视角	观察点举例
民主	课堂话语怎样（数量/时间/对象/措辞/插话）？如何处理不同意见？ 学生课堂参与情况怎样（人数/结构/占比）？ 师生行为怎样（情境设置/叫答机会/座位安排）？
创新	课堂有哪些奇思妙想？学生如何表达和对待？教师如何激发和保护？ 为促进学生思维发展教师有无创新策略？效果如何？
关爱	思维培育是否面向全体学生？是否关注不同学生的需求？ 特殊（学习困难/障碍/疾病）学生的思维发展是否得到关注？ 座位安排、叫答机会是否得当？
特质	课堂体现了教师哪些方面的优势（语言风格/行为特点/思维品质）？ 在哪些方面体现特色（环节安排/教材处理/导入/教学策略/思维指导/对话）？ 师生/生生间的关系（对话/行为/话语/结构）体现了哪些特征（平等/和谐/民主）？

维度五：课堂后测	
视角	观察点举例
练习	练习题设计是否恰当（教学目标/思维发展目标）？ 练习题数量是否合理？ 练习题难易度是否适中（区分度/针对性）？
反馈	每道练习题的得分率怎样？失分点是什么？ 班级平均分多少？满分率多少？优良率多少？合格率多少？ 被观察学生得分多少？失分点是什么？
分析	每道练习题的失分原因是什么（知识点/行为习惯/思维方法）？ 被观察学生的得分情况说明什么？ 班级得分情况说明什么？
评价	通过本课学习,学生的思维发生了吗？思维发展有无促进？占比多少？ 本课的教学目标达成率是多少？

二、课堂观察工具量表设计

关注学生思维发展的课堂观察约有 20 个视角、58 个观察点,而且每个观察点都在变化,这给课堂观察和记录带来了极大的挑战。为了进行有效的观察和记录,必须借助于一定的工具。课堂观察常用的工具有照相机、录像机和课堂观察记录表等。以下是从教师问题设计、学生课堂互动、学生课堂整体表现、学生个体思维和学生课后反馈五个维度研发的课堂观察记录表。

表 4 - 2　课堂观察记录表一:教师问题设计

课题:　　　　　执教:　　　　授课班级:　　　　观察员:

关键事件	关键问题	具体追问	问题解决方式及效果
对思维培育的评价与建议			

表 4 - 3　课堂观察记录表二:学生课堂互动

课题:　　　　　执教:　　　　授课班级:　　　　观察员:

学生课堂对话	表达机会与类型								
任务或行为	记忆性				解释性			探究性	
	无效表达	复述再现	判断对错	给出答案	运算操作	解释说理	归纳要点	提出质疑	发表创见
1 阅读理解									
2 回答解惑									
3 解题板演									
4 生生对话									

（续表）

学生课堂对话		表达机会与类型								
任务或行为		记忆性				解释性			探究性	
		无效表达	复述再现	判断对错	给出答案	运算操作	解释说理	归纳要点	提出质疑	发表创见
5	汇报交流									
6	小结反思									
7	其他									
分类汇总										
学生精彩表现										
对学生思维促进的评价和建议										

表 4－4 课堂观察记录表三：学生个体表现

课题：   执教：   授课班级：   观察员：

学生个体基本情况					
姓名		性别		学习水平	
日常思维习惯			学习习惯		
关键行为描述			关键行为分析		
对学生思维促进的评价和建议					

表 4－5　课堂观察记录表四:学生整体课堂表现

课题:　　　　　执教:　　　　授课班级:　　　　观察员:

学生课堂座位表							
黑板							
第一列	第二列	第三列	第四列	第五列	第六列	第七列	第八列
★●▲	★●▲	★●▲	★●▲	★●▲	★●▲	★●▲	★●▲
1	5	9	13	17	21	25	29
2	6	10	14	18	22	26	30
3	7	11	15	19	23	27	31
4	8	12	16	20	24	28	32

注:本部分观察可根据座位对学生进行个体记录,便于汇总分析学生各类活动的覆盖比例等信息。其中★表示学生问题回答精彩,●表示学生问题回答正确,▲表示学生问题回答不完整或不正确。在记录时统一画正字表示。

课堂整体情况统计			
回答人数	回答精彩人次	回答正确人次	回答不完全人次
占班级人数百分比	占回答人次百分比	占回答人次百分比	占回答人次百分比
课堂整体情况评价与建议			

表 4－6　课堂观察记录表五:课堂后测

课题:　　　　　执教:　　　　授课班级:　　　　观察员:

	后测内容	参与学生人数				典型情况及分析
		思维考察点	正确率	错误率	无效	
1						
2						
3						
4						
5						
对学生思维促进的评价和建议						

三、课堂观察的实施步骤

关注学生思维发展的课堂观察主要分为课前会议、课中观察、课后会议几个阶段。

（一）课前会议

在课堂观察之前，主要解决三个问题。第一，被观察者说课。主要围绕五个方面展开：①说教材及蕴含的思维要求；②说教学目标、思维目标，说重难点；③说学生的思维基础和思维习惯；④说教法和策略，说学法；⑤说关键事件、关键问题及其追问。第二，观察者提问与被观察者解答。第三，双方商议，确定思维观察点及量表，准备观察工具等相关事宜。为便于后续的行为，课前会议最好在开课前一天举行。

（二）课中观察

进入课堂，依照课前计划，对观察到的信息进行记录。观察者进入观察现场后，依据任务分工以及所选择的观察角度和观察点选择恰当的观察位置。通过不同的记录方式，准确地记录信息及思考。所采集信息的科学性和可靠性关系到课后研究的信度和效度。因此，课中观察是整个观察活动的主体部分。

（三）课后会议

课后议课着重解决以下几个问题。第一，被观察者的反思。主要围绕以下内容展开：这节课的教学目标、思维培养目标达成了吗？关键事件中的关键问题解决了吗？教学中生成了哪些问题？你是如何解决问题的？原因是什么？等等。第二，观察者简要报告观察结果。报告观察结果要遵循简明、有依据、有回应、避免重复四个原则。第三，形成结论和改进的具体建议。结论主要体现三个方面：一是成功之处；二是个人特色，即教学风格；三是存在的问题，并提出改进的建议。第四，结果呈现，可以是口述也可以是文本的形式，最终形成观察报告。（见图4-4）

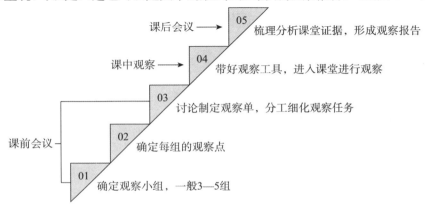

图4-4　关注学生思维发展的课堂观察实施步骤

学校打造了课堂观察的信息平台,能够第一时间捕捉观察数据、文字、图像和视频等,并上传至云平台,为课后评价提供全面的实证依据。根据中考改革的新精神,学校将继续组织教师开展一日研修主题活动,在中考新增学科上加大研究力度,另外计划在原有课堂观察信息化平台的基础上,把被观察学生课堂表现的相应评价纳入学生综合评价体系中,研发更能体现中考改革新增学科特色的评价指标,如体现文理科差异的观察维度和评价内容,从而更好地与高中生综合素质评价贯通。

四、基于观察的循证改进

以语文学科《藕与莼菜》的教学为例,将关键问题作为思维培育策略应用到课堂中。预习时,不少学生的思维仅停留在作者对藕与莼菜的喜爱以及对故乡的怀念上,教师应如何用关键问题去拓宽学生思维的深度呢?

(一) 第一轮教学设计和常态实践

本节课的关键问题:通过对比,我们发现叶圣陶笔下,20 世纪初故乡和上海的藕截然不同,但为什么都用"珍品"来形容呢?(这一个问题使学生的关注点由藕到人,开始关注故乡人是怎样的,茶房摊贩又是怎样的。)

用关键问题拓宽思维的深度:

(1) 为什么两地的人对藕的态度不同?引导学生关注两地不同的民风和人际关系。

(2) 不同的民风、人际关系反映了两地各是什么样的生活?问题的层层递进引导学生由藕的对比认识到人的不同,由人的不同认识到生活方式的不同。

(3) 为什么对比两地的藕、人和生活?自然引出或明或暗的对比都是为了表达对故乡的怀念,而怀念的内容很丰富,有对淳朴勤劳的故乡人的赞美,也有对平等和谐生活的向往。随着以关键问题为核心的问题链的引导,学生思维的广度提升,对文本的解读也更加深入。

(二) 第一轮问题诊断与反思矫正

课堂观察小组对这堂课从教师提问、学生整体表现、学生个别表现等方面进行了课堂观察,发现教师的有效提问个数上升,学生主动举手回答有二十多次,课堂氛围比较活跃,但精彩回答个数略少,教师对学困生的关注不够。

学生给出一个回答时,脑海里会经过一系列的判断和推理,这个过程往往是隐性的、有价值的,但常常被教师和学生忽略。精彩回答较少往往是因为教师在课堂上没有给足时间来引导学生充分展示自己由因及果的推理过程。一些学困生的回答虽然是片段式的、有遗漏的,但教师可以继续追问下去,帮助学生梳理出思维过程,找到思维的阻塞点。

追问设计的原则主要包括两点。一是针对性原则:学生的回答模糊,出现知识性错误和逻辑问题时,教师要有针对性地提问问题。二是过程性原则:对待学生的回答无论对错都不能一锤定音,要多问"你是怎么想的?""为什么这样想?"等能够激发学生梳理思维过程的问题。

（三）第二轮行为跟进

关键问题激发了学生的思维,但学生思维的逻辑性不强,因此教师可以在关键问题的基础上及时追问,挖掘学生的思维路径,引导学生完善逻辑推理过程。

第二轮教学实践:

在谈及故乡的人际关系时,学生回答道:"红衣衫的小姑娘'拣'一节,白头发的老公公'买'两支,清淡甘美的滋味传遍家家户户。感觉他们的生活非常自在惬意,人和人之间关系比较近。"这是一个缺少依据的片段式答案。教师及时追问:"关系比较近? 你是从哪里看出来的?"学生答:"红衣衫的小姑娘、白头发的老公公,作者对他们的称呼很亲切,就像自家的朋友一样。"在追问下,学生模糊的、凭感觉下结论的思维过程变得有理有据。

（四）基于分析结果的实践效果

一是从个体来看,学生的思维在解决关键问题的过程中不断爬坡,需要思考的范围扩大了,情感体验的层次丰富了。同时,教师的追问帮助学生梳理出一个回答背后蕴藏的因果推理过程,有助于培养学生注重事实、注重依据的逻辑思维能力。

二是调动起了各个层次的学生。难度螺旋上升式的问题链使得各个层次的学生都可以参与到课堂的思考中来,都有思维的空间,从而调动起了各个层次的学生。

三是优秀学生起到了思维示范作用。有些学生的思维十分细致，从一个字推敲出作者的用意和情感；有的学生思维很严谨，因果逻辑清晰。这些同学的思维过程对于其他学生是一种很好的示范，可以让学生来启发学生。

第五节　同伴合作的文化形成：
建设教师学习—研究共同体

一、课例研究中教师学习—研究共同体的意义

本文中学习—研究共同体主要指以教研组、备课组等形式，由学科教师、指导专家共同构成的团体。这个团体共同致力于解决学生思维培育的问题，具有共同的目标，基于一定的环境支撑，共同学习和共同研究，分享学习资源，交流情感、体验和观念，协作完成一定的教学任务。

学习—研究共同体的现实意义在于把教师专业发展的权利和责任交给教师自己，其中包含教师个人、团队内部及个人和团队之间的学习互动，易于形成良好的协作式组织学习文化，可以提高教师解决实际问题的能力，增进成员之间的协作及信息交流，使个体在团队的互动中获益并培养个体与他人有效协作的能力。通过共同参与活动，建立彼此相互影响、相互促进的人际联系，进而形成对组织较强的认同感和归属感。

二、课例研究中教师学习—研究共同体的行动范式

在提升课程领导力促进课堂文化转型项目的课例研究中，学校不仅组织本校教师开展一日研修、课堂观察等主题活动，同时借助教育集团、新优质集群、教研联合体和强校工程等契机，携手兄弟学校的学科教师共同聚焦课程改革，提出教育问题，校际协同，共同解决教育教学问题，促进创新发展，形成"大兵团""共同体"协同攻关的行动范式。

第五章

中学课例研究

　　课程领导力视域下的课例研究,是课程文本走向真实课堂的主要方法。从文本设计出发,经过文本转化与实施、文本更新与改进这样一个动态运行的过程,推动学校的课堂文化转型,进而提升学校的课程领导力。始终坚持以文本实施促进文本更新,以课例研修助推课堂文化转型,以实证导向助推实践改进。本章主要收集了中学学段的 13 个课例,这些课例从学校课堂文化转型的统整设计和课堂行动出发,聚焦课堂教学的真实问题,立足课堂实践,设计解决问题的路径,基于证据进行循证改进,初步呈现了项目校课堂文化转型的新样态。

第一节 文科课例研究

 课程领导力视域下的地理反思型课堂文化构建
——以基于自我诊断的地理高阶思维培养指导课为例

同济大学第一附属中学

一、背景与缘起

（一）课堂文化转型需要课程文本先行

编制课程文本,是提升教师课程领导力、促进课堂文化转型的有力抓手。"课程文本—课堂实践—反思改进"的行动研究,有利于实现循环式的优化与完善。

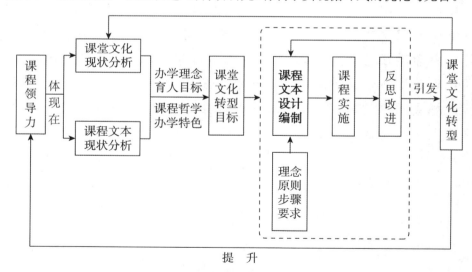

图 5-1 课堂文化转型的实施路径图

（二）反思型课堂文化是"慧学"课堂文化的重要特征

我校的"慧学"课堂追求从"重记忆者"教育走向"重思考者"教育,引导学生"从依赖走向独立",促进学生能动与智性的学习,帮助学生形成和发展高阶思维,成为一个会独立思考的人和有创见的实践者。这就需要培养学生的反思意识和反思能力。

地理教学中不同程度地存在学生主动性不足,综合分析能力较弱,思维品质不高的问题。这与以教师讲授为主,学生参与度不够、反思能力不强有关。

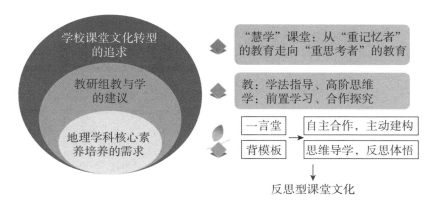

图5-2　反思型课堂文化构建的背景

二、想法与做法

本课例是高二等级考前的复习指导课。旨在通过设计有效的学习活动与评价工具,引导学生通过自主、探究与合作等方式,加深体验、自省,引导学生对已经学习过的知识、技能和思维重新整合,形成整体建构,上升到更高阶的认识。同时引导学生在反思中看到自己的优势和不足,增强战胜困难的信心与勇气。

（一）第一次文本设计与课堂实践

1. 文本设计

地理综合分析能力单元主要包括特征概括类、意义影响类、措施建议类三大内容。

总体目标:理解地理图表、文字,完整表述特征概括类地理问题;运用地理规律和原理,整合地理信息,分析意义影响类、措施建议类地理问题;通过个体加小组合作的错题归因分析,系统梳理审题、理答存在的主要问题,明确综合分析题的解题要点,培养综合分析能力。

单元实施建议:典型例题分析示范;课堂练习,自我反思;合作讨论,互助反思。

课时文本结构:反思考试—知识梳理—解题思路—答题要点—典题示例—练习纠偏—总结反思—巩固提升。教师设计试卷分析的基本框架见表5-1,指导学生对考试结果进行归因分析。

表 5-1　试卷分析基本框架

题型	掌握较好的知识板块			学习心得与经验分享				
选择题								
综合分析题								
掌握欠佳的知识板块								
选择题	错题题号	所属专题及知识点	解题思路与方法	错误原因				
				知识模糊	读图困难	审题不清	计算错误	粗心大意	其他
综合分析题	错题题号	所属专题及知识点	框架构建	审题(题干)不清	文字材料要素分析	图表材料要素分析	知识模糊	答题欠规范	其他
改进方向和具体措施								
对教师教学的改进建议								

2. 课堂实践片段

片段 1:错题归因,典例分析。

师:老师根据同学们的试卷分析,形成了一张统计图。大家看看这次测验主要存在哪些问题?

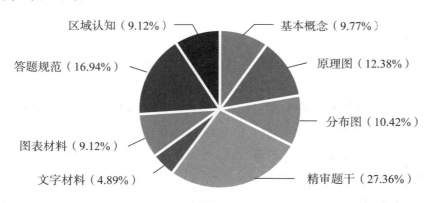

图 5-3　错题成因自我诊断统计图

生:综合分析题的精审题干和答题规范。

师:如何精审题干呢?

64

生:要提取有用的信息。

师:什么是有用信息? 有用信息即帮助我们解决地理问题的关键信息。我们以第三题(见附1)为例,一起探讨如何寻找关键信息。

生:海河、华北,水资源缺乏,人口密集,城市众多……

师:图表要关注什么? 反映了什么?

生:图表名称、图例。反映了范围、变化趋势……

师:好! 我们来看题干。解答方式是"分析",题目中心词是"水环境"。接着第三步我们联系教材所学,构建答题框架(见表5-2),根据图文资料理答。

表5-2　水环境问题的分析框架

水环境问题	原因	措施
水资源短缺	自然:总量少(时空分布不均) 人为:需求多、不合理使用	修建水库、跨流域调水 增加水域面积、节水(生产、生活)
水污染	生产、生活污水过量排放	污水处理、达标排放
水旱灾害	自然、人为	防灾减灾的措施

(师生共同构建框架,进行理答,总体流畅)

片段2:课堂实战,巩固练习。

师:题干(见附2)中要圈画哪些地理要素?

生:黄土高原、塬、峁,改变为塬峁环抱的盆地。

生:石油、天然气、降水量、水电站……

师:注意,还缺失"能源基地"这一关键信息。

3. 课后反思

① 同屏器即时展示学生的学习过程与成果,促进交流与分享。

② 学生参与度较高,但主要是"跟随型",教师依旧牢牢把控课堂进程,学生的能动性和课堂的生成性不够。学生有合作意愿,但交流和反思浮于表面,没有完全达成知识与能力的自主建构。

③ 学生是否真正理解和掌握综合分析题的分析思路与方法无从检测。

④ 单元设计上还缺乏对专题内容的具体操作指导建议。

4. 文本改进思路

① 完善单元设计。补充"综合分析能力单元实施流程图",便于教师从单元角度熟悉教学内容与流程。

② 优化行动设计。优化分组方案,明确学习目标与任务,引导学生深度合作学习。

③ 加强制度设计。师生共同构建评价工具,引导学生建立综合分析题的解题思维模型,参照标准,自我反思,提升思维品质。

(二)第二次文本设计与课堂实践

1. 文本设计改进

在单元文本中,首先是进一步明晰单元实施流程,形成地理综合分析能力单元实施流程图(见图5-4)。其次是优化专项学案结构(见表5-3),提升导学功能。

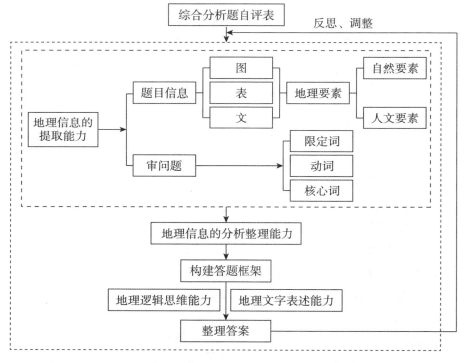

图5-4 地理综合分析能力单元实施流程

表5-3 专项学案结构优化比较

第一次学案模块	第二次学案增设模块
学习目标、知识梳理 典型例题、课堂练习 课后练习	概念解析 易错点分析 自我评价表

在课时文本设计中,一是根据课前的试卷分析,进行异质分组,设立小导师。二是完善过程反思的评价工具,形成综合分析题自评表,更好地融评于教(见表5-4)。三是把学习的主动权还给学生,让学生参与过程评价工具的开发,将各自的差异转化为学习的资源与动力。

表5-4　综合分析题解析思路自检表

步骤	内容	要求	若全部找对请打"√"			
			第1题	第2题	第3题	第4题
阅读材料圈画要素	文字	时间、地点、新名词				
	图像	图名、图例、注记、指向标、坐标轴、要素变化趋势				
	表格	单位、总量、比重、变化等				
精审题干明确问题	条件限定词	地理事物的范围、时间或性质等				
	内容回答词	题目必须回答的内容				
	题目中心词	答案论述的直接对象				
	解答方式词	回答问题的行为动词				
回归教材构建框架	联系教材,独立构建框架					
逻辑严谨规范作答	框架与材料相结合,因果清晰					
	参考分值,答题完整					
	使用术语,规范表达					

2. 课堂实践片段

片段1:小组分享反思成果,进行共性问题诊断。

师:请大家分享讨论前后的收获。

组1:我之前没有圈画的习惯,通过同学的指导,天山这道题目(附3)红笔部分是我现在圈画的,如地理位置、地质灾害、气候。

师:这些属于什么要素?

组1:自然要素。修建公路,属于人类活动,是人文要素。

师:讨论过程中,小组的共性问题是什么?

组1:我们组对"天山北坡自然灾害类型分布示意图"这个图的信息漏掉很

多,而且有很多是关键信息。

组2:黄土高原这道题中,对题干中"能源"与"矿产资源"两个概念的辨析不清楚,容易忽略"削山、填沟、造地"这个关键信息。

师:为什么会遗漏呢?

组1:忽视了图像中的图例等信息。

组2:没有注意内容回答词和题目中心词。

……

师:精审题干后我们如何构建解析框架?

生:从自然和人为原因的角度分析。自然原因材料里提到了"山高坡陡,地表岩石破碎,集中在春夏两季",人为原因材料里提到了"修建公路"……

师:从泥石流的概念出发,联系材料,大家再思考,还有没有补充?

生:温带荒漠带,植被稀疏,持水性差也会加剧泥石流发生。

生:夏季气温高,冰雪融化,流速快,易发生泥石流。

师:基于讨论构建的框架,我们如何理答?

生:不合理地修建公路会破坏山体;夏季气温高,冰雪融化,流速快,易引发冰川融雪型泥石流;山高坡陡,地表岩石破碎为泥石流发生提供物质条件;降水主要集中在海拔 1600—3500 米,多集中在春夏两季,容易形成暴雨型泥石流。

师:大家能对照问题,按照一定的逻辑,运用合适的行为动词,非常好! 还有没有小组补充?

生:综上所述,天山北坡泥石流多发生在夏季。

师:对! 我们不仅要关注小因果,也要注意大问题的因果,逻辑清晰,表述完整。

片段 2:总结策略,积极引导。

师:答题框架构建好后,我们如何规范作答?

生:因果关系要清晰,答题要完整,表达要规范,使用术语……

师:对! 下阶段我们要进一步回归教材,查缺补漏,夯实基础知识,对以前的错误题目再诊断再分析。放平心态,积极应考!

3. 课后反思

(1) "三个支点"与"三个反思"有机结合,形成反思型课堂文化。学习活动、支持工具和合作学习构成了反思型课堂文化的三个支点。将学生课前反思和讨论问题作为学习资源,设计学习活动,有力提高了学生的主动参与性。试卷分析表、综合分析题解析思路自检表和学案等工具,以及小组合作的学习方式,对学生学习过程、学习结果的反思提供了有力支持,促进了学生对学习伙伴关系的意义理解。

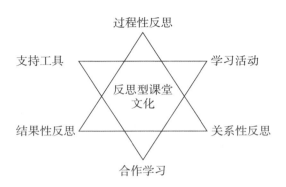

图 5－5　反思型课堂文化结构示意图

（2）评价工具与小组合作学习,促使学生学会反思,提升地理综合思维。课前运用试卷分析表引导学生进行结果性反思,找到自己的优势与不足,学会借助工具发现背后存在的知识漏洞、思维漏洞;课堂上引导学生合作构建和运用综合分析题解析思路自检表,组长带领组员就"圈画要素—精审题干—构建框架—规范作答"四个环节进行诊断,提升思维品质,实现自我纠偏,提炼共性问题,互助提升。在师生对话、生生对话中伴随着过程性反思和关系性反思,形成协作、信任、彼此成就的亲密关系,师生能重新发现、优化和肯定自我。

（3）课程文本改进的目标基本落实。教师给予学生充分的思考和展示空间,通过设问、追问,引导学生运用工具自检、交流分享,促进学生积极参与、深度思考。课堂氛围活跃,师生关系融洽,学生的反思意识和反思能力增强,地理综合思维实现进阶。

三、反思与提炼

（一）课堂文化转型是一项系统工程

课堂文化转型涵盖了课堂教学的观念、教学形态、模型等方面的整体性和系统性变革,旨在促进课堂教学从"教师为中心"到"学生为中心",从"以教为中心"到"以学为中心"的根本转变。只有在全面分析的基础上聚焦关键课程问题,明确课堂文化转型的目标,清晰转型后的课堂文化特征,才能找准课堂教学的突破口,形成课堂文化转型的基本路径和策略、方法,实现课程改革的愿景。

（二）课程文本是实现课堂文化转型的有效载体

作为学校课程实施的蓝图,课程文本是一个层级化的系统,是一致性地"解决关键课程问题"的最优结构设计,是学校课程质量的制度性保障,也是教研团队和师生之间的交流工具。它集中体现了课程领导力的思想力、设计力、执行力和评价力,是促进和确保课堂文化从理念、环境、行动到制度一致转型的重要行动载体。课程文本编制,不是一次性的任务,而是一个聚焦问题解决,从顶层设计到实践反思,不断调适优化,逐步达到理想状态的、持续开发的行动研究过程。

（三）观课—反思表是考量课程文本与课堂文化转型一致性的重要参照

课堂实践是检验课程文本有效性和课堂文化转型与否的唯一标准。构建观课—反思工具,是观课评课的要求,也是课程文本改进的依据。它有助于客观分析在课堂教学中是否真正落实了课程领导力,实现了课堂文化的转型,同时,有助于针对性地改进课程文本,提升文本的科学性、合理性和有效性。以下是我校通过观课—反思表,对第一次课堂实践进行的观察和评议。

表5-5 观课—反思表

课程文本设计要点	课堂观察记录		课程文本设计目标达成度(5-1由高到低)及改进建议
课程理念	教师能巧妙地将学生初步反思的成果作为学习资源,耐心等待、倾听,引导学生合作反思。学生能够在教师引导下参与讨论、分享。	4	教师预设过强,学生学习的主体性和生成性不足。
课程目标	综合思维素养与反思文化初步形成。	3.5	反思文化的内涵较单薄,仅限于对试卷诊断的结果性反思。
课程评价	学生能运用试卷分析工具,通过小组学习进行自主评价和生生互评,学生的参与度、综合分析与表达能力有提升。教师课程意识较强,专业素养高。	4	对学生综合思维的完善需要加强过程性指导,并开发评价工具。
课程内容及实施	围绕综合分析能力培养,将典型错误、例题示范与巩固训练相结合,重点突出,学习活动有序开展。学生参与小组讨论,有一定反思。教师能根据学生反馈给予恰当的指导,但给学生讨论的时间不够充分,课堂生成不多。	4	学生分组较随意,合作学习效果未充分体现,需要更科学的分组以促进合作学习。
课程资源与保障	能利用学生的错题作为学习、反思资源,借助同屏器实现及时反馈。	5	信息技术与课程资源的利用合理、有效。

目前,我们对地理综合分析能力单元的设计尚处于探索阶段,需要在实践中进一步优化。课堂文化转型受多种因素影响,涉及理念、环境、行动、制度等多个维度,转型成效的评价复杂,要在循证研究中提高科学性、合理性和操作性。

附1:典型例题

海河是我国华北地区的重要河流,海河流域是我国七大流域中水资源最缺乏的流域,水环境的整治是该流域整治的重要内容。读图文资料,回答问题。

材料:海河发源于内蒙古高原、黄土高原、燕山、太行山,流域地跨北京、天津、河北、山西、河南、山东、内蒙古、辽宁8个省(自治区、直辖市)有26个地级以上大中城市和31个县级市,人口密集,城市众多。

海河流域土地利用动态度(单位 km²)						
地类	1995 年	2005 年	动态度	地类	1995 年	2005 年	动态度
耕地	151669	155319	0.24%	水域	7153	5489	−2.33%
林地	72818	69162	−0.50%	建设用地	24723	26225	0.61%
草地	56915	60288	0.59%	未利用土地	5076	1871	−6.31%
注:动态度表示土地利用类型的动态变化,正值为增加,负值为减少。						

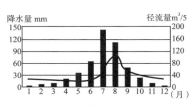

海河流域的年平均径流量曲线和降水柱状图

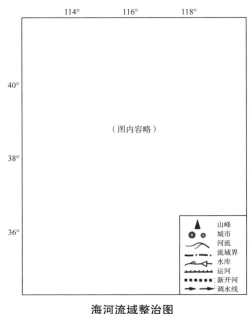

海河流域整治图

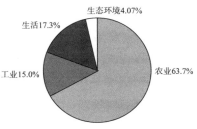

2013 年海河流域用水组成图

近年,海河流域水环境的整治已成为该地区的重要任务。根据资料,分析海河流域水环境存在的问题,并提出整治的措施。

附2:课堂巩固练习1

黄土高原是我国国家级的能源保障基地之一。读图文资料,回答问题。

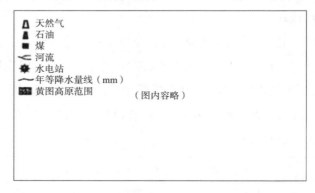

黄土高原地区地理简图

地处黄土高原的延安,正在进行新城建设。建立后的新城,面积相当于两个老城区,地貌原来以梁、峁为主,改变为梁、峁环抱的盆地。

（1）概述黄土高原从甲地到乙地所呈现的地带性规律,并说明依据。

（2）延安新城建设需要"削山、填沟、造地"。列举这种建城方式可能给新城带来的自然环境问题。

（3）归纳黄土高原地区的能源空间分布特点。

（4）概述黄土高原地区合理开发能源可采取的主要措施。

附3:课堂巩固练习2

天山被称为我国西北干旱地区的"湿岛",自然灾害易发。读图文资料,回答问题。

材料一:天山山脉近东西走向,山高坡陡,地表岩石破碎。受地形条件限制,山区公路盘山而建或沿河谷分布。

材料二:天山地处温带大陆

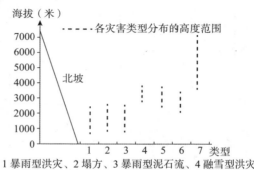

1 暴雨型洪灾、2 塌方、3 暴雨型泥石流、4 融雪型洪灾、5 冰川融雪型泥石流、6 冬季雪崩、7 夏季雪崩

天山北坡自然灾害类型分布示意图

性气候区,年降水量小于 600 毫米,多集中在春夏季。其北坡受地形影响,降水主要集中在海拔 1600～3500 米,一次暴雨的降水量可占全年降水量的 25％～40％。

（1）归纳天山北坡自然灾害类型分布特点。

（2）天山北坡海拔 2500 米以下有泥石流分布,判断其发生频率的高低,并说明理由。

（3）分析天山北坡泥石流多发生在夏季的原因。

（4）为减轻天山山区公路遭受泥石流危害,概述当地应采取的主要防治措施。

（执笔人：刘伟 刘育蓓 吴祺）

【专家点评】

课例有理念引领,有价值导向,有目标指向,有文本设计,有实践反思,具有典型意义。课例单元目标设定和评价以及课时文本有较好的一致性,切合了"慧学课堂"在开放的、多样态的学习环境中能动智性学习和高阶思维发展的内涵要求。

课例遵循"课程文本—课堂实践—反思改进"的过程,实现循环式的优化与完善。能直面教学场景,聚焦教与学中的真问题,从课堂文化转型的主题、课堂真实问题的解决和课程文本的优化设计与实施三个方面进行反思,实施了基于标准、基于评价优先的逆向设计,建构了观课—反思的工具。

课例研究的阶段成效明显。课例研究提供的经验和做法以及相应的支持观察、评价的工具具有学习和借鉴的意义。

（上海市教育委员会基础教育处 余利惠）

 2 在关键问题及其追问中发展学生的思维水平
——以《藕与莼菜》为例

上海市三门中学

一、主题与背景

"授人以鱼不如授人以渔",可见古贤先哲很早就关注到思维培育的重要性。新课程改革中,把培养能力与掌握知识放在同等重要的地位。学会学习、终身学习的新教育理念的提倡进一步强调了在知识教学中掌握科学思维方法的重要性。知识学习的过程在很大程度上是一种认识的过程，而思维是认识过程的核心。[①]

（一）思维培育的相关文献

思维培育是目前世界上最流行也最有效的智力开发方法。早在古希腊时期，著名的哲学家苏格拉底就创造了有名的"头脑助产术"。[②] 杜威提出了"反省的思维的分析"，课堂教学应该从情景中发现疑难，从疑难中提出问题，做出解决问题的各种假设，推断哪一种假设能解决问题，经过检验来修正假设、获得结论。[③] 布鲁纳认为在教学时试图远离学生的思维方式，只是用枯燥无味的逻辑进行形式的说明，肯定是徒劳无益的。而应向学生提供具有挑战性的但合适的机会，促使学生的思维不断发展。[④] 赞可夫强调在各科教学中要注意培养学生的逻辑思维，培养学生思维的灵活性和创造性。[⑤]

（二）语文学科标准的要求

《义务教育语文课程标准》无一不体现着对学生直觉思维、逻辑思维、辩证思维的考察，以及思维深刻性、敏捷性、灵活性、批判性的检验。特别是写作部分，要求合理取材、布局谋篇、正确表情达意，更是对学生创造性思维的挑战。

（三）学校发展与时代契机

2012年开始，学校将"关注学生思维培养，促进学生终身发展"作为课程建设新的增长点。在参与杨浦区提升学校课程领导力研究项目中，培育学生思维品质作为强校工程的"一校一策"，成为我校课堂文化转型的主题。要实现课程教学的实质性变革，思维教学不仅是有效手段，也是必经之路。国际思维教学研

① 张向阳,刘鸣.论课堂教学中的思维训练策略[J],高等教育研究,2001,22(05)：86-89.

② 邵晋英.关于思维训练中的若干问题[J],研究教育理论与实践,2006,26(12)：40-43.

③ 张斌,张大均.论思维教学的理论依据与实践操作[J],教育理论与实践,2000(07)：58-61.

④ 布鲁纳.教育过程[M],北京：文化教育出版社,1982.

⑤ 赞可夫.和教师的谈话[M],北京：教育科学出版社,1980.

究已经走过了百年,而我们显然才刚刚起步。[①]

二、设计与实践

(一) 第一次设计与实践

1. 问题提出

教学注重结果,忽视过程。多年的应试教育已使大多数教师更多关注"是什么"的陈述性知识的学习,强调标准答案的唯一性,而较少关注对人的发展起决定作用的"为什么"和"怎么样"的探究,很少关注"知识是如何产生的"以及"知识合理吗"等程序性和策略性知识的教学。在这样的教学理念指导下,培养的学生只会拷贝和复述知识,很难具有批判性精神和创造性精神。

而思维培育提倡用关键问题打开学生的思维,使学习充满挑战和探究的乐趣,使学生在探究中主动转变学习方式——从被动接受知识向主动获取知识、质疑知识甚至创造知识转化。

2. 关键问题

关键问题是最能体现教学目标或最能突破教学难点及思维瓶颈的问题。关键问题可以激发学生的思维,使学生集中注意力去解释条件,提出和确证假设,发现新的结论和争论。[②] 设计关键问题时应围绕该问题设计若干有逻辑关联、有层次梯度的子问题,通过螺旋上升式的系列问题来挖掘和展示知识发生、发展以及问题解决的背后所蕴含的思维价值,引导学生领悟其中的思想与方法。

(1) 核心性:关键问题应是最能体现教学目标或最能突破教学难点及思维瓶颈的问题。

(2) 兼顾性:问题链的设计应保有思维的发散空间,使不同层次的学生都能参与其中、有所收获。

(3) 逻辑性:设计的子问题应针对学习活动中最具价值的环节,且注重问题间的先后顺序及难度梯度,尽可能贴近学生的思维区间,在其"最近发展区"内保持问题难度的螺旋上升。

---

① 赵国庆.思维教学研究百年回顾[J],现代远程教育研究,2013(06):39-49.
② 张向阳,刘鸣.论课堂教学中的思维训练策略[J],高等教育研究,2001,22(05):86-89.

3. 教学实录

研读课标并分析教材后,设置《藕与莼菜》这节课的关键问题:通过对比发现,叶圣陶笔下 20 世纪初"故乡"和"上海"的藕截然不同,但为什么都用"珍品"来形容呢? 这一问题使学生的关注点由藕到人,认识到人的不同。

接着提出拓展思维深度的追问。

追问 1:为什么两地的人对藕的态度不同?(引导学生关注两地不同的民风和人际关系。)

追问 2:不同的民风、人际关系反映了两地怎样的生活?(问题的层层递进引导学生由藕的对比认识到人的不同,由人认识到生活方式的不同。)

追问 3:为什么对比两地的藕、人、生活?(很自然引出或明或暗的对比都是为了表达对故乡的怀念,而怀念的内容层层深入,有对藕的喜爱、对人的赞美、对生活的向往。随着以关键问题为核心的问题链的引导,学生思维的深度提升,对文本的解读也随之深入。)

以下是部分教学实录。

师:通过对比,我们发现叶圣陶笔下,20 世纪初故乡和上海的藕截然不同,但为什么都用"珍品"来形容呢?

生:因为故乡的藕鲜嫩洁白、平价、数量多,因此是珍品。

生:上海的藕数量少又贵,很难得到,所以也是珍品。

师:大家找得很准,从人对待藕的态度上再考虑一下呢?

生:在故乡卖藕人对待藕像宝贝一样,反复洗濯,最好的留给顾客,而上海的茶房摊贩抢藕、供藕。

师:上海的茶房摊贩为什么抢藕、供藕?

生:希望能够讨好富家公子,或者卖个好价钱。

师:所以藕变成了牟利的珍品。谁能总结一下,从"珍品"一词,我们能看出什么?

生:作者更喜爱故乡的藕。

生:故乡的人热爱自己的劳动果实,朴实一些。上海的茶房摊贩重视利益。

师:总结得很好,特别是 A 同学已经由藕考虑到了人,找一找文中是否还有对人的描写。

生:第一小节,写到故乡的卖藕人,男人健壮,女人朴素,他们将藕一再洗濯。

生:买藕的小姑娘、老爷爷。

师:主要写藕,为什么又写了这些人?

生：他们与藕有关系。

师：有什么关系？

生：卖藕人爱惜藕，买藕人无论男女老少都买得起、吃得到藕，能体现出这里的人是淳朴善良的。

师：这里的生活呢？

生：和谐的、安宁的。

师：那作者眼中上海的茶房摊贩和上海的生活又是怎样的呢？

生：茶房摊贩更重利益，藕如珍品十分难得，不如在故乡吃得自在舒适。

师：作者通过比较故乡和上海的藕，想表达什么思想或情感呢？

生：这就好像古诗里常用的借物抒情，借藕来表达对故乡的思念。

生：还有对朴实善良的故乡人的赞美，对自在和谐的生活的怀念。

4. 集体研讨

开展教学实践的同时也进行课堂观察。课堂观察以教师问题设计、学生课堂互动、学生课堂整体表现等 5 个维度、20 个视角、58 个观察点为工具，对所做的课例进行研究。经过第一次课堂观察后发现，教师的有效提问个数上升，学生主动举手回答有二十多次，课堂氛围比较活跃，但精彩回答个数少，教师对学困生的关注不够。

课堂观察小组进行了反思，发现关键问题及追问确实纵深扩展了学生的思维，调动了学生思考的积极性，但课堂上没有给足时间和问题来引导学生充分展示"发生在脑海里的由因及果的判断推理过程"。这个过程往往是隐性的有价值的，但常常被忽略。一些学困生的回答虽然是片段的、遗漏的，但教师可以再追问下去，帮助学生梳理出思维过程，找到思维的阻塞点。

（二）第二次设计与实践

1. 及时追问

学生的思维具有深度但逻辑性不强，基于这个问题，提出教师在关键问题的基础上要及时追问。当学生的回答模糊、有知识性错误或逻辑问题时，要多问"你是怎么想的？""为什么这样想？"等能够帮助学生梳理思维过程的问题。引导学生将对文本的分析、体会落实到具体的字词句中，仔细感悟语言的形式和内涵。

2. 第二次教学实录

师：通过对比，我们发现故乡和上海的藕截然不同，但为什么都用"珍品"来形容呢？

生：故乡的藕品质好，鲜嫩玉色、清美甘甜。上海的藕很难买到，十分稀有。

师:还有其他的想法吗?

生:故乡的藕被称为珍品不仅是因为品质好,还因为人的呵护使藕成为珍品。

师追问:讲得很好,你是从哪里看出来的? 具体分析一下。

生:第一小节中写到,故乡的卖藕人将藕一再洗濯,十分珍爱自己的劳动果实,并且将最好的藕留给顾客,差一些的自己吃掉。

生:文中提到"这是画境里的重要题材,倘若涂满污泥,就把人家欣赏的混凝之感打破了",说明买藕人将藕视为江南水乡如画景色的一部分,是值得欣赏的。

师:因此,在人的呵护和欣赏下,质优价廉的藕成了珍品。 那对比上海呢?

生:藕被用来讨好豪华公子,或是贪图卖个高价。

师追问:文中有一些动词形容人对藕的这种态度,你能找一找吗?

生:"抢",十分粗暴野蛮,说明帮闲茶房为了利益而献媚讨好;"供",显得地位尊贵,但不是像故乡人对藕的那种珍爱,这里是为了卖个好价钱而将其供起来。

师:分析得很棒! 因此,我们发现上海的藕不是用来品味欣赏的,藕成了商贩牟利讨好的工具。 同是珍品,在不同的人眼中,"珍"的意味不同。 透过物,我们看到两地的人不同,两地的生活不同,请同学们依据本文来找一找。

生:作者提到了故乡的男人和女人,还有小姑娘、老爷爷。

师追问:各是怎样描写的?

生:男人躯干高大挺直,女人裹着头巾、赤脚穿裙,给人一种朴素干练的美。

生:红衣衫的小姑娘"拣"一节,白头发的老公公"买"两支,清淡甘美的滋味普遍于家家户户。 感觉他们的生活非常自在惬意,人和人之间关系比较近。

师追问:关系比较近,你是从哪里看出来的?

生:从称呼上,红衣衫的小姑娘、白头发的老公公,作者对他们的称呼很亲切,就像自家的朋友一样。

生:文中还写到买藕人随便拣择过嫩的藕枪或是较老的藕朴来解渴,显出人十分朴实善良。

师:同学们的发言很精彩。我们发现文章表面写藕,其实借藕写了什么?

生:写了故乡的人和当地的生活。

师追问:这是怎样的故乡人? 怎样的故乡生活呢?

生:他们朴素健壮、真诚善良、热爱生活。

生:这里的生活是自在随意的、亲近和谐的。

师:作者写藕是为了表达什么?

生：不仅是对藕的喜爱和怀念，更是怀念故乡的人与自在和谐的生活。

3.集体研讨

第二次课堂观察发现，一堂课下来学生举手回答有四十多次，相比第一次的教学，学生的积极性明显被调动了起来，进一步开阔了学生的思维。精彩回答个数由之前的 3 次上升到了 8 次，一些学生回归文本，抓住了几个动词、称呼进行推理，逻辑十分清晰，回答完赢得同学们的掌声，说明紧跟关键问题的追问的确起到了思维示范的效果。一些学生的回答虽然是片断的、浅显的，表述也缺乏因果关系的阐释，但在教师的多次追问下，也一步步将思考的过程展现出来了。教师的及时追问帮助学生复盘思维过程，找到推论的依据，使学生凭感觉下结论的思维过程变得有理有据，帮助学生梳理出清晰的因果逻辑链。

三、反思与总结

通过两次设计，用关键问题提升思维的深度，用及时追问增强思维的逻辑性，是一种有效的教学尝试。

（一）关键问题及追问的初步成效

1.调动起了各个层次的学生

从整体来看，各个层次的学生都可以参与课堂的思考，都有思维的发展空间。围绕关键问题设计若干有逻辑关联、有层次梯度的追问，组成了难度螺旋上升式的问题链。课堂实录显示主动举手回答问题的次数增加了一倍，学生思考的积极性明显被调动起来，即使是后进生也有问可答、有话可讲。

2.提升了思维的深度和逻辑性

从个体来看，学生的思维在解决关键问题的过程中不断"爬坡"，理解的程度不断加深。学生自己读《藕与莼菜》，基本停留在藕和莼菜的对比上，停留在作者对故乡的思念之情中。但是在关键问题及追问的引领下，学生体会到作者不仅是在借物抒思念之情，更是含蓄对比了两地的人与生活，由此生发出对故乡平等、安宁、纯朴生活的向往，这是作者精神的慰藉。第二次教学的思维体量很大，层次纵深，更注重将思想情感的理解放入到具体的字词句中，锻炼学生逻辑思维的能力。

3.优秀学生起到了思维示范作用

有些学生的思维十分细致，从一个字推敲出作者的用意和情感，想法新颖；有的学生思维过程很严谨，展示了自己是从什么地方读出这样的意味，有理有据。这些学生的回答是一种很好的示范。同学们自觉发起的掌声，时不时叹出的"噢!",表明了对精彩回答的恍然大悟以及对同伴思维过程的认同和赞赏。让学生来启发学生,让思维来碰撞思维,这的确是一种优秀的思维示范。

（二）存在的问题

目前,对"关键问题及其追问"与学生思维的关系研究还处在初步探索的阶段,也存在很多问题。

1. 复盘困难

由于之前缺少对思维过程的关注,课堂上很少对学生进行相关训练,因此在进行追问时,学生对思维的复盘有些困难,这就导致给出的回答是表意不全的、只言片语的,逻辑推理的步骤有所缺漏。

2. 追问的设计难度大

追问是展示学生思维的工具,必须做到有的放矢。对于语文学科,一个问题下去可能有很多种回答,教师很难提前设计好追问,这对教师的临场反应能力和教学能力要求非常高。特别是面对遇到思维瓶颈的学生,教师的追问更要一针见血。

3. 错误思维示范的价值有待挖掘

错误答案也有价值,如果能展开学生思维的过程,发现知识理解的偏差与漏洞,能更有效地帮助学生提升思维能力。

如何在课堂教学中进行思维培育还需要不断探索和改进,最终是为了提高学生的思维水平,增强学生解决问题的能力。把课堂还给学生,把知识学习的主动权还给学生,使学生真正学会分析问题、解决问题。

（执笔人:周琪）

【专家点评】

本案例在评选中被评为一等奖,体现了"四个聚焦"的特点。一是聚焦语文学科标准中对学生直觉思维、逻辑思维、辩证思维培养的要求。二是聚焦学校课堂文化转型的主题"培育学生思维品质"。三是聚焦思维培育的核心技术——"关键问题及其追问":用"关键问题"使学生的学习充满了挑战和探究的乐趣,让学生在探究中学会学习,实现从被动接受知识向主动获取知识的转化;用关键问题的"及时追问",帮助学生复盘思维过程,找到推论的依据,梳理出清晰的因果逻辑链。四是聚焦循证反复实践的策略,用教师共同体的力量破解教学中的重点、难点问题。"四个聚焦"很好地调动了学生的学习积极性,明显提升了学生思维的深度和广度。

（上海市杨浦区人民政府教育督导室　张根洪）

初中散文教学与学生"会合作"素养的培养
——以《老王》为例的课例分析

上海市国和中学

一、主题与背景

"和韵课堂建设的实践研究"是基于我校学生学习特点和课堂教学现状而开展的课堂文化变革,旨在让学生在平等和谐的课堂环境中经历发现问题、提出问题、分析问题、解决问题的过程,并通过多种学习经历,提升学生对知识的感悟、理解和迁移以及对方法的了解、运用。为了体现这种课堂文化,我们将其界定为学生做到"六会"与教师做到"五善于":在课堂中培养学生会观察、会分析、会质疑、会应用、会合作、会坚持的能力和素养;教师为了引导和帮助学生做到"六会",需要做到善于创设情境、善于设疑提问、善于启发引导、善于组织互动、善于积极评价。通过理论学习—评价工具制定—课堂实践—总结提炼—"五善"讲坛分享的路径,形成阶段总结,进而整体推进课堂文化的变革。

在研究中,我们发现以往的课堂以传统讲授教学模式为主,合作学习模式少,学生缺乏合作学习的能力和主动探究的精神。因而,重点推进了学生"会合作"能力培养的研究,并形成二级指标表述。在此基础上,以散文阅读教学为突破口,以《老王》一文的教学为例,开展了实践研究。

表 5-6 "会合作"的二级指标

会合作	懂得分享与倾听	能认真倾听同伴的观点和建议,能主动分享自己的成果、疑问和观点。
	承担责任与任务	主动承担相应的任务分工,面对困难能肩负起自己的责任。
	开展评价与互助	能客观地自评和互评,虚心接受同伴的建议,耐心指导学习困难的同伴。
	学会尊重与欣赏	服从团队安排,信赖同伴,能发现每一位团队成员身上的闪光点。
	凝聚智慧与精神	享受团队合作的过程,感悟奉献团队的快乐,乐于分享合作的成果。

二、设计与实践

《老王》是一篇回忆性散文,让读者感受到老王和杨绛的精神品格,言浅意深。我们将教学目标确定为:①感受老王身上闪耀的人性之美,理解作者所表达的"愧怍"之情,体会作者的自省精神;②品味作品平淡质朴而又饱含深情的语言。在教学中,以结尾句"那是一个幸运的人对一个不幸者的愧怍"为切入点。这句话深刻地反映了作者的精神品格,但是学生对此理解困难。这个切入点的选取与本单元注重"引导学生从开头、结尾、文中的反复及特别之处发现关键语句,感受文章的意蕴"的目标是一致的。我们努力将有效利用合作学习改善课堂品质的探索贯穿在每一次的实践中。

表5-7　三次课堂实践、反思与完善

第一次课堂实践	第一次反思
环节一:梳理文脉,感知老王的人物形象。 环节二:小组合作,咬文嚼字,感知杨绛的人物形象。	1. 主动解决问题的积极性有待提高。 2. 归纳、整理的意识有所欠缺。
第二次课堂实践	第二次反思
环节一:师生共读,理解"不幸的人"。 环节二:同桌合作,理解"幸运的人"。 环节三:小组合作,理解"愧怍"的原因。 思考角度: (1) 老王孤苦、困窘,却为何执意不收钱? (2) 老王不要钱,"我"为何执意要给他钱?	1. 提升了合作学习的积极性。 2. 对关键词句的品味能力有待提高。
第三次课堂实践	第三次反思
环节一:初读文本,整体把握。 1. 梳理文章的主要内容。 2. 明确核心问题:如何理解"那是一个幸运的人对一个不幸者的愧怍"? 环节二:细读文本,合作探究。 1. 师生共读,理解"不幸的人"。 2. 同桌合作,理解"幸运的人"。 3. 小组合作,探究"我"愧怍的原因。 思考角度: (1) 从"我"与老王交往的几件事中,能感知到老王是一个怎样的人? (2) 老王病入膏肓为何要来"我"家送香油和鸡蛋?"我"收下香油和鸡蛋后,为何执意要给老王钱? 4. 感受作者的自省。	1. 提升了合作学习的能力。 2. 课堂观察表可进一步细化。

（一）第一次课堂实践

1. 教学设计

在第一次教学设计中,教学内容分为两部分:一是梳理文脉,感知老王的人物形象;二是小组合作,感知杨绛的人物形象。通过学习任务单,引导学生把握人物形象与写作意图。

表5-8　《老王》学习任务单

（一）课前预习

1. 请根据文章内容,填写下列表格。

姓名		性别		职业	
身体状况					
家庭情况					
居住条件					

2. 读完文章后,你有什么疑问吗?

_____

（二）课堂活动

1. 完成表格

小节	人物形象	主要内容
1—4	老王是个不幸的人。	孤苦寒微的生活状态。
5—7	老王既是个_____的人,又是个_____的人。	1. 送冰　2._____
8—22	老王是个_____的人。	_____

2. 思考:老王为何临终前来"我"家送香油和鸡蛋? "我"为何执意要给老王钱?

_____

3. 思考:"我"为何对老王感到愧怍? 你能感知到"我"是个怎样的人?

_____

为了对学生的合作学习有科学的判断,我们设计了课堂观察评价表,并让教师坐到各小组中观课,提供量化和质性的观察结果。

表 5 - 9 《老王》课堂观察评价表

目标达成度	评价
初步"会合作":能倾听并交流自己对课文内容的理解。	完全达成( ) 部分达成( ) 未达成 ( )
第二层次"会合作":能主动承担任务分工,积极参与讨论。	完全达成( ) 部分达成( ) 未达成 ( )
高层次的"会合作":能总结别人的观点并客观评价,耐心指导学习困难的同伴。	完全达成( ) 部分达成( ) 未达成 ( )

观察维度	观察视角	观察点	总体评价
学生学习	准备	学生课前准备了什么?	
	倾听	有多少学生倾听老师讲课?有哪些辅助行为(记笔记/回应)?	
	互动	学生的互动能为目标达成提供帮助吗?互动习惯如何?	
	自主	学生自主学习的时间有多长?选取的形式是否恰当?	
教师教学	呈式	教师的行为、板书是否有利于教学?	
课程性质	目标	目标是否合适?	
	内容	课堂中生成了哪些内容?	
课堂文化	民主	师生行为(情境设置/叫答机会/座位安排)如何?学生间的关系如何?	

2. 课堂教学片段

师：老王的不幸体现在哪里？

生："有个哥哥，死了，有两个侄儿，没出息，此外就没什么亲人了。"

师：你能用自己的话概括吗？

生：老王身世很惨，没什么亲人能帮助他。

师：老师把句子改一下，你把改过的句子读一读。

生："有个死了的哥哥，有两个没出息的侄儿，此外就没什么亲人了。"

师：哪一种的表达效果更好一点呢？

生：原文好一点吧。

师：为什么呢？

（生沉默）

师：原文中"死了"和"没出息"单独作为分句，给你什么样的感觉？

生：原文更强调突出老王的孤苦伶仃和无依无靠。

3. 课后反思

（1）主动解决问题的积极性有待提高。讨论没有始终围绕着核心问题展开，遇到瓶颈时互动不热烈。个别小组出现偏离话题的情况，基础较弱的学生发言次数少。

（2）归纳、整理的意识有所欠缺。组间交流时，发言的同学没有将小组成员的观点进行归纳、整理。在阐述时，缺少咬文嚼字的分析与提炼。

（二）第二次课堂实践

1. 教学设计

为了提高学生的积极性，我们从三个角度做出了尝试。一是引导每个小组起组名，形成"勤勉小组""乐学小组""博文小组"，组内成员也有明确的分工。在组员安排上，基本实现组内异质、组间同质。二是修改教学设计，围绕结尾句，呈现为三个环节：（1）师生共读，感知"不幸者"；（2）同桌合作，理解"幸运的人"；（3）小组合作，通过思考"老王孤苦、困窘，为何执意不收钱？""老王不要钱，作者为何执意要给钱？"这组子问题，理解核心问题"为何愧怍？"。三是修改学习任务单，引导学生认真倾听别人的发言，做好记录和补充。

表 5‒10　《老王》学习任务单

（一）课前预习

1. 请给下列加点的字注音。

伛（　　）身　　　攥（　　）着　　　　　塌（　　）败　　　翳（　　）

取缔（　　）　　　骷髅（　　）（　　）　滞（　　）笨　　　愧怍（　　）

2. 在作者心里,老王是一个怎样的人? 在老王心里,作者又是一个怎样的人?

_____

3. 读完文章后,你有什么疑问吗?

_____

（二）课堂活动

1. 联系文章,思考:为什么作者说自己是一个"幸运的人"?

_____

2. "我"为何对老王感到愧怍?

我的观点: _____

_____

组员的观点: _____

_____

其他小组的观点: _____

_____

另一方面,教研组对观课表进行了完善,观课教师从合作准备、合作过程、小组交流、目标达成四个维度对学生的表现进行评价与记录。

表 5‒11　小组合作学习观课评价表

执教者:　　　课题:　　　班级:　　　时间:　　　观课者:

观测点	具体特征	量化评价 （1 — 5） 差　　非常好	观测材料收集与分析
合作准备	1. 座位安排	1　2　3　4　5	
	2. 组员分工	1　2　3　4　5	
	3. 学习准备	1　2　3　4　5	
合作过程	1. 分享观点	1　2　3　4　5	
	2. 互相倾听	1　2　3　4　5	
	3. 补充质疑	1　2　3　4　5	

（续表）

观测点	具体特征	量化评价 （1 — 5） 差 非常好	观测材料收集与分析
小组交流	1. 发言质量	1 2 3 4 5	
	2. 组员补充	1 2 3 4 5	
	3. 组间交流	1 2 3 4 5	
目标达成	1. 重点突破情况	1 2 3 4 5	
	2. 预设目标达成度	1 2 3 4 5	
	3. 学习方式有效性	1 2 3 4 5	

2. 课堂教学片段

生：第16小节中"滞笨"这个词既体现他病得厉害又说明他很失望，这就是作者愧怍的原因。

师：如果将句子里的"攥"改成"拿"，表达效果有什么不同？

生："攥"是紧紧地拿在手里，但当时钱对他来说已经没什么意义了，他并不想收下，但又不好意思说。

师：你分析得很细致，从词义的角度揣摩了老王的心理。送鸡蛋和香油，不是为了钱，又是为了什么呢？

生：向杨绛表示感谢，作者一家给过他很多帮助。

生：希望得到安慰，他病得那么重，都没有人关心他。

生：预感到自己将不久于人世，忍痛告别。

师：老王传递给杨绛一片真心，也渴望获得些许家人般的关怀，但他的希望落了空。杨绛当时以为给他钱就是对他最大的善意。但是，事后想来，觉得愧怍。

3. 课后反思

（1）学生参与合作学习的积极性较高。组长能有效组织讨论，发言次数最少的学生也说了2分钟。在组间交流时，各小组能综合大家的想法进行表述。

（2）学生在交流中对关键词句的品味能力仍有待提高，缺乏整体阅读文本的意识。个别小组由于没有及时记录，部分想法在交流分享时没有呈现。

（三）第三次课堂实践

1. 教学设计

在第三次课堂实践中，我们修改了问题链，引导学生注重文本阅读的整体性,阅读后学生可自选角度进行讨论。同时,设计了合作学习记录表,明确讨论要求,并安排记录员记录。

表 5 - 12　　　　　　小组合作学习记录表

问题	"我"为何对老王感到愧怍? 1. 从"我"与老王交往的几件事中,能感知到老王是一个怎样的人? 2. 老王病入膏肓,为何要来"我"家送香油和鸡蛋? "我"收下香油和鸡蛋后,为何执意要给老王钱?
要求	1. 全体成员共同参与,每位同学都要阐述自己的观点与想法。 2. 通过朗读、圈画、分析具体的词句等方法来讨论问题。 3. 阐述观点时,应把在文中找到的依据读出来。 4. 组内成员相互补充、质疑、记录。
观点与论述	

2. 课堂教学片段

师:请每个小组的记录员分享一下讨论成果。

生:我们博文小组的观点是,作者为自己从前只觉得老王不幸,却没有感受到他精神的可贵而愧怍。第 6 节写"文化大革命"期间老王送钱锺书看病,不要钱,可以看出老王的善良。面对老王关切的询问,"我"笑着说"有钱","笑"体现出作者觉得这询问是多余的,却没有认识到那是老王真诚的体现。第 9 节中"我问他:'老王,你好些了吗?'他'嗯'了一声",尽管老王已病入膏肓,但仍不想让别人担心,表现出他的善良。但是作者并没有意识到,所以,她感到愧怍。

师:博文小组提到作者忽视了老王的善良,这是愧怍的一个原因。

生:在送钱锺书看病时,"哑着嗓子"和"悄悄问"是故意小声说,很顾及作者的颜面。"文革"时期,作者一家的社会地位很低,经济条件也不如从前,但是老王没有受外界影响,还是真诚地对待他们。

生:第 12 小节中有一句"我不吃",他完全可以说"我舍不得吃""我吃不下"或者"我没有时间吃了"之类的话,但是他没有,他不想让"我"因为收下东西而有心理负担,而作者当时光想着要给钱,没有体会到他的体贴。

师：博文小组分析得非常细致，从一些看似不经意的言语中读出自己的感触。

图 5-6　合作学习环节

3. 课后反思

（1）合作准备：从合理的座位安排，明确的组员分工，明晰的讨论要求，个性化的组名，认真的课前预习，都能感受到学生在课前做好了充足的学习准备。

（2）合作过程：学生能分享观点、相互倾听和补充，组长能适当小结，便于记录员记录，当话题偏离时，组长能及时提醒。

（3）小组交流：观点明确，并能结合文本展开论述。记录员发言后，能有两三位同组或其他小组的成员积极补充，有效突破本堂课的难点。

（4）目标达成：通过师生合作、同桌合作、小组合作达成了教学目标。

在项目推进过程中，学生在合作学习中的表现从缺乏重点、讨论偏题，变为表述规范、有理有据。因此，观测量表还可以关注学生个案的研究，这对促进课堂文化的转型是有益的。

三、反思与总结

（一）关注质疑释疑，做好合作准备，激发学生的主体意识

学生在阅读中提出问题，能促使其成为积极的学习者，提高对文章的理解水平。同时，质疑释疑有利于唤醒学生头脑中储存的相关概念、学习经历、阅读感受、生活经验等，并用来解释和重组所读文章的内容，加深对文章的理解与赏析。

此外,在明确课前准备、组内分工、合作要求的基础上,还可以尝试多种分组方式,促进不同学习能力的学生共同发展。

(二)聚焦核心问题,巧用问题链,创设合作学习的阶梯

通过聚焦核心问题,引导学生关注需要深入加工的信息,使阅读的思维过程更有效。就散文而言,核心问题一般指向使学生体会作者对现实生活中的人、事、物的情感倾向。

巧用问题链,关注问题的逻辑性与梯度性,有利于学生获得知识、构建能力、拓展思维。以《老王》这类记人记事的散文为例,可思考以下问题:作品围绕这个人交代了哪些事?从中可以感知到,这是一个怎样的人?作者对这个人是怎样的情感态度?作者为什么要写这样一个人?

(三)重视课堂观察,完善评价工具,营造教师间的合作氛围

教研组通过理论学习,加深了对“会合作”的理解,又通过多轮磨课,形成较完善的教学设计。同时,将量化的评价和质性的观察相结合,设计了观课评价表,从合作准备、合作过程、小组交流、目标达成四个维度对学生的表现进行评价与记录。课后,将各自观测的数据、个案的描述进行汇总与交流,并以此开展评课活动,提炼有效的做法,提出适切的建议。

在研究中,观课教师也能反思自身教学,发现共性问题,对于改善课堂教学质量,提升团队的专业发展影响深远。

通过基于课堂改进的研究项目的推进,课堂教与学的品质得到提升,真正促进课堂文化的转型以及学生综合素质的发展。

(执笔人:姚懿)

【专家点评】

姚老师的教学设计紧紧抓住了记叙性散文的特点,在学校近年来努力构建“和韵课堂”核心理念的感召下,精心设计教案,努力实践“善于创设情境、善于设疑提问、善于启发引导、善于组织互动、善于积极评价”等多种教学策略,聚焦核心问题,层层递进地激发学生发现并解决问题的积极性,因势利导组织学生开展合作交流,不仅使教材内容的思想性、人文性、工具性的目标得到落实,同时伴随着学生“会合作”素养(包括其他素养)的逐步形成,课堂文化转型已并非遥不可及。

(上海市尚文中学　吴端辉)

创设真实情境，构建合作课堂

——以 Unit7 Front Page News 阅读导入课为例

上海市民星中学

一、主题与背景

在"杨浦区提升学校课程领导力，促进课堂文化转型"项目的引领下，我校立足于学生学习积极性不高、学习能力不强、缺乏创新思维能力的实际情况，把激发学习兴趣和发挥个性潜能作为课程设计的核心理念，积极践行课堂改革实践，为学生创设支持和激励的学习环境，探索自主、合作、探究式学习的模式，促进课堂从"以教为中心"到"以学为中心"的文化转型。

转型前的英语课堂教学，由于缺乏语境支撑和师生互动，导致学生对英语课兴趣不高，所学知识也容易遗忘，运用能力不强。面对这样的课堂实际，我校将英语作为试点学科，在学校课程领导力项目引领下，参照《普通高中英语课程标准(2017 年版)》和《高中英语单元教学设计指南(2018 年版)》，教研组合力研究、建章立制，形成校本化的英语学科课程文本，把合作学习、激发兴趣、培养思维能力的教学要求融入其中。

课例 Unit 7 Front Page News(新世纪版英语高一年级第二学期)是学校课程领导力项目推进成果之一，旨在探究阅读型课堂中如何围绕主题创设情境，提供合作学习的有效支撑，激发学生的求知欲及英语学习的兴趣。

二、设计与实践

(一)【读前活动】围绕主题创设情境，铺垫语言（理解类活动）

第一次实践：问题设计如下。

① Do you often read newspapers?

② What sections are there in the newspaper?

③ If you want to choose a newspaper on a newsstand, what section will catch your eye?

实践效果：导入内容较多，占用教学时间过长，影响了后续教学内容的充分展开。尤其是第二个问题，看似与 newspaper 有关，实则与主题 front page 无关。

第二次实践：经教研组讨论，情境创设应力求直接、有效，问题修改如下。

① How do you read the newspaper?（追问：Do you read the newspaper from beginning to end or choose some interesting sections?）

② If you want to choose a newspaper on a newsstand，what section will catch your eye?

实践效果：通过追问设计创设了"读报习惯"的真实情境，能有效激发学生读报的过往体验，轻松引入主题。

（二）【读中活动】概括、梳理、整合信息（理解类活动）

以读中活动的词汇教学为例，说明教师应如何创设真实情境，为学生阅读扫清生词障碍，为读后活动的输出奠定基础。

1. 通过图片或实物释义

C 段 headline 一词的释义。

第一次实践：首先直接给出定义"The headline is the title of a newspaper report，which is printed in large letters above the report."，然后让学生进行选择"So a headline is：a.索引 b.报道 c.大标题"。

实践效果：问题设计平白直叙，能听懂释义的学生缺乏兴趣，听不懂的学生随意选择一个答案，耗时也较长。

第二次实践：教师直接拿出一份报纸（实物），指着头版的大标题告诉学生"We call it headline."并追问中文含义。

实践效果：学生即刻理解了 headline 的含义，过程直接明了。

2. 通过具体事例释义

B 段 big news event 一词的释义。

第一次实践：教师提问"What does a front page carry?"学生用原文回答"big news event …"。

实践效果：课后研讨发现学生不需要真正理解该词含义，只要找到原文相近表述就可以回答正确，此提问根本不能活跃思维。

第二次实践：教师联系生活实际向学生提问"What is the big news event these days?"，同时指着实物报刊上的头版新闻说"The big news event is the forum on The Belt and Road Initiative."。

实践效果：通过具体事例，学生快速掌握了"big news event"一词，并能在读后活动中正确运用。

3. 通过构建例句释义

C 段 aim at 一词的释义。

第一次实践:教师让学生按照课文进行词汇填空,并对 aim at 进行解释。

实践效果:多数学生对该词仅停留在认知层面,不会运用。

第二次实践:教师以自身为例进行造句"For example, as a teacher, I should aim at improving the quality of language teaching.",然后提问学生"What about you? As a student, what should you aim at?"。

实践效果:教师通过真实情境构建例句,能有效帮助学生联系实际理解和运用词汇。

(三)【读后活动】内化语言知识,分析表达观点(应用实践类活动)

1. 巩固活动

第一次实践:教师直接将所学核心词汇罗列出来,然后直接进入后续的输出环节。

实践效果:学生在输出时,很少使用新学的核心词汇,而更多使用原先掌握的词汇。

课后研讨中,反思为什么学生不能产出预期的词汇? 巩固环节为什么没能真正起到巩固作用? 原因可能是巩固活动没有"以学生为中心"而是"由上而下"的一以贯之,学习并没有真正发生。

第二次实践:教师采用一份英语报纸头版图片,通过小组合作填图的方式巩固核心词汇。(如图 5-7)

实践效果:后续拓展活动中,核心词汇的使用频率及正确性有了显著提高。

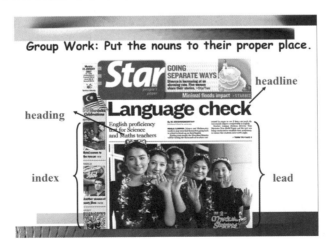

图 5-7　巩固活动第二次实践

2. 拓展活动

第一次实践：活动设计如下。

Group Work：Each group choose two pieces of the news as front page news and then compose a front page of Minxing Weekly.

Task 1：Write down all the details you have discussed.

Task 2：Have the right to decide two pieces of news.

Task 3：Compose the front page.

Task 4：Tell us your final decision.

实践效果：学生完成该任务有难度，有些小组合作流于形式，没有达到预期的学习效果。

反思原因可能是：①活动难度超出学生能力水平，致使学生囫囵吞枣、顾此失彼，4个任务只能完成1—2个；②任务与教学目标不够匹配，本课重点不是报刊新闻的内容而是头版的布局，任务1和2不能反映本节课的教学成效。因此，决定把该活动移至课后，作为一个探究型学习活动，此处则重新设计一个目标更明确也更简单的学习活动。

第二次实践：活动修改如下。

Pair Work：Each pair is given a front page and makes an attempt to introduce it.

实践效果：活动难度适宜、组织有序，绝大部分学生体验到了成功的喜悦。

（四）【课后活动】创设新语境，开展想象与创造，分析问题、解决问题（迁移创新类活动）

教师选择了四则学生日常生活中的新闻事件，并设计了相应的大标题：

① A Report of Activities in Oriental Land（东方绿舟）

② The School Sports Meet（校运会）

③ Preparing for the Examination（期末迎考）

④ Love Charity（爱心义卖）

要求学生选择其中的两则新闻作为《民星周报》的头版新闻，同时运用所学词汇和相关句型进行排版说明。通过该活动，让学生在真实情景中建立起新词汇与原词汇的联系，复习、运用和拓展课文知识内容，并培养学生阅读英文报纸的兴趣，让学生更好地体验美好校园生活。

三、总结和反思

在情境中进行学习有助于学习者建构更加牢固的知识内在联系,有助于学习者将所学知识应用于现实语境中。实践表明,那些和学生已有知识经验有联系,单凭已有知识又不能完全解决的问题,最能激发学生的认知冲突,最能驱动学生有目的地积极思考、深入探究。同时,教师创设情境应力求真实、直接、简洁。例如:读前活动,教师通过对学生已有经验的提问,让学生置身于"报刊新闻"的主题语境中;读中活动,教师通过图片、实物、事例、例句等建构真实语境,加深学生对词义及其用法的理解;读后活动,教师通过实物报刊头版创设真实情境,帮助学生有效内化所学语言与信息;课后活动,教师又通过设计贴近学生生活的新语境"民星周报头版",激励学生开展想象和创造,分析问题、解决问题。

要构建师生合作的课堂,教师提问是关键。提问的形式有很多种,其中直问最为常用。但值得注意的是,当学生无法正确理解直问时,追问、曲问等往往就成了师生合作的桥梁。例如:读前活动,教师通过追问"Do you read the newspaper from beginning to end, or choose some interesting sections?"帮助学生明确问题指向,降低答题难度;读中活动,教师先是直问 big news event,但学生并没有真正理解,然后通过追问"What is the big news event these days?"进一步检测和巩固学生的掌握程度。

创设生生合作的课堂,小组合作虽是优先选择,但非唯一选择。课堂文化转型致力于实现以学生合作学习为主的课堂教学模式。小组合作学习虽是合作学习的一种主体性教学组织形式,但在实际教学过程中,由于种种原因,往往会出现小组活动流于形式的情况。事实上,教师可以根据教学实际调整合作学习的形式和要求,例如本课的读后拓展活动最初设计是小组合作,但由于难度较高、目标指向不明确,后改为二人结对合作,效果反而更好。可见,教学中不应盲目追求合作形式,关键要看学习有没有真正发生。

上述课例反映了我校课堂文化转型的方向,即通过设计与学习者经验密切相关的合作学习活动来激发学生的思维、求知欲及兴趣,让学习真正发生。当然,在转型过程中,除创设真实情境下的合作学习活动以外,学习活动的信度和效度、评价方式等还须进一步思考和求证。

(执笔人:陈蕾　洪佳敏　丁舒)

【专家点评】

杨浦区提升学校课程领导力项目研究非常强调课程文本的编制、实施和引领，这一点在本课例中能得到充分体现。课例研究呼应学校课堂转型要求，依据学科课程标准，立足教学实际，确立了"怎样围绕主题创设情境，为学生提供有效的学习支撑""如何设计学生学习活动，促进学生自主学习、合作学习、探究学习"等研究主题，体现学校课堂文化转型中"学校—学科—教师"的层层细化和落实，是学校课程领导力的重要表现。

课例根据本课教学内容特点，分为"读前活动""读中活动""读后活动""课后活动"四个环节，分别阐述教学关注的重点，描述先后两次教学所采取的不同策略，表明其中的教学思考，比较不同教学策略所产生的不同教学成效，在此基础上提炼得出规律和结论。课例研究过程清晰，表达逻辑顺畅，能够引人思考，给人以启示。例如，对于课堂合作学习，通过实践研究，作者深刻认识到"不应盲目追求合作形式，关键要看能不能促进学习的真正发生"，体现教学是一种"择宜"的艺术，相信这样的认识会在教师未来的教学过程中发挥长期的有益影响。

本课例篇幅不长，却署名了三位教师，标志着这是教研组或备课组合作研修的成果，这也非常让人惊喜。因为，课程领导力视域下的课例研究，追求的不是一位教师教学行为的变化，而是一群人（一个教研组、一个备课组）教学行为的变化，因为这样才能真正促进课堂"文化"的转型。

（上海市教育委员会教学研究室　张玉华）

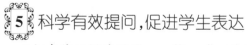

5 科学有效提问，促进学生表达

——以初中英语阅读课 Controlling fire 为例

上海市市光学校

一、主题与背景

基于"尊重差异，关注发展"的课堂理念，我校以"培育学生学习核心素养的五彩课堂的实践研究"为抓手，推进课堂教学改革，多元发展学生学习素养，提升学校课程领导力。"好学、悦读、想说、会做、乐群"的"五彩课堂",倡导构建良好师生关系,激发学生学习兴趣,提高学生思维品质的新型教学生态环境,使获得知识技能的过程成为学生学会学习和形成正确价值观的过程,提升学生学业品质。

英语教研组主动抓住教学中的真实问题,以"问题情境在初中英语教学中促进学生表达的实践研究"为子课题推进课堂文化转型项目,研究通过有效提问、创设情境、设计符合学生实际的教学活动,调动学生积极参与教学的热情,提高学生综合运用语言能力的有效教学模式,培养学生自信、有效表达的能力。

为呈现实践研究,本文以此课例的研讨与改进过程来进行总结与交流。Controlling fire 是牛津教材上海版六年级第二学期 Module 3 Unit 11 的内容。在第一次校级公开课的展示中,教师将阅读和写作整合,通过小组讨论、汇报发言等方式展开教学活动。英语教研组就此课进行了集体研究,围绕"英语阅读课中如何创设问题情境,通过设计问题促进学生自信表达"展开研讨。

二、设计与实践

（一）第一次教学设计与实践

1. 设计与实践

设计问题
· 如何取火和使用火?
· 发生火灾时你可以做什么? 不可以做什么?

反馈问题
· 优点:学生发言积极,简单的问题能让他们自信地表达。
· 缺点:学生持续兴趣时间不长,最后只有部分优等生愿意表达自己,进行师生之间的互动。

出现问题
· 教研组对此进行了研讨,有的教师表示,课看似热闹,但缺乏学生学习的过程,让人觉得更像是一场show(秀)。整节课中,教师的问题设计缺乏一定的层次和深度,问题链的设计太过平坦,没有坡度,所创设的问题情境(创设"当看到火灾发生"和"假设身边发生火灾的"情境)也没有提升学生学习兴趣的持续性。

改进问题
· 课堂里需要给予学生表达的时间,把本单元的阅读课与写作课整合在一起,虽然考虑到了教学内容的连贯性,但对学情的把握不准确,所以在改进教学中要对教学内容进行调整。

2. 解释与反思

在课后教研组活动中,根据英语学科"五彩课堂"教学观察工具表(见表 5-13)中的数据和课堂实录反馈,本次教学班学生共 47 人,参与表达的学生有 24 人,约占 50%,但精彩表达不多,学生的表达过于简单,缺乏深层次的表达。

表 5-13　英语学科"五彩课堂"教学观察工具表(附部分观察点)

评价指标	学生行为表现	教师行为表现	典型表现
想说	在"安全"氛围中,学生在课堂中的表达欲望被激发。	课堂引入时能创设生活化的情境,释放学生的紧张情绪。	
情境	相当比例的学生对此话题有语言储备,且有生活体验。	课堂话题情境难易适中,贴近学生生活。	
	学生关注情境发展,积极探讨话题进展。	课堂情境设计与单元主题契合,与单元其余课时的教学情境连贯。	
	学生有带入感,课堂交流轻松活泼。	教师的声音和语气贴合情境,张弛有度。	
情感	激活学生思维,学生乐意参与表达。	教学活动设计多样,符合学生年龄特点。	
	学生思想集中,思维活跃,乐于表达和互动。	教师在课堂走动并与学生有眼神交流。	

根据数据分析,发言学生只有一半左右,且只有几个学生积极发言。学生的表达欲望一开始很饱满,但随着课堂内容的推进,提出的问题没有递进和深度,能力强的学生觉得缺乏挑战,有的问题脱离了学生生活的背景,学生渐渐失去表达的兴趣。教学目标设计不够明确,教师想达成的目标太多,造成课程内容太

多,推进的速度受到影响。

（二）第二次教学设计与实践

1. 设计与实践

设计问题
· 设计了一个情境：Bear（贝尔）荒岛求生,以此作为这节课的导入。教师设计了一系列的问题（问题链）激发学生表达的欲望。

反馈问题
· 优点：学生对于该人物很感兴趣,很快进入情境,表达欲望强烈。
· 缺点：①贝尔的情境并没有达到预期,没有贯穿始终,使得阅读课的三个基本途径（预测问题—理解问题—检测问题）没有很好地呈现;②学生的表达不是单向的,学生不会倾听其他人的表达,造成后续学生表达欲望不强。

出现问题
· 阅读课课型的特征不够明显,想法很好,但在处理的前后顺序上有问题。创设的情境不错,但是用在什么地方,什么时候用,怎么用,才能更好地发挥情境促进学生表达的效果？在这节课中并没有很好地达成预期的设想。

改进问题
· 重新设计,在凸显阅读课课型特征上做出改进,对于问题链做出更加缜密的设计。

2. 解释与反思

第二次教学,同样使用了英语学科"五彩课堂"教学观察工具表进行观察与记录。本次教学班级学生共有 48 人,参与发言的学生达到 38 人,占总人数的 79％。在这次统计中,学生完整表达的次数明显提高,对于某些感兴趣的话题,学生也有了精彩的回答。

针对第一次教学目标不够明确、课程容量太大的问题,在本次教学中教师以"贝尔求生"引出话题,激发学生的阅读兴趣。这次教学后,教研组和区教研员一起进行了评课活动。教研员肯定了课型的定位,但是也指出课型特征还不够明显,在环节处理的先后顺序上还有问题;情境是好的,但要进一步思考用在什么地方、什么时候用、怎么用,才能更好地发挥情境促进学生表达的作用;表达不是单向的,单纯说不能达到最佳的效果,认真地聆听也能提高人的表达能力,在表达中教师要创造更多互动的机会。

（三）第三次教学设计与实践

1. 设计与实践

设计问题	·导入环节：以一张直观的烫伤照片提问 What's wrong with his arm? What caused it? ·在after reading这个环节里，让学生做一个关于贝尔人物类型的 project（课题），教师创设一系列的问题链。
反馈问题	·相当一部分学生对于这个导入的话题有语言储备，有生活体验，教师给学生还原出了一个相对真实的阅读情境，让学生有浸润感，激发了他们表达的欲望。 ·贝尔的这个project将文本里的内容整合在了一起，学生通过对文本内容的模仿进行准确的表达训练，教师也给了学生足够的时间在组内进行思考和表达。不同坡度问题的设计，让不同层面的学生都能在组内自信地表达自己。
出现问题	·问题情境的创设在本节课中并没有达到预期的效果，学生的兴趣也没有完全迸发出来。 ·个别问题的设计不够严谨，让师生之间的交流显得无意义。
原因和改进	·为了做好最后一个关于贝尔的project，前期让学生收集了关于他的资料，做好充分的准备，所以学生在课堂上没有了惊喜感，使预期的高潮没有达成。是否可以让学生不做前期的材料收集，只通过教师的问题就能完成这个课题，提高学生表达的兴趣呢？ ·原本的问题设计是为了承上启下，例如Is it a good project?（这是一个好的课题吗？）学生一起读了之后，就回答yes。这样的问题设计显得比较苍白，没有深度。课后教研互动时，有教师指出，是否可以回到文本前面，通过回顾写这篇课题的目的以及文中教师所问的问题，看作者有没有达成，以此来判断这篇课题是不是好的课题。

2. 解释与反思

第三次教学，使用英语学科"五彩课堂"教学观察工具表进行观察与记录。授课班级学生共有 36 人，参与发言的学生达到了 100%。统计显示，课后生成一个新的 project，学生完整且有深层次想法的回答达到五个以上。

导入让课型特征明显，学生对于这个话题有语言储备，有生活体验，执教教师的设计让学生通过 predict（预测）、skim（略读）、scan（细读）等英语阅读所特有的方法，还原了一个比较真实的阅读情境，让学生有浸润感，通过这种浸润文本式的阅读激发学生表达的欲望。

在第三次教学中，把"贝尔求生"的情境由第二次教学中的导入环节改放到了最后的读后活动,让学生通过问题也来做一个 project(课题),这样的设计符合三段式阅读教学范式,既是对文本内容的理解,也是学习后的反馈。学生可以通过对文本内容的模仿进行准确的表达训练,教师给予学生足够的时间思考并在组内进行交流与完善,不同坡度的问题设计让不同层次的学生都能在组内自信地表达自己。

三、反思与总结

（一）课型定位要准确,情境创设要真实,问题设计要有梯度

1. 围绕篇名与插画,让学生想说,创设真实阅读语篇的情境

语篇阅读是中学英语语言学习的主要内容,想要学生自信地表达自己,一定的语言储备是必不可少的,因此阅读教学是中学英语教学的重要内容之一。

教研员们在课后点评中提到,当我们拿起一本新书,首先会被书名和封面的插图吸引,然后会对整个故事有个预测,在这节课中教师设计的引入活动就是如此,教师通过问题链的设计,给学生还原了一个相对真实的阅读情境。

2. 小初衔接铺梯度,让学生能说,基于真实学情的问题促进学生自信表达

上海市市光学校是一所九年一贯制学校,研究学情时发现学生在五年级牛津英语教材中学习过一篇关于火的课文。由于使用教材的版本不同,我校学生在小学未学过这篇课文。于是教师将这部分缺失的内容通过课前导学给学生进行了补充,设计了能够调动学生已有语言储备的问题,让学生能在问题情境中有话可说、自信表达。

3. 语篇延展到生活,让学生善说,创设真实生活情境保持学生表达兴趣

在第三次教学设计与实践中,将贝尔野外求生的情境从导入调整至"读后"环节。这样做使得教学效果更佳。一方面,贝尔的情境虽与语篇有关但又有不同,它基于真实生活情境,需要学生具有语言储备,并通过自己的理解加工才能表达得富有逻辑,同时也可以通过这个活动来检测学生阅读语篇的理解程度与掌握情况。另一方面,这样设计与 module 主题契合,与单元的其他课时教学情境连贯。这样既是课堂的一个即时反馈,可以观察学生掌握的情况,也是课堂的延续,可以为后面的 writing(写作)环节做铺垫。

（二）课堂转型有抓手,课例研究有主题,教学改进靠教研

在本次课例研究中,教研组实行了"同课改进"的模式。教研组针对研究主题,设计课堂观察表,要求组内听课的教师记录课堂中设计的情境及在每个情境

下所提出的问题链,实现了课堂观察的最大化和最细化,并在课后的研讨中和执教教师一起梳理情境和问题链的关系以及问题的适切性。教研组也根据学校"五彩课堂"中英语组的研究主题"想说"设计了观察工具,在教研组讨论的基础上由教研组长完成工具的评价并给予课堂改进的建议。

这节课为教师就问题情境在课堂上的创设进行深入的思考和分析提供了重要的背景和平台。组内教师一起整理出了阅读课型就问题情境这个观察点的基本路径:

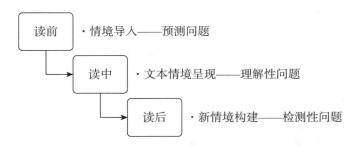

图 5－8　英语学科阅读课型问题情境观察点基本路径

每个环节的铺成和架构必须有内在的联系、递进和过渡。同时,这节课也让教师进一步关注到了单元内课时之间的问题和情境的关联,这将会是教研组今后的一个研究方向。

（三） 以点带面推项目,"五彩课堂"学科化,真实课堂促发展

本课例的研究只是英语教研组"问题情境在初中英语教学中促进学生表达的实践研究"中的一个案例,英语教研组的"同课改进"模式为其他教研组的子课题开展课例研究提供了可借鉴、可操作的范本。学校的"五彩课堂"实践研究虽然不需要面面俱到、样样光彩,但要像英语教研组这样立足学科、基于学情、依据课标,做出凸显学科特点的"五彩课堂"。

作为学校提升课程领导力项目的先行教研组和试点学科,英语教研组始终围绕学校项目组的顶层设计,发现教学真实问题,开展真实教研,取得了显著进步,获得了教研员的肯定,学生的获得感和家长的满意度也不断增加。

（执笔人:周静　宗晓芳）

【专家点评】

该课例立足本校学生学情,依据学科课程标准,主要解决"如何科学设计问题促进学生表达?""如何在课堂中保持学生表达的兴趣,培养学生表达的能力?"

等问题。课例聚焦课堂教学的真实问题,体现教学改革的要求。课例具有单元设计视角,要素齐全,也能看到本次课例不是一个人的研究,而是一群人的研究,并在课例中有所体现。

课例内容充实,但还要把框架搭得更清晰,把问题讲得更透彻。改进后的成效如果能基于一些证据就可以更好地提升课例的解释性,增强信度和效度了。

(上海市教育委员会教学研究室　张玉华)

6　跳跳糖引发的感官盛宴
——真实情境下的写作教学课例初探

上海市育鹰学校

一、背景与主题

(一) 理论引领

真实情境下的写作教学研究源于情境认知理论的发展和写作教学的迫切需要。情境认知理论认为知识、思考和情境是相互紧密联系的,学习的本质是个体参与真实情境与实践,与他人及环境相互作用的过程。因此,基于问题的真实情境创设便成为以情境认知理论为指导的教学设计的核心。

(二) 学科要求

《义务教育语文课程标准(2011年版)》强调:"写作教学应贴近学生实际,让学生易于动笔,乐于表达,应引导学生关注现实,热爱生活,积极向上,表达真情实感。"这一标准道出了写作与现实生活的联系。写作的过程是个体认识世界、认知自我并进行创造性表述的过程。教师要为学生创设真实的情境以唤醒学生写作的动机,构建自主学习的氛围以实现真切意愿的表达。

(三) 学校背景

我校是一所九年一贯制的公办学校,学生大都来自普通工薪阶层,随迁子女过半。针对学生实际,学校秉持文化育人理念,通过"三生课堂"的构建,逐步推进课堂文化的转型。

"三生课堂"即生命成长的课堂、以生为本的课堂、生态发展的课堂,它以关注学生的生命成长为核心,以尊重学生主体性和差异性为前提,以多样性的教学方式为手段,努力实现课堂教学的高效性,通过丰富的实践和情境创设,让知识由理论转向应用,为学生更好的生活提供可能。

（四）问题导向

1. 教师"支架"作用的残损和缺失

《义务教育语文课程标准(2011年版)》要求"要引导学生养成留心观察周围事物的习惯,有意识地丰富自己的见闻"。但是,用什么样的方法观察才能有所发现呢?

在实际的写作教学中,往往不缺高屋建瓴的理论指引,缺少的是真实情境的创设和具体方法的传授,很多时候教师未能通过合理的教学步骤为学生搭建能够逐层推进的思维支架,使得很大一部分学生陷入迷茫,无法拾级而上。

2. 教学情境设计的盲目与僵化

写作教学,归根结底要"落实到笔头"。教师要思考,学生写作什么才能把所学的写作原理和写作技巧运用到真实的表达中并取得较以往更好的表达效果。这是写作教学是否成功的关键。

但在实际教学中,教师往往缺少对写作对象必要的揣度与选择,致使学生在写作时陷入经验化和概念化的窠臼,成为固有经验的搬运工,缺乏表达的独特性。

二、设计与实践

（一）第一次教学设计与实践

1. 教学目标的制定与教学策略的选择

"开放感官,描绘精彩"这节课试图利用语言和图像信息,引导学生理解人类的五种感官具有相互协作、彼此勾连的特点,并通过营造真实的情境,引导学生充分调动自己的感官对客观对象进行观察,从而促进学生真实、独立、形象的表达。

2. 情境设计与支架搭建

（1）从海伦·凯勒对世人的劝谏切入话题——唤醒你的感官。

（2）重温朱自清散文《春》中对春风的描写,感受各种感官互相协作所营造的感觉的交响。

（3）用王安石"春风又绿江南岸"的诗句引出"通感"的话题。

（4）回忆钟子期听伯牙鼓琴后发出的感慨,提取《荷塘月色》中两处历来为人称道的通感描写,理解人的五种感觉是可以互相勾连、奇妙转化的。

（5）探索感觉勾连和转化的方法——联想、通感。

（6）写作实践——动用五感,描绘你对"雨"的印象。

3. 团队的合作探究和问题发现

本次教学实践的问题出现在写作实践这个环节。"雨"这一习作对象陈旧老套,课堂上又难以构建真实的下雨情境,学生缺少即时感受,除了照搬已有的经验或化用前人的经典,很难出现个性化的独特表达。

4. 问题的解决方法

寻觅合适的习作对象以创设真实而有意义的情境无疑是解决问题的关键。

一次偶然的机会,学生喜闻乐见的跳跳糖成为理想的习作对象。这种利用二氧化碳在嘴里遇热汽化后产生推力从而在舌尖蹦跳的糖果,将会引发味觉、嗅觉、听觉、触觉、视觉的多重感受。

（二）第二次教学设计与实践

1. 改进情境设计

修改的重点在于教学支架的完善和习作对象的改变,主要是针对第一次教学的第五、第六步做出改进。

（5）探索感觉勾连和转化的方法——联想、通感。播放德芙巧克力的广告,思考广告策划者如何传递抽象的味觉感受。

（6）写作实践——品尝跳跳糖,调动五感,形象地描绘品尝跳跳糖的感受。

2. 教学实录

师:请同学们观看德芙巧克力的广告并思考广告策划者是用怎样的方法把巧克力的滋味通过屏幕传递给观众?

生:清晨的阳光传递出巧克力给人的温馨感受(视觉),清风徐来的温柔传递出巧克力在口中融化的绵密感觉(触觉),划过颈肩的棕色丝带传递出巧克力的轻柔丝滑(视觉、触觉),女孩的旋转、悠扬的音乐(听觉)更让巧克力的甜蜜在人们的舌尖和心中荡漾。

师:哪位同学能总结出广告策划者的策略?

生:广告策划者通过联想,创设出一个生动的场景,让各种感觉都勾连起来,视觉、听觉、触觉最终都引发了味觉的联动。

师:现在请同学们品尝跳跳糖,充分调动自己的感官并用联想创设场景,把自己的感受和想象细腻地表达出来,然后交流。

这包小小的糖果立马引爆了全场。

细心的孩子用指腹轻捻糖粒,试探性地放上舌尖;豪爽的孩子把整包糖粒倾倒在舌面上,尽情享受舌尖上的"风起云涌"。一篇篇佳作在品味中应运而生。

一支迎亲的队伍仿佛正从我的舌面走过。你听那鼓声,咚隆咚隆;那锣声,哐啷哐啷;还有系着红绸带的年轻汉子跳起了秧歌步,那舞步粗犷豪迈。人们的兴致越发高涨。你能感受到鼓槌更加有力,铜锣更加铿锵,汉子们猛地腾跃,猛地转身,我的舌头快要无力招架。不知谁又点燃了鲜红的鞭炮,噼里啪啦,响声震天,眼前一片硝烟,只是这硝烟里弥漫着幸福的甜蜜。

思维重现:

这是习作中最富有个性色彩的一篇,糖粒的跃动让小作者想起小时候跟外婆去参加婚礼的场面,而山西老家婚礼上吹拉弹唱、锣鼓喧天的热闹场景正与跳跳糖在其口腔内热火朝天的跳跃相契合。婚礼的甜蜜与糖的甜蜜相交织,以往的生活经历与现时的感官体验相结合,营造了一场欢天喜地的感官盛宴。

当孩子们争先恐后地展示自己的作品时,他们的感官已经被彻底调动起来了。当个体感受得到尊重,个性的表达欲望受到激发,教学目标的实现也就水到渠成了。

三、反思与总结

(一) 真实情境的创设有利于激发写作动机

沉睡的感官被一包小小的糖果唤醒,学生在这种能够即时参与的真实情境中体会到了感官体验的神奇和丰富。这个体验的过程就是人类用感官观察外部世界的方法,而外部世界对于感官的反馈则成为独特的写作资源,激发表达的意愿,催生了无数富有创造力的个性表达。

(二) 真实情境的创设有助于实现教学目标

当场品尝的过程,营造了一个让多种感官交汇、勾连的动态情境,避免了感官被割裂后的零碎感,这让本课的教学目标在学生的体验和写作中自然达成,避免了语言表述的抽象性。

(三) "意料之外"是创设真实情境的关键

写作对象的选择是情境设计是否成功的关键。只有新鲜的对象才能激发观察体验的热情。但对象的新鲜不是指标新立异,而是指执教者要善于从熟悉的生活中找到事物被忽视的价值,并通过活动创设把潜在的价值发掘出来,就像把跳跳糖这种儿童的寻常零食打造成调动起感官盛宴的触发器。

(四) 思维支架的搭建是情境教学的有力支撑

任何一个教学目标的达成都需要思维支架有效构建,教师搭建的思维支架为学生提供有迹可循的路径,以帮助知识完成从学习到应用的转化。这一外部支架最终将内化为学生观察思考的自觉途径,从而完成个性化的创造性表达。

从这个意义上说,真实情境的创设过程就是"三生课堂"的构建过程。真实的体验、智慧的创生、知识向能力的转化,使课堂教学不仅是知识学习的过程,同时也是师生共同成长的生命历程。

(执笔人:张颖琦)

【专家点评】

本课例依据的"情境认知理论"选用贴切,符合语文课程标准的基本要求,有比较明确具体的问题导向。两次"设计与实践"预设的教学情境设计初显针对性与互动性,教学目标的制定与教学策略选择能适应学生的认知特点,也有助于团队互助合作探究和问题的发现。教学实录反映了情境设计及其改进措施所显示的教学效果。"反思与总结"体现了作者对"真实情境的创设"有较深刻的理解与运用把握,并对真实情境创设和情境教学的实际应用有自己来自实践体验的教学策略与见解。

(华东师范大学教育学部　魏志春)

实践、体验前置式课堂转型的教学设计

——以黄山研学中的徽茶初探为例

上海市复旦实验中学

一、主题与背景

(一)学校层面

"传承中华经典"研学旅行课程是我校"人文滋养"德育课程中的一项特色课程。研学旅行的目的主要是在夯实学生人文底蕴的基础上,培养学生的科学精神和探究实践能力,实现"立德树人、五育并举"的教学理念。以主题探究式课程构建为主要渠道,在模块化的研学课程中,以"人文行走"为载体,让学生在行走中感受中华经典的魅力,在行走中培养学生的生活技能、集体观念和创新精神。

学校在"齐鲁文化研学之旅"成功试行的基础上,计划开发"徽州文化""燕京文化""中原文化"等课程,本课例是以"徽州文化研学之旅"为背景的一节课外实践课程。

（二）教研层面

在地理新课程理念中，强调新的地理课程要注重培养现代公民必备的地理素养。除了必要的地理知识外，还要增强地理学习能力和生存能力，要重视对地理问题的探究，倡导自主学习、合作学习和探究学习，积极开展地理观察、地理考察、地理实验、地理调查和地理专题研究等实践活动。在野外实地调查和实践的过程中提升学生综合运用的能力以及分析问题、解决问题的能力。

本课例借助"徽州研学"之旅的契机，以徽茶为出发点，让学生在实践体验的过程中，学会从多学科知识融合的角度，运用所学知识解决生活中的实际问题。

（三）教学层面

在现代课堂教学的转型和变革之下，学生的主体地位日渐突出。如何采取适当的教学方式，将"学"真正还给学生，是每一个教师当下迫切需要解决的问题。

前置体验式教学作为一种新型的教学方式，是指教师在进行新知识的授课前，结合学生现有的生活经验及知识水平布置相关的学习任务，让学生在实践的过程中得出真知。① 它能够较好地连接教师的"教"与学生的"学"，使学生在获取知识的同时提升自身的学习能力。

二、设计与实践

（一）教学设计

本课例以徽州文化代表——徽茶为研究对象，抓住集科学与人文于一体的特征开展教学，让学生在前置的实践和体验过程中，综合运用课堂所学知识以及实践观察所得分析问题、解决问题。在本课例的教学过程中，旨在培养学生探究自然地理环境与生物之间的关联性的能力，形成基本的人地协调观。教学以小组合作的形式，促进学生之间的合作交流。学生合力完成课堂任务，在此过程中逐步提升人文素养，实现"五育并举"。

（二）教学过程

1. 情境创设

中国地大物博，在不同的地理环境特征之下，形成了各具特色的十大名茶。它们之间存在哪些差异？又有着怎样的共同之处？大家一起来评鉴一下这些茶中珍品。

---

① 林荧荧.巧借"前置"东风，有效提升学习力[J].西部素质教育，2016，2(22):225-227.

2. 学习任务

（1）请从中国十大名茶中,找出属于安徽的名茶,并任选其中一种,尝试在博物馆内寻找适合其生长的有利条件。

（2）运用类比学习法学习除徽茶以外的一种名茶。

（3）寻找两种名茶之间的相似性,归纳出茶叶的生长习性。

表 5 - 14　"茶园探秘"活动单

	徽茶:	自选:
分布		
茶叶特色		
生长条件		
归纳:生长习性		

3. 教学片段

师:安徽产茶历史悠久,伴随着茶产业的发展,积淀了厚重的徽茶文化,书写出了中国茶文化史上浓厚的一笔。在中国十大名茶之中,徽茶的代表有哪些?

生:黄山毛峰、祁门红茶、六(lù)安瓜片。

师:安徽名茶众多,究竟是怎样得天独厚的环境才造就了别具一格的徽茶文化呢?请各组同学在徽茶代表中选择其中一种,尝试从自然环境的角度分析其形成要素。

组 1:(PPT 形式呈现)

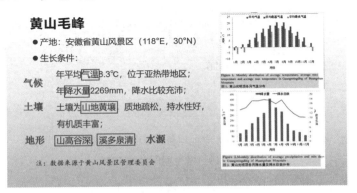

图 5 - 9　学生案例分析讲解 PPT

师:感谢该组同学的分享交流。通过他们的分析,我们来总结一下影响黄山毛峰生长的因素有哪些。

生1:气温。

生2:降水。

师:在地理学习中,气温和降水是哪一地理概念的两要素?

生3:气候。

师:除此之外,还有哪些条件形成了黄山毛峰这一特有品种呢?

生4:土壤。

生5:地形。

师:PPT中提到的"溪"和"泉"又是哪一个要素呢?

生6:水。

师:在气候、地形、土壤、水源等各自然地理要素的共同影响之下,形成了这一特有物种。

师:请运用相同的学习方式,在除徽茶以外的中国十大名茶之中另择其一,结合所查阅的资料分析其形成原因。

组2:(PPT形式呈现)

	黄山毛峰	庐山云雾
分布	安徽省黄山风景区 海拔700—800m山坡	江西省九江市庐山 海拔800—1000m山坡
茶叶特色	• 形:条索细扁,形似"雀舌",带有金黄色鱼叶。 • 色:茶色绿带黄有象牙颜色,汤色微黄。 • 味:香气如兰,韵味深长。 • 叶底:嫩黄肥壮有活力,匀亮成朵。	• 形:叶厚毫多,叶条索粗壮、微卷。 • 色:茶叶色翠绿,汤色清澈明亮。 • 味:介于青花与兰花香之间,香高浓郁。 • 叶底:嫩绿匀齐。
生长条件	• 年平均气温8.3℃,位于亚热带地区; • 年降水量2269mm,降水比较充沛; • 土壤为山地黄壤,质地疏松,持水性好,有丰富有机质,pH4.5—5.5,呈酸性; • 山高谷深,溪多泉清。	• 年平均气温17.1℃; • 年降水量1599.7mm,降水丰富; • 全年雾日,多年平均188.1天; • 土壤为山地黄棕壤,pH4.9—5.3,呈酸性。
归纳:生长习性		• 喜暖怕寒 • 喜酸怕碱 • 喜阳怕涝

注:数据来源于华南师范大学地理科学学院《庐山地理实习报告》

图5-10 学生案例总结PPT

师:通过这个小组的交流,大家对茶叶的生长环境有了更进一步的了解。茶叶比较适合分布在哪一类地形区?对气候有什么要求?

生:黄山毛峰比较适合分布在丘陵或山地,温度带为亚热带,干湿地区为湿润区。

师:同学们总结得很好。老师补充一下,从温度带上来看,热带也合适种植茶叶,斯里兰卡、印度都是世界上重要的茶叶产区。你们知道这两个国家的位置吗?

生:南亚。

师:通过两个小组的交流,我们可以看到"徽茶"既是极具地方特色的文化符号,又是富有地域特色的农产品。目前黄山毛峰、六安瓜片已经成功申报了"地理标志产品"称号。

师:在"徽茶探秘"课程的学习过程中,我们首先通过徽州研学之旅,亲身体验和探究了徽茶文化的奥秘,紧接着,我们将实地考察所得和后期数据资料进行汇总处理,大家一起尝试分析和归纳适合其生长的地理环境。理解了徽茶这个文化符号背后的地理背景,真是"一方水土养一方人"啊!

表 5－15　中国十大名茶概况表

名称	图片	性状	分布
西湖龙井		扁平光滑 苗锋尖削 芽长于叶 色泽嫩绿 体表无茸毛	浙江省杭州市 西湖龙井村 周围群山
洞庭 碧螺春		条索纤细 卷曲成螺 白毫显露 色泽银绿	江苏省苏州市 太湖洞庭山
黄山毛峰		外形微卷 状似雀舌 绿中泛黄 银毫显露	安徽省黄山 风景区

（续表）

名称	图片	性状	分布
庐山云雾		条索粗壮 青翠多毫 叶嫩匀齐 香凛持久	江西省九江市庐山
六安瓜片		形似瓜子 自然平展 叶缘微翘 色泽宝绿 大小匀整	安徽省六安市 大别山
君山银针		芽头苗壮 大小均匀 色泽鲜亮 满布毫毛	湖南省岳阳市 君山
信阳毛尖		颜色鲜润 鲜绿光泽 外形细直 圆光多毫	河南省信阳市 大别山
武夷岩茶		叶端扭曲 似蜻蜓头 色泽铁青 带褐油润	福建省崇安县 武夷山

（续表）

名称	图片	性状	分布
安溪 铁观音		叶形椭圆 叶缘齿疏而钝 叶面波浪状隆起 叶肉肥厚 叶基稍钝 叶尖稍凹	福建省安溪县 西坪镇尧阳 山麓
祁门红茶		条索紧结 细小如眉 苗秀显毫 色泽乌润	安徽省祁门县

三、反思与总结

本课例为徽州研学旅行背景之下的拓展实践型课程,课程内容没有固定教材。教师巧妙地在学生的研学活动前选取适合研究的对象,并设置对应的问题和研究任务,让学生在自主实践和感知的过程中结合课堂所学知识点,探究问题,解决问题。

前置体验式学习是一种实践性学习、体验性学习和操作性学习。[1] 在前置、体验式教学驱使下的研学与传统教学方式下的研学相比较而言,设计和准备的时间较长。研学前期除了策划研学路线之外,还需要设计整合研学活动方案,开展课堂教学进行知识铺垫,同时在研学结束之后仍需学生合作完成研学成果汇总,并通过各种形式进行呈现。但正是由于前置任务的设置,可以更大程度地提高学生在研学过程中的积极性和针对性,实现课堂与生活的有机结合,实现做中学、学中做。

在这样一个从发现问题到解决问题的过程中,学习内容灵活多变,学生兴趣浓厚,不仅传授了学科知识,更重要的是教会学生如何学习。在探究问题、解决问题的同时,还能培养学生的人地协调观,一定程度上体现了"立德树人,五育并

---

[1] 尹圣珍,朱世桂.徽茶、徽州茶商与茶文化传播初探[J].安徽农业大学学报(社会科学版),2017,26(04):128-131.

举"的理念。

在本节课中,学生的研究成果展示形式较为单一,生成无效的信息比较多,需要教师引导得出相应的结论,占据了课堂的部分时间。

（执笔人：王丹丹　沈碧君）

【专家点评】

这是一个"传承中华经典"研学旅行课程的课例。结合徽州研学的线路,选取了"徽茶"作为研学的主题,着眼于引导学生通过分析比较,了解茶叶这种经济作物生长所需的自然条件,自主分析和归纳适合茶叶生长的自然环境,理解"徽茶"这个文化符号背后的地理背景,通过对不同茶叶生长环境的比较,理解"因地制宜"的重要性。

前置体验式学习是研学课程的一个教学环节。本课例将研学活动与地理拓展学习有机结合起来,体现出"以学生为本"的理念。强调学生的自主、合作和探究学习,关注学生学习的过程和方法,关注知识技能的提升,注重提升学生的地理实践能力和思维能力,关注人地协调的核心素养培育,体现了"立德树人,五育并举"的理念。

（上海市教育委员会基础教育处　余利惠）

第二节　理科课例研究

 # 三大支架传导课堂"活力"文化
——物理学科课程文本转化与实践

上海理二大学附属中学

一、主题与背景:激发活力构建课堂文化

在课堂观察中我们发现,大多数教师的课堂仍以讲授为主,学生则被动接受,课堂教学经常会出现假问题、假热闹、假探究的尴尬局面,缺乏真正的活力,学校实际课堂转型缓慢。

　　结合杨浦区课程领导力课程文本建设,我校以物理学科为试点,形成学校课程方案、学科课程纲要、单元教学设计三级课程文本,以活力课堂建设为载体,聚焦课程文本的转化与实施,关注课堂教学中学生思维品质的提升,立足课堂中教师教学方式和学生学习方式的转变。

　　我们倡导的活力课堂,是指学生、教师和学科知识都焕发生命活力的课堂,是学生主体地位得到充分体现的课堂。活力课堂的特征具体体现:课堂以问题驱动,呈现的学科知识能贴近学生的生活经验;学生能积极主动进行深度学习,大胆尝试,积极寻求有效的问题解决方法;教师能发挥教育智慧引导学生生成问题,通过师生合作、生生合作,在学会、会学的同时,培养学生正确的价值观。

二、设计与实践:三大支架撬动课堂转型

(一) 学校活力课堂顶层设计

　　我们注重活力课堂的顶层设计,提出三个环节、六个改进点。其中,三个环节——问题驱动、互动交流、主动探究——就是我们撬动课堂文化转型的三大支架。在情境中导入,在活动中认知,在探究中创新,在交流中互补,在反思中升华,在应用中提高,通过驱动、互动、主动,步步深化,让学生在教师的引领下积极主动探究学习。

　　我们提出活力课堂建设的关键性表征:驱动问题的开放度、互动交流的活跃度、主动探究的真实度。通过观测关键性表征的达成度来检验在课堂教学中学生学习状态及思维品质的提升。立足课堂教学方式的转变,学校活力课堂的实施文本中提出,80%以上的课堂时间学生参与学习活动,80%以上的学生能在教师的引领下开展互动和探究,80%以上的学生通过活力课堂使学科素养得到发展。

(二) 教研组活力课堂文本建设与实施

　　只有教师和学生有效互动,才能打造成功的活力课堂。物理教研组在编制课程纲要时明确了"以实践能力为核心,重在发展学生的问题意识、创新精神以及主动探究和动手操作的能力,形成严谨科学的态度和作风"的指导思想,突破传统的以知识传授为主的教学模式,转变为以"学中做,做中学"为引领的教学方法和学习方法。

　　我们根据学校活力课堂建设的要求,将物理实验确立为"着力点",变"以讲代做"为"大小实验都要做"。通过实验帮助学生形成问题解决的思维过程,教研组层面形成了改进点(基于课堂现状,分析不足和问题并提出改进点)、目标(完善活力课堂的指标体系和实证研究)、任务(完成课堂观察量表的深化与推广,完

成学科活力课堂研究课例)三大突破口,从理论学习到任务分解再到课堂实践,阶段推进课程文本转化。

(三)教学实践:以《力的合成》实验课为例

在《力的合成》这节实验课上,我们尽可能将生活情境搬到课堂中来,引出问题,形成问题链。让学生在问题的驱动下,去思考,去互相交流,去主动探索。尽可能地多做实验,用实验引入,用实验探究,把验证性实验上升为探索性实验,为学生提供更多亲身参与科学实验的机会。

1.设计问题驱动,重视学生课堂生成

以《力的合成》课例的引入环节为例,我们试图改变传统课堂中有相对明确的答案的问题,改变没有一定开放度的问题,鼓励学生进行课堂生成,正确处理教学预设性与生成性的关系。

活力课堂中教师的提问:

对实际"秋千"情境建立物理模型,测出力的大小,将问题量化为:

问题1:在秋千活动中,什么情况下 F1、F2 可以等效 F 的作用?

问题2:当两个分力和一个合力的作用效果相同时,两者有什么关系?

情境演示:分别测量一根绳的秋千和两根绳的秋千的拉力大小。

教师:分力和合力不是简单的代数关系,那么究竟是什么关系呢? 我们今天一起来探究这个问题……

2.运用多媒体手段,提高互动交流的活跃度

传统课堂的交流主要集中在师生之间,教师提问、学生回答就有了所谓的交流。在课堂实践中,我们发现生生之间的交流互动更有效、更活跃。学生在与教师交流的过程中容易盲目地信任教师的"正确性",不由自主地想"老师想要我回答什么"。而在生生交流中,学生会更加大胆地提出想法、相互建议甚至是相互驳斥。因此,在《力的合成》课例中利用多媒体手段,希望能够增强课堂互动交流的活跃度。下面以实验的交流与讨论环节为例。

(1)将学生的实验报告投影至屏幕,请学生上台交流。

(2)拍下学生的操作过程,请学生相互评价。

师:大家看屏幕上的照片,请就操作过程相互评价。

生1:力传感器没有平行于纸面。

生2:绳没有平行于力传感器钩子所在的轴。

师:非常好,大家试着用力传感器从不同角度钩住橡皮筋,观察力传感器的读数变化。力传感器正确的使用方式是什么样的呢?

生3：绳与轴线的角度越大读数越小，读数时橡皮筋应平行于力传感器钩子所在的轴。

······

实验课上对学生的操作过程进行评价比较困难，在传统课堂中这部分内容很容易变成教师的一言堂。我们尝试利用多媒体手段将学生的操作过程记录并展示出来，学生一看就能互相发现问题，同时学生也非常乐于相互指出问题，在这个过程中生生互动交流的活跃性才能被激发出来。

3. 注重课堂过程性评价，增加主动探究的真实度

一般来说，物理实验探究包括提出问题、猜想或假设、设计实验、进行实验、分析论证、评估及交流。但事实上，若刻板地按照这七个步骤进行教学设计，不但教学效率极低，而且在课堂实践中很容易陷入"假探究"的尴尬局面。

以《力的合成》课例中的假设与猜测环节为例。传统课堂对这部分一般十分重视，如教师提问："请根据生活经验猜测合力与分力的关系。"对学生来说猜测与假设这么容易吗？恐怕大部分学生是无法直接得出结论的，这样的猜测就非常流于形式。由此，为确保主动探究的真实度，我们增加了一个演示环节：先探究互成 $90°$ 的两个分力，直观感受分力和合力的关系，再引导学生对一般情况进行猜测。

此外，因为学生对实验结果有一定预设，实验时很容易出现因为较大误差而修改实验结论的现象。因此，在上述的交流互动中，除了对学生实验结论的评价之外，还重点增加了对学生操作过程的评价，强调主动探究的真实性。

三、反思与总结

学校通过顶层设计，形成学校层面、教研组层面、教师层面的三级课程文本。通过活力课堂建设，将课程文本转化为教师的课堂教学行为，规范学校课程。通过物理学科课程文本转化项目实践，我们希望实践从文本到课堂再从课堂到文本的过程，完成课堂文化的转型，真正将学生作为课堂的主体，将工程素养的培育通过活力课堂这个载体，落实到每一位学生，以课堂文化转型促进学校特色高中进一步发展。

学校以"问题驱动""互动交流""主动探究"三大支架传导课堂活力文化。通过问题驱动增强学生的问题意识，加强课堂上师生间、生生间的互动交流，营造主动探究的学习氛围；通过现状改进、目标引领、任务驱动，将实践与研究相结合，使教学过程从"独白式"变为"对话式"，使教师从传统课堂的"说教者"变为

"倾听解惑者"、学生活动的引领与合作者,使学生从"被动接受者"变为学习活动的"参与者"和知识体系的"架构者"。

课堂文化转型需要等待,虽然我们提出了三个 80% 的目标,但是整个课堂中,总还有部分学生没有积极参与,学校内部总有部分教师游离在外,在尊重学生和教师自我发展的同时,我们期望通过教学环境的转变,让学生和教师在潜移默化中发生变化,让课堂真正充满"活力"。

(执笔人:叶理辛　王智颖　刘严君　顾超)

【专家点评】

学校课程文化对课堂转型有引领和指导的作用,同时课堂又是反映学校课程文化的重要组成部分。《三大支架传导课堂"活力"文化》一文,针对学校课堂中普遍存在的"三假"问题,以学校、教研组、教师的"三级"课程文本为指导,以学生、教师和学科"三主体"焕发"活力"文化为目标,构建了传递学校课程文化的"三支架"技术路径,即"问题驱动、互动交流、主动探究",实现了"活力"在"文化—课堂—文化"中的交融升华,提升了学校领导、教师和学生的文化认同感和文化穿透力。

(上海市教育委员会教学研究室　金京泽)

 2 **任务驱动促"好学"　情境创设启"致用"**
——以元素周期表的应用为例

上海财经大学附属中学

一、主题与背景

课程领导力项目在 2018 学年进入了课堂文化转型的教学实践研究阶段,我校教导处从教学目标、教学方法、教学过程、教学评价四个方面进行文本设计,倡导从知识主宰到尊重生命、从教案重现到预设生成、从单调封闭到互动开放、从规范统一到百花争艳,以"财经素养"为主题,聚焦"智慧课堂"的课堂文化变革。

新学年伊始,以教研组为单位,学习、研讨和实践文本材料,生化教研组中高一、高二化学备课组作为学科试点,课堂文化转型成为本学年教学科研的重点。

118

高二化学备课组根据学校课堂文化转型的要求和本学科的教学特点,以"中学化学真实情境研究"为主题,倡导真实问题情境是化学教学的本原,也是培养学生核心素养的现实要求。运用真实问题情境进行教学,有利于促进化学学习与教学方式的转变,促进学生创造性思维能力的培养。其核心要求是培养学生的核心素养,通过以核心素养为基础的教学,帮助学生形成必备品格和关键能力,使学生能够适应社会的发展。

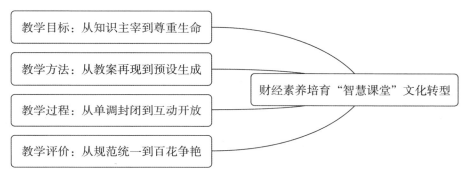

图 5-11 课堂文化转型文本框架图

二、设计与实践

(一)教学设计

经备课组讨论,并没有选取容易"转型"的课题,而是直接挑战了难"转型"的以概念教学为主的课题"元素周期表的应用"。本节课作为元素周期律(表)应用的综合课,不仅要完成知识梳理和结构化任务的学习,还要实现从理论到实践的应用,用元素周期律的理论以及元素周期表"位—构—性"的关系来预测元素及其化合物的性质,形成完整的知识应用体系。

由于学习内容以概念性知识为主,传统教学方式相对枯燥。而学习目的之一是通过所学去解释生活中的现象并加以应用,绝不是简单从知识到知识的闭环。我们充分考虑学生已有的知识和经验,整合教材资源,用熟悉的生活情境导入,展开概念教学,设置任务驱动,使学生感受化学概念性知识在生活中的意义和价值,激发学生探究的热情和动力。通过实战演练和小组交流,使课堂生态环境"从单调封闭到互动开放""从规范统一到百花争艳"。

学生通过前两节元素周期律(表)的学习对元素性质的递变规律有了一定认识,但对概念细节的把握存在漏洞,对有效运用存在不足。课堂的魅力之一恰恰在于动态和变化。课堂上的许多教学点是生成性知识,通过与钙元素异同的比较,引出预测元素性质方案的探讨,体现了"从教案再现到预设生成"的课堂文化转变。本节课在设计时始终围绕"锶型"矿泉水展开,教师展示一瓶"锶型"矿泉水,对锶的存在形式和价态、锶的化合物水溶性、锶对人体的作用以及过量锶的危害等逐一进行呈现,进而使学生掌握预测元素性质的一般方法,并在过程中对原子结构、元素周期律有完整的认识和理解。以真实问题情境作为载体设计任务驱动,体现了我校课堂文化从知识主宰到尊重生命以及联系生活实际的尝试。

（二）教学实践

2018 年 10 月 29 日,孙维老师的这节课在区域项目组内进行了汇报展示。通过三个真实问题情境,设计课堂学生活动,落实化学学科核心素养。与之对应,学生的思维发展路径有三条线索:一是对元素周期律的理解从抽象到具体,二是对化学现象的分析从孤立到联系,三是对实际问题的解决从单一到系统。

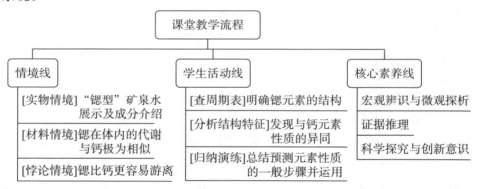

图 5－12　元素周期表的应用课堂教学流程图

情境一:同样的量,有些矿泉水价格低,有些矿泉水价格是前者的五倍不止,是什么因素导致价格差异如此之大?

生活化问题的提出能调动学生的思维,使学生感受到化学概念性知识在生活中的意义和价值,从而激发学生探究的热情和动力。引导学生把真实情境问题转化成化学问题,形成从"是什么"到"为什么"再到"怎么办"的问题解决思考方式。这样的课堂设计体现了新课堂文化从"机械记忆"到"主动探究"的转变。同时,通过对不同类型矿泉水价格的比较,提升学生的财经素养,引出本节课元素周期表和元素周期律的主题。

情境二:为学生提供材料情境——元素周期表。

结合学习元素化合物时强调的"位—构—性"的关系,学生容易想到这两种元素在周期表中的位置关系,激发学生探究兴趣。在此探讨过程中必然会用到"核外电子层数等于周期数,最外层电子数等于主族序数"的知识,从而引导学生将杂乱的、无序的概念通过一定的规律整合起来,形成有序的、有画面的内容,由此回答为什么锶元素会具有和钙元素相似的性质。

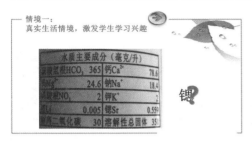

图 5-13　实物情境与材料情境

情境三:为学生提供悖论情境"过量的锶会干扰钙的吸收与代谢",提出锶与钙的差异性,得出同主族元素性质的递变规律。接着,当场应用元素周期律预测 $Sr(OH)_2$、$SrCO_3$ 等物质的水溶性,使学生获得学习成就感。

在此过程中,学生通过对实验现象的分析解读,形成对性质预测的验证,并能根据此证据提出更多创新的想法。

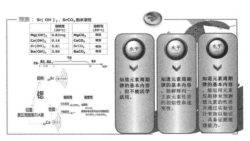

图 5-14　悖论情境

最后教师帮助学生总结预测元素性质的一般思路,实现从特殊到一般的转化,提出预测元素性质的问题解决模型。然后通过实战演练,激发学生的学习主动性,让学生在实际应用中熟悉预测元素性质的方法,获得学习成就感,培养科学探究的能力和创新意识。

作为课堂文化转型的一部分,学生活动评价的预设和检测是衡量课堂有效

性的重要指标之一。需要针对教学环节中的活动设计,来设定相应的评价标准。(见表 5 - 16)

表 5 - 16　多维度分层课堂评价标准

活动评价	评价标准			课堂文化转型点
	水平一	水平二	水平三	
查元素周期表	能获得相应元素的原子序数、元素符号和名称、最外层电子数等信息,但不能进一步分析。	能获得相应元素的原子序数、元素符号和名称、最外层电子数等信息,知道决定元素化学性质的主要因素之一是最外层电子数。	能获得相应元素的原子序数、元素符号和名称、最外层电子数等信息,并能通过同一主族元素性质的相似性进行性质预测。	以往元素周期表的学习偏重理论知识,本节课从生活中常见的矿泉水引入,体现了课堂文化从知识主宰到尊重生命以及联系生活实际的尝试。
发现与钙元素的异同	知道元素周期律的基本内容,但不能活学活用。	知道元素周期律的基本内容,能解释同一主族元素性质的相似性和递变性。	知道元素周期律的基本内容,能运用元素周期律来预测锶元素的性质并通过实验设计加以验证,具备证据推理能力。	课堂是动态的,许多教学点是生成性知识,通过与钙元素异同的比较,引出预测元素性质方案的探讨,体现了从教案再现到预设生成的课堂文化转变。
建立预测元素性质的问题解决模型	知道预测元素性质的一般步骤,但不能综合应用。	知道预测元素性质的一般步骤,能够利用该问题解决模型预测其他元素的部分性质。	知道预测元素性质的一般步骤,能够利用该问题解决模型预测其他元素的性质,还能评估这种模型的合理性和局限性,具有创新意识。	学习的目的之一是通过所学去解释生活中的现象并加以应用,而不只是知识到知识的闭环。通过实战演练,小组的交流和思维的碰撞,使得课堂的生态环境从单调封闭到互动开放、从规范统一到百花争艳。

（三）教学反思

本节课学生参与度高，气氛活跃，注重体现新课程教育理念，体现自主探究的学习方式；以真实情境引入，通过设置未知元素性质推导的任务驱动，引导学生建立问题解决模型，在学习过程中提升学生的学科核心素养。

课堂的魅力还在于它总有提升的空间，以下是课后的一些思考。

反思1：课堂思维容量较大，对好学生是一个能力提升的过程，但对于学困生在理解上会存在一定困难。教师可以在问题设置上更加细化，铺设台阶，注意分层指导。比如，学生一开始并不能很顺利地通过原子序数直接获得锶的原子结构，在教学中可以换一个角度，提示从元素周期表中直接获得最外层电子数的信息，再通过结构和核外电子排布规律来完成原子结构示意图的书写，这样对学生了解不熟悉的元素是一个铺垫，有利于学生在心理上较轻松地进入后一阶段的学习。这样的备课也体现了新课堂文化从"教案再现"到"预设生成"的转变。

反思2：作为课堂文化转型的另一部分，结合我校财经素养特色课程的创建，有意识地在教学中渗透财经素养的培养。本节课通过"锶型"矿泉水和普通矿泉水价格的比较，引导学生进行价比分析，并将其作为案例加入高中化学财经素养教学指南中。但在实践过程中，也常有这样的困惑——与财经素养有关的化学切入点不少，但深度不够，并受到课时安排的限制，不能较大篇幅展开与财经素养相关内容的讨论。这在编写财经素养教学指南时应加以考虑，比如标注相关教学内容时长等。不同课程类型丰富了教学形式的多样性，体现了从"规范统一"到"百花争艳"的多种尝试。

三、反思与总结

"智慧课堂"以任务驱动促进"好学"，更加注重学生思维习惯的培养和分析能力的提高以及情感体验和价值观念的形成，鼓励学生乐于学习，勤于思考，善于探究，善于合作，并在原有基础上鼓励学生不断进步，不断超越自我。"智慧教室"通过创设情境，激发学生的学习热情，鼓励学生积极探索，并借助同伴互助的合力，模拟科学研究的过程，探索知识的形成，研究知识的关系，扩展知识的应用。

我校的教学改革实践一直在进行，如何将其中可复制的经验转化为日常教学，是值得我们思考的问题。单元教学设计和课程文本的编写，既是一个比较可行的问题解决方案，又是课程领导力项目的具体展示。如何把试点经验推广到更多的备课组？使我校的课堂文化转型真正扎根于每一位教师和学生的心中，深入到每一个课堂教学活动中，涌现出越来越多的"智慧课堂"。通过对生化组一学期的教学实践和课堂调查,我们对课程文化转型的文本进行了认真的再修改。我校项目组对"课堂观念文化""课堂行为文化""课堂制度文化"以及"课堂环境文化"进行了重新设计。

以"好学致用、立诚向善"为办学理念,将其作为课堂理念文化的顶层设计,明确了"创设情境,任务驱动"的课堂行动文化,使课堂文化转型的行动路径更加清晰。以 SOLO 分层次评价法①作为新的课堂制度文化,将学校的品牌特色活动"财智联盟""FEAST 集市""云课堂"和八个创新实验室分别作为课堂环境文化的软硬件,在上财附中"智慧课堂"的文化转型上描绘更大的蓝图。

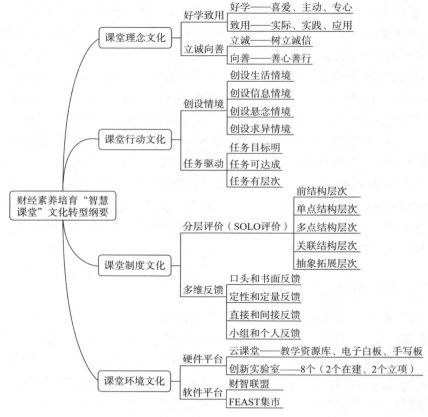

图 5-15　上财附中课堂文化转型纲要

（执笔人：孙维　刘奕）

---

① 宋洁,赵雷洪. SOLO 分类评价法及其应用[J]. 上海教育科研,2005(10):62-64.

【专家点评】

本课例全面反映了上海财经大学附属中学课堂理念文化、课堂行动文化、课堂制度文化和课堂环境文化的内涵。化学等学科在学校课堂文化的指引下,分学段、分主题开展了课堂转型的实践探索,并以实践研究成果丰富和完善了学校课程文化。

本课例要素齐全、结构合理、层次清晰,兼顾学校课堂文化转型和财经素养培育的特色,关注学生化学学科核心素养的培育,实践操作性强。课例"主题与背景""设计与实践""反思与总结"联系紧密,逻辑性强;课例紧紧围绕课堂行动文化中的"创设情境"和"任务驱动"核心部分展开,同时考虑到课堂理念文化、课堂制度文化和课堂环境文化的支撑作用。

从这个课例中可以看出,上财附中在课程领导力项目的推进过程中,在杨浦区教育学院的指导下,扎扎实实地推进行动研究,切实提升每一位教师的课程思想力、设计力和执行力。

(上海市教育委员会教学研究室　金京泽)

3　问题探究:提升学生学习能力的探索实践案例
——初中数学"等边三角形"课例研究报告

上海市惠民中学

一、背景与主题

（一）研究背景

2018 年上海市教委公布《上海市进一步推进高中阶段学校考试招生制度改革实施意见》,明确指出中考评价更注重初中生的学科素养。杨浦区课程领导力视域下的课堂文化转型研究项目注重学校教学观念、行为、方式的改变。

我校以问题探究为课堂文化的核心,通过课程领导力视域下的课堂文化转型子项目的研究,以问题探究作为课堂文化转型的理念与教学研究的主题,构建问题探究教学模式理论模型,针对课堂教学存在的实际问题进行实践和研究,培养教师在教学中引导学生如何发现问题、解决问题的能力,从而提升教师的素养。

（二）理论支持

中外学者对问题探究模式的研究成果为本案例的设计与实施提供了理论支持。美国教育家杜威在 20 世纪初提出了以培养学生发现问题、解决问题为重点的新教学四个阶段的观点，即"确定问题情境—提出解决方案—搜集资料验证假设—得出结论"。我国学者张熊飞教授的"诱思探究"教学理论体系也具有重要的实践价值和理论意义。

我国《义务教育数学课程标准（2011 年版）》中指出："数学活动经验的积累是提高学生数学素养的重要标志。帮助学生积累数学活动经验是数学教学的重要目标，是学生不断经历、体验各种数学活动过程的结果。"

由此可见，培养学生的应用意识和创新意识要先给学生提供数学活动经验，让他们尝试用自主的方式，做数学、用数学、学数学。

二、设计与实践

（一）教案设计

《等边三角形》是上海义务教育课程标准教科书《数学》七年级第二学期（试用本）第十四章第七节的内容。这节课是在学生学习完等腰三角形的性质和判定之后的一节几何概念新授课，重点研究等边三角形的性质和判定。为了突破数学几何思维障碍，需要学生利用几何语言来说理。所以，本节课的难点在于学生既要说理验证，又要正确使用数学符号语言。

（二）第一次实践（5 月 15 日）

探究等边三角形的性质，从角和边两个元素分别进行探究，教师依次追问："角和边有什么性质？能用数学语言表达吗？"但是重复的提问并未达到"类比等腰三角形得到其性质"的目的，反而显得刻板单一，没有深度，而且一问一答效率较低，临近下课时本节课的重头戏——等边三角形判定的探究还没有呈现。

课堂实录 1：探究等边三角形的性质。

师：从角的元素考虑，等边三角形有什么性质？

生 1：三个内角相等。

师：从角的大小考虑呢？

生 2：每个内角都是 60°。（学生很自信地回答）

师：很好，你能用数学语言表达角的性质吗？

（学生有些迟疑，教师用语言鼓励学生回答，纠正学生使用规范的表达"因为……所以……"）

师：从边的角度思考，等边三角形又有什么性质？

生3：等边三角形三条边都相等。（学生不假思索地回答）

师：你是怎么想到的？

生齐答：根据等边三角形的定义。

师：这次谁能用数学语言表达边的性质？（部分学生跃跃欲试）

……

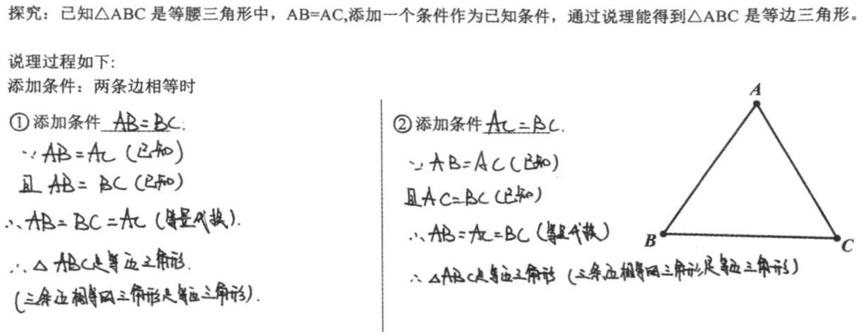

图5-16　学生课堂学习单1.0版本

（三）第二次实践（5月20日）

课前，教师做了如下修改：在等腰三角形基础上探究等边三角形的判定时，不再细分到角和边的两次讨论，直接用一个活动代替。

课堂实录2：小组活动后的汇报环节。

师：（指着学习单）条件②和③有相同之处吗？有必要都去验证吗？

生4：②和③都是腰和底边相等的条件，因此只要验证一组就可以了。

师：你能用一句话概括这段验证吗？

生4：腰和底边相等的三角形是等边三角形。

师：这句话有问题吗？（立刻有学生在台下提醒，回答的学生也反应过来）

生4：腰和底边相等的等腰三角形是等边三角形。

师：非常好，我们已知条件两腰相等，添加腰和底边相等的条件实质上就是哪个判定依据？

生5：三条边相等的三角形是等边三角形。

师：不错！因此这种判定依据我们就把它归纳在定义的判定依据里。

……

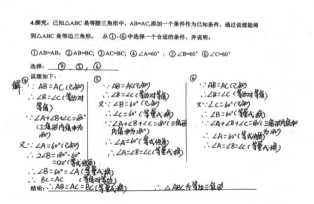

图 5-17 学生课堂学习单 1.1 版本

前段课程进行得很顺利,进行到修改过的探究活动环节时,安排 4 人小组讨论,选择一个条件,尝试判定的探究,并写下验证的过程。这一次活动效果较好,基础中等的学生也能根据学习单已知的条件进行分类,在边和角的条件中各选择 1—2 个进行分类验证。可是仍有不足——虽然有交流过程,但是讨论很简短,学生都在埋头写自己的学习单;缺乏充足的交流导致部分基础一般的学生没能发现条件①—③的联系,机械地按序号依次验证,因此来不及验证角的条件,未达到预期效果。

(四) 第三次设计与实践——成果展示(5 月 22 日)

综合前两次试教中出现的不足以及教研员的指导意见后,再次修改小组活动的环节。这一次的目标是培养学生问题探究的能力以及能体现学生对数学语言表达的能力。

用两个大活动贯彻整节课的教学目标,并且重新分组,按学生水平平均分布,学习较好的学生起带头作用,活跃小组的讨论氛围,避免基础薄弱的学生集中在一个小组进行无效活动;学习单也改为一组一张,由一名学生负责整理记录,借此提高小组活动的效率,进行有效的讨论。

活动一:类比等腰三角形,探究等边三角形的性质和判定,并完成表格。

表 5-17 活动一学习单

图形	定义	性质	判定

活动二：已知等腰三角形 ABC，$AB=AC$，再添加一个什么条件，则可得 $\triangle ABC$ 是等边三角形？小组讨论，并完成表格。

表 5-18　活动二学习单

	添加_____条件	添加_____条件
A B　C	解： 结论： 数学语言：	解： 结论： 数学语言：

课堂实录3：活动2后的汇报环节。

师：哪组愿意交流？

生6：我们添加的是……我们的验证过程是……

（学生很自然地把上节课需要追问的腰和底边相等的情况说了出来，并且自己分类验证后发现就是根据定义判定的）

师：还有补充吗……

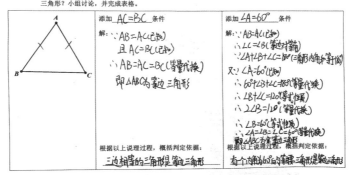

图 5-18　学生课堂学习单 2.0 版本

这两个活动的设计体现了上海市数学教研主题的理念"关注思维过程、促进数学表达"。活动一在复习完等腰三角形的性质和定义后直接呈现，学生类比旧知识填写表格，难度较低，汇报时学生说验证过程，教师板书。开展活动二之前，教师先引导学生观察了等边三角形的性质的条件和结论，然后不再给任何提示，完全放手让学生自主探究。教师下台巡视指导,每个活动时间均为6分钟。汇报环节中把课堂的主动权交给学生,投影学习单,由小组代表上台交流,教师仅进行补充追问。整个活动达到预期效果。

三、反思与总结

(一) 课堂显问题

在每次授课后,教师都会对所教班级的学生进行课堂反馈调查问卷,并对数据进行整理。随着教学设计的改进,教师发现学生也更愿意加入到课堂的活动中来,愿意自主探究,学生对知识的掌握更加牢固。

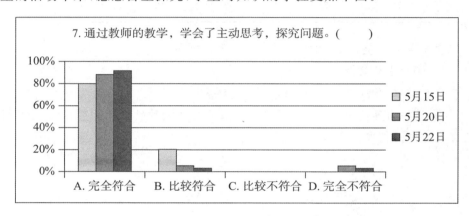

图 5-19　问卷反馈分析示例

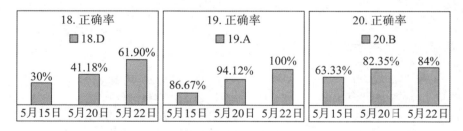

图 5-20　知识性答题反馈示例

(二) 研修聚力量

从试教到最后的展示课,数学组的教师都参与其中,大家形成合力,一起磨课研讨,发挥了集体的力量。初期磨课,通过设计"在等腰三角形的基础上,利用边的元素探究等边三角形"的问题,凸显问题探究的教学模式。为了量化学生在课堂上的问题参与度,在课堂观察时要统计学生的回答数与教师提问和回答的次数。经过统计数据分析,学生课堂回答问题的次数和质量都在依次递增。

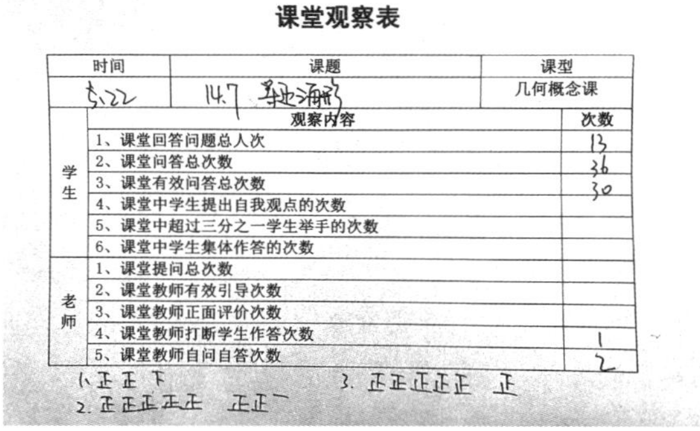

课堂观察表

时间	课题	课型
5.22	14.7 轴对称图形	几何概念课

	观察内容	次数
学生	1、课堂回答问题总人次	13
	2、课堂问答总次数	36
	3、课堂有效问答总次数	30
	4、课堂中学生提出自我观点的次数	
	5、课堂中超过三分之一学生举手的次数	
	6、课堂中学生集体作答的次数	
老师	1、课堂提问总次数	
	2、课堂教师有效引导次数	
	3、课堂教师正面评价次数	
	4、课堂教师打断学生作答次数	1
	5、课堂教师自问自答次数	2

1、正正下　　　　　　　　3、正正正正正　正
2、正正正正正　正正

图 5 - 21　课堂观察表

评课环节,听课教师纷纷发表意见。有的教师认为,学生明显愿意举手发言了,就算说错了也没有关系,同组成员马上纠正补充,形成有效的问答环节,充分体现了单元教学和问题探究的课堂文化转型。有的教师觉得借助探究活动这种参与度很强的方式,使学生体会其自身的主体参与地位及意义,构建了良好的课堂气氛。还有教师提出,在小组讨论中,授课教师走下讲台,注意观察小组中的那些基础薄弱的学生,给予他们特殊的关怀和指导。在成果展示时,根据难易程度,让不同水平的学生都能有表现的机会。

（三）研究促成长

通过此次课例研究,我们对问题探究模式下的课堂教学有了新的领悟:引导学生提出有价值的问题,进而展开对问题的研究,训练其思维能力。课堂问题除了由教师提出外,还可以由学生发现。教师在设计问题时,需要巧妙地设置问题情境,并有一定的留白,形成教育心理上的认知冲突,这样能有效激发学生的求知欲望。合作和交流总结也是探究的重要过程,当学生积极地自主探究时,教师应及时引导学生合作研讨,寻找解决问题的方法。同时,要及时对回答问题的同学进行点评、鼓励或表扬,并将其成功的经验及时总结,对于失败的思路更要深入地探究,找到解决问题的途径。如何引导学生形成良性循环的学习互动模式,有效提高学生的问题意识和探索能力是今后值得探讨的方向。

（执笔人:张伍欣）

【专家点评】

本课例聚焦学校课堂文化转型的主题，围绕"问题探究教学模式"开展研究，是一个学校在课程文本转化与实施过程中进行课堂研究的典型案例，反映了上海市惠民中学课堂文化转型的改革样态。

本课例研究的过程性资料翔实。针对教学中的实际问题，精心设计课堂教学，实录含有教学问题或关键事件的教学过程，包括师生互动以及学生学习的沟通、交流、对话、讨论等活动。

本课例体现了团队合作和循证研究的过程。执教者与同事一同努力，在教研员指导之下，围绕"问题探究"的主题，多次上课，反复研究，体现了课例研究的真谛。

（上海市杨浦区人民政府教育督导室　张根洪）

 "自主探究"：培养学生思维品质的探索与实践
——探究氢氧化钠是否变质及变质的程度

上海市铁岭中学

一、主题与背景

随着课程改革的深化，为进一步彰显课程意识，需要开展基于学科核心素养的"学科单元教学设计"研究，促使教师进一步理解和把握学科核心素养，这也与我校的办学核心理念——"全面、优质、生态"不谋而合[①]。

科学探究是一种重要而有效的学习方式，在义务教育化学课程内容中有单独设立的主题，明确提出发展科学探究能力所包含的内容及要求。在教学中创设以实验为主的科学探究活动，有助于激发学生对科学的兴趣，提高学生的科学探究能力。[②] 教师在培养学生思维品质方面，通过不断地探索与实践，最终构建了以学生为主体，重知识更重思维的课堂文化，体现出三类课程相融合与校本化

---

① 任宝华. 新版课程标准解析与教学指导（初中化学）[M]. 北京：北京师范大学出版社，2012.

② 刘知新. 化学教学论（第5版）[M]. 北京：高等教育出版社，2018.

实施的学校课程观,以及全面发展科学素养的化学学科标准。

二、设计与实践

酸碱盐的性质是《初中化学学科基本要求》中第三单元常见化合物以及第十一单元基本化学实验中的重点和难点,学习水平要求是 B。

第三单元的基本内容学完之后,几位教师询问了学生的感受,进行了"可视化作业"分析。同时,设计了学生问卷,用于调查学情。调查结果显示,学生普遍感到困难,学习兴趣不够浓厚,综合思维能力不强,不能使学生个体得到全面发展。

因此,有针对性地设计了以酸碱盐在实际中的应用为主题的化学单元进行学习和复习。在本节课中,基于学生的"最近发展区",先展示"吹气后试管中溶液变浑浊"等情境,激发学生的学习兴趣,接着设计三个探究活动,引导学生通过自主探究的方式提高综合思维能力,解决氢氧化钠变质的问题,充分体现学校"全面、优质、生态"这一教学理念。

探究一:样品氢氧化钠溶液变质了吗?

（1）变质原因:$2NaOH + CO_2 \xrightarrow{\quad\quad} Na_2CO_3 + H_2O$（用化学方程式表示）

（2）设计实验探究样品氢氧化钠溶液变质了吗?（选用不同类别的试剂）

表 5－19　设计实验探究样品氢氧化钠溶液是否变质

方案	实验步骤	实验现象	实验结论和化学方程式
1	取样,滴加过量稀盐酸	有气泡产生	样品氢氧化钠溶液已变质 $Na_2CO_3 + 2HCl \xrightarrow{\quad} 2NaCl + CO_2\uparrow + H_2O$
2	取样,滴加 $CaCl_2$ 溶液	有白色沉淀产生	样品氢氧化钠溶液已变质 $CaCl_2 + Na_2CO_3 \xrightarrow{\quad} CaCO_3\downarrow + 2NaCl$
3	取样,滴加 $Ca(OH)_2$ 溶液	有白色沉淀产生	样品氢氧化钠溶液已变质 $Ca(OH)_2 + Na_2CO_3 \xrightarrow{\quad} CaCO_3\downarrow + 2NaOH$

推理:变质后的溶液中的溶质可能是什么? 如果样品全部变质,则只有 $\underline{Na_2CO_3}$;如果样品部分变质,则应含有 $\underline{Na_2CO_3}$ 和 $\underline{NaOH}$。

在探究一中,先复习前面所学知识,并将知识点进行对比,然后引入更深一层的思考,引入到上课内容。接着鼓励学生发散思维,设计各种各样的实验方案。

探究二:探究样品氢氧化钠溶液变质的程度。

查找资料:$CaCl_2$ 溶液、$BaCl_2$ 溶液呈中性。

（1）分析：检验样品变质程度的关键在于确定样品中是否还存在<u>NaOH</u>。

（2）设计实验探究已经变质的氢氧化钠溶液中溶质的情况。

表 5‑20　设计实验探究已经变质的氢氧化钠溶液中溶质的情况

实验步骤	实验现象	实验结论和化学方程式
取少量样品于试管中，滴加<u>足量 $CaCl_2$ 溶液，静置，再向上层清液中滴加酚酞</u>	1）有白色沉淀产生，且上层清液变红色	1）氢氧化钠溶液部分变质 $CaCl_2 + Na_2CO_3 \!=\!=\! CaCO_3 \downarrow + 2NaCl$
	2）有白色沉淀产生，且上层清液呈无色	2）氢氧化钠溶液全部变质 $CaCl_2 + Na_2CO_3 \!=\!=\! CaCO_3 \downarrow + 2NaCl$

在探究二中，重点分析检验变质程度的关键，在于确定样品中是否还存在氢氧化钠，引导学生分析问题，抓住问题的关键。

探究三：如何将变质的氢氧化钠溶液中的杂质除尽，得到纯净的氢氧化钠溶液？

请小组讨论并画出简单的流程图。

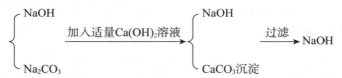

图 5‑22　探究流程图

对探究一和探究二进行归纳总结，学生会发现提纯物质的关键在于不能引入新杂质，不能将所要的氢氧化钠反应掉。通过探究三，培养学生将所学知识综合运用，设计实验方案，解决综合性问题的能力。

在这节课的实际教学过程中，教研组不断地发现问题并集体探索解决方法。在第一次上课的过程中，A 老师主要采用了传统灌输式的教学方法。教学过程中，A 老师一直在自问自答，学生被动接受。课堂整个氛围中都透露着教师的权威性，互动性比较差，导致学生学习效果也比较差。

经过认真分析和总结，教研组提出要帮助学生体验科学探究的过程。在第二次上课的过程中，B 老师在样品氢氧化钠溶液是否变质的探究实验中提供了三个实验方案，让学生分小组交流讨论并选择方案，同时说明理由，以此调动学生的学习热情。在第二个探究活动中，对于样品氢氧化钠是部分变质还是全部变质，有的学生仍存在思维误区，认为只要溶液变红就还存在氢氧化钠。B 老师请学生自己动手,将酚酞加入到碳酸钠溶液中,观察溶液变色的情况。通过激发学生的认知冲突,驱使学生积极探索。

　　虽然有了互动和探究,但 B 老师还是课堂中的主宰者,学生还是配合者,对于培养学生综合利用知识点的能力仍然有欠缺。在第三次上课的过程中,C 老师分层设计问题,引导学生进行自主探究和小组合作。在第二个探究活动中,教师退出,特别给予部分孩子施展的空间,让他们从否定再到肯定!在学生明确需要帮助的情况下,再伸出援手!在第三个探究活动中,C 老师让学生自行设计氢氧化钠的提纯方案,把验证性实验变成探究性实验,指导学生分小组按自己的方案进行实验,最后启发学生对所探究的实验结果提出假设。最后,C 老师提问"如果氢氧化钙部分变质,怎样除去杂质呢? 如果处理方法和氢氧化钠变质的处理方法不同,那又是为什么呢?",帮助学生养成勤于思考、敢于质疑的科学品质。

　　另外我们设计了实验探究表现评价表,对每次探究实验的情况进行量化评价。为了使设计的评价表具有切实的科学性和有效性,我们参考了王后雄、李佳撰写的《化学教育测量与评价》[①]一书。

表 5‐21　实验探究表现评价表

活动阶段	评价项目	自评	小组评	教师评
实验准备	1.目标明确(＋1～2)。 2.探究方案:a.自己独立提出的(＋2);b.与同学讨论确定的(＋1);c.教师提供的(＋0)。			
实验过程	1. 设计的实验方案:a.合理、简洁(＋2);b.合理、复杂(＋1);c.不合理(＋0)。 2. 实验操作:a.实验操作规范(＋2);b.能比较顺利地完成实验(＋1);c.盲目尝试(－1);d.基本不做,主要观看别人做(－2)。 3. 实验记录:a.能够把观察结果及时准确地记录下来(＋2);b.没有做记录(＋0)。 4. 遇到疑惑的问题时:a.自己思考并设法解决(＋2);b.向老师请教(＋1);c.不了了之(＋0)。 5. 对待他人建议的态度:a.思考后有选择地改进(＋2);b.全部采纳(＋1);c.不愿听取(＋0)。			

①　王后雄,李佳. 化学教育测量与评价[M]. 北京:北京大学出版社,2012.

（续表）

活动阶段	评价项目	自评	小组评	教师评
实验态度	1. 实验表现：a.积极参与（＋2）；b.一般（＋1）；c.应付（＋0）。 2. 节约：a.注意节约（＋2）；b.一般（＋1）；c.浪费严重（－2）。 3. 实验清洁：a.保持清洁（＋2）；b.一般（＋1）；c.实验不清洁（－2）。 4. 书写实验报告：a.认真（＋2）；b.一般（＋1）；c.不认真（＋0）。			
实验结果	1. 对于未能解决的问题进行质疑（＋1～2）。 2. 思考本次探究的改进及收获，并进行记录（＋1～2）。 3. 积极参与班级小组的讨论、交流（＋1～2）。			

三、反思与总结

（一）探究式学习是主体

最终贯穿课堂的主线：学生自主分析找出关键问题—根据关键问题设计实验方案—分析实验结果—相互评价。在整个过程中，通过 Aischool 教学平台展示学生设计的探究方法，向全班同学展示正确的或错误的思路，以学生的思维引导学生学习的效果更好。课堂上通过探究式学习方式，设置问题，步步引导，调动学生的学习兴趣，帮助学生形成正确的思路、科学的方法，提高实验探究的能力。最后利用探究实验表现评价表，量化学生的学习效果。

（二）综合思维能力是关键

培育学生的综合思维能力是教好化学的关键。只有提高综合思维能力，才能善于创新。教师在课堂上鼓励学生思考和探索，给学生提供较大的思维空间，启发学生共同设计实验，观察、分析现象，得出结论，使学生由传统的被动学习变为主动学习，通过交流和探讨使学生的综合思维能力得到发展。

（三）团队合作是保障

化学教研组的几位教师经常开展研讨交流，通过多人同课的方式总结实践经验。在这个过程中，教师的知识相互碰撞，不断创造出新的知识，推动学科整体教学的创新，为今后的课堂教学指引方向。

（执笔人：刘敏）

【专家点评】

本课例体现了学校课堂文化转型的主题,注重激发兴趣、培养思维和团队合作。主要做法:一是学生以学习小组为单位,自主分析,找出关键问题,讨论并选择设计实验方案;二是依据实验方案,引导学生进行自主探究和小组合作,开展实验活动并分析实验结果,调动了学生的学习积极性;三是在教师组织下,实验小组之间开展讨论活动,相互评价,在思维碰撞中解决问题。

课例很好地体现了以学生为本的教学思想,尊重学生的主体意识,通过学生自主探究、自我尝试、自主创新等学习方法,努力构架师生互动、生生互动的学习氛围,使学生在学习的过程中学会学习,共同达成学习的目标。

(上海市杨浦区人民政府教育督导室　张根洪)

第三节　其他学科课例研究

 基于"思维碰撞"的课堂教学研究

复旦大学第二附属学校

"思维碰撞"课堂以关键问题为核心,以思维差异为资源,以多维对话为形式,旨在培养学生独立思考和反思的能力。"思维碰撞"课堂的目标是让学生成为有思想的人。

一、主题与背景

(一)理论引领

华东师范大学叶澜教授在新基础教育理论中,提出了课堂动态生成的观点。动态生成的课堂,是课堂创生与开发的过程,是满足学生探究欲望、展现课堂教学真实性的过程,也是学生思维碰撞的过程。

联合国教科文组织在《教育:财富蕴藏其中》一书中指出:"通过对话和各自阐述的理由进行争论,这是 21 世纪教育需要的手段。"在课堂教学中,教师善于设计问题,为学生提供有利于思维发展的"锚",同时营造良好的思维环境,创设民主、宽松、和谐的课堂氛围;学生在教师的组织下,开展竞争、思辨、质疑、反馈性的学习活动,让群体的思维相互受到启迪,在相互"撞击"中产生"火花",让课堂产生深度学习,实现学生思维品质的发展,这是"思维碰撞"课堂的价值取向。

（二）改革要求

在杨浦区课程领导力项目组的带领下,我校课程群团队从学生学习的角度明确了教学改进和课堂文化转型的主线——基于思维碰撞的智慧课堂,它与创智课堂异曲同工,都主张教师巧妙设计课堂教学问题,引导学生在实践体验中获得批判质疑和科学探究的能力,进而提升高阶思维品质。

二、设计与实践

（一）发现问题

"创意鸟巢的设计与制作"这一活动主题来自很偶然的课堂事件。学生注意到教室里常会闯入鸟类,师生共同分析后认为是因为城市的发展挤压了鸟类的生存空间,导致它们的栖息地越来越少,为此学生提出要为鸟儿建造遮风挡雨的人工鸟巢。在大家的努力下,学生用冰棍棒搭建了一个个涂满缤纷颜色的漂亮小木屋,并将其悬挂于校园树丛中。有这样一个学期成果,无论是授课教师还是学生都很高兴。但问题来了,鸟巢悬挂于校园一个学期却没有一只鸟入住,这是为什么呢?

发现问题的授课教师,请教了专家。专家指出,制作鸟巢时,教师和学生都违背了鸟的习性,违背了自然科学。由此,教师意识到,课堂教学更应该培养学生科学严谨、批判质疑的思维,这种思维对于学生今后的发展尤为重要。于是,教师提出要在第二期活动中,重新设计教学环节与问题,实现更高层次的教学目标。

（二）解决问题

为了培养学生批判质疑和科学探究的能力以及高阶思维品质,教师以"为什么没有鸟儿入住上学期制作的人工鸟巢?""怎样设计能得到鸟儿青睐的人工鸟巢?""鸟真的会住进为它定制的人工鸟巢中吗?"这三个关键问题贯穿整个活动。

【思维碰撞一:第一期人工鸟巢为什么没有鸟入住呢?】

首先,教师抛出了问题:"上一期课程学员非常期待这些悬挂在校园的鸟巢有鸟儿来入住,然而失败了,为什么呢? 应该怎样改进呢?"

当问题提出后,教师充分利用信息化手段给学生布置线上讨论作业。学生在讨论平台中,进行深入而广泛的讨论。

"人工鸟巢的结构有问题,不需要屋顶,这样可以更通风明亮。"

"应尽量模仿真鸟巢的结构。"

"巢洞太小,鸟儿无法进入。"

"鸟巢用树枝等材料更好。"

"材料的色彩不必太鲜艳,避免引来天敌。"

"内部可以增加树叶和羽毛。"

【思维碰撞二:方案设计的依据和原则】

师:"在设计人工鸟巢方案之前,我们应该关注哪些内容?"

生:"首先鸟巢的结构很重要,要方便鸟儿住,而且鸟儿能住。"

生:"要从鸟儿的角度想,……要考虑鸟的需求。"

生:"要考虑鸟巢周边的环境。"

生:"不同种类鸟的习性不一样,要分别考虑。"

生:"设计的鸟巢要能防御天敌,要安全。"

【思维碰撞三:小组自主查找资料,以鸟为本,进行鸟巢方案设计】

在讨论过程中,全班分成六个小组,通过 iPad 查询相关鸟类的习性,派代表进行方案介绍,教师巡视指导。

其中一组的方案记录:"我们设计了两种方案,一种是完全封顶的,用木质做房屋的底,还可铺一些柔软的棉花、干草、稻草、树枝等,方便喜鹊产蛋。在侧面挖洞作为鸟儿的进出口,洞口大小为 10 cm×15 cm,顶上用干草封顶,优点是透光、透气。还有一个不封顶的方案,这样可以更吸引喜鹊筑巢……"

【思维碰撞四:小组互评设计方案,产生更深层次的思维碰撞】

师:"有没有其他小组对刚才小组的方案提出质疑?"

点评组:"我们认为直接去掉洞口,也不需要过多设计,露天的更好。"

设计组:"我们查询资料发现喜鹊的巢是一个球形,上面有树枝,是有封顶的。如果去掉屋顶是能够更透气,但如果打雷下雨,怎样保证鸟巢不潮湿? 如果喜鹊自己意识到有封顶的需求,它们可以继续再加工,寻找材料去封顶……"

点评组:"我们觉得还是不用加顶,下面是椭圆形,上面露天,这样鸟就可以随意出入。我们也查过资料,巢的底部可以考虑设计一些漏洞,防止下雨等特殊天气时潮湿,这样就可以不用屋顶……"

课堂观察员记录到,课堂的第二个环节——评析鸟巢的改进方案,采取了生生互评的方式。这个环节总共有 15 名学生参与,在全班的交流与互评中有40%的学生交流的思维品质达到 A 档,学生参与点评的总时长为 17 分钟。在生生评价环节中,可以发现学生的思维品质得到了飞速提升。

反思本次教学,第二轮时授课教师引入了课堂活动自评表和互评表,旨在从活动准备、创新思维、表达沟通及实践能力等多个维度衡量学生的课堂表现,学生可以在评价量规的指引下开展有效学习与评价。这个设想很好,但是学生在该环节中,教师并没有很好地发挥指导作用。细观学生的点评,可以发现学生还是凭借自己的经验在进行点评。今后在教学中,教师可以就"如何巧用评价表来促进思维品质提升"开展进一步实践研究。

三、反思与总结

(一) 探究科学的过程,培养学生科学严谨的思维品质

在"创意鸟巢的设计与制作"活动中,教师巧妙地用了一个很真实的事例引发学生思考,这个看似很简单的问题,背后有一个很深奥的道理,那就是要根据鸟的需求来设计鸟巢,而不是根据人类的习惯,这就是科学。教师在课堂一开始就潜移默化地教给学生要从科学的角度思考问题。

接着学生学习教师在 iPad 上准备的学习包:喜鹊的基本习性、鸟巢的形状和筑巢材料,浏览学习包中提供的专业网站,自主查找鸟的习性,搜索鸟对鸟巢的个性化需求,设计鸟巢的制作方案。然后在各小组的互评中,对方案进行研讨和完善。这就是较为完整的科学研究步骤,整个学习过程也是学生科学严谨的思维品质得到提升的过程。

(二) 问题的梯度设计,引导学生深度发展思维品质

课堂转型强调将课堂还给学生,构建"生本"的智慧课堂,这对教师提出了更高的要求,教师需要在课前备课时,对教学目标、问题设计、教学模式等进行深度思考。在第二期教学中,教师关注问题的梯度设计:寻找失败原因—方案设计原则和关注点思考—合理的人工鸟巢设计方案—设计方案的合理性互评。最后,教师还用"鸟真的会住进为它定制的人工鸟巢中吗?"作为引发学生后续对自然环境更深层地思考。

正因为有问题的梯度设计,学生的思维一直处于活跃状态。课堂成为思维完全开放的课堂,学生在思考问题的过程中,思维也不断发展。

(三) 学生互评锻炼学生批判质疑的思维品质

"思维碰撞"课堂凸显了教与学的转型,它以学生为中心,促使学生从被动学习转向主动学习。在这节课中,教师巧妙设计了不同小组对方案的质疑,以及设计小组对质疑的回应。巢顶是否是必需的? 它的存在会不会削弱喜鹊适应自然环境的能力? 会不会违背大自然的规律? 这些问题激发了学生的反思,这样的思维碰撞,让学生对方案思考的角度越来越全面,对方案的设计想法也越来越合理。

结束语:教师改变自己的角色与定位,在教学中充分搭建多元的教与学思维碰撞平台,将研究重心从传统的教师如何"教"转向学生如何"学",将课堂上的中

心环节设置为学生的自主学习和讨论,做一名思维碰撞的引导者和触发者。学生在课堂上畅所欲言,问题不断地被指出或否定,最终成为新方法和思想的载体,课堂中充满了不断创生的新意,在"思维碰撞"的课堂上,思维的开放与智慧的创新真实地呈现出来了。

(执笔人:谢燕慧　曹彦)

【专家点评】

本课例体现了学校课堂文化转型的主题"基于思维碰撞的智慧课堂",围绕关键问题,通过人工鸟巢的方案设计、成果展示、活动评价等环节,为学生提供利于思维发展的"锚"。尤其是在教师的组织下,学生自主开展竞争、思辨、质疑、反馈等学习活动,让学生的思维相互启迪,在"撞击"中产生"火花"。

课例很好地体现了以学生为本的教学思想,关注学生已有的生活经验和学习经验,在教学内容的选择和方法的设计方面,符合学生的身心特点和认知规律,让学生在民主、宽松、和谐的课堂氛围中学会学习,促进了学生思维品质的发展,达到事半功倍的效果。

(上海市杨浦区人民政府教育督导室　张根洪)

2　慧力促智　学力提升
——以综合实践课践行"慧动"课堂为例

上海音乐学院实验学校

一、主题与背景

(一)"慧动"课堂文化的生成

认知、合作、创新践行知行合一,智育、美育、劳育等五育并举,生成"慧动"课堂文化。上海音乐学院实验学校以"重过程、重体验、重思维、重探究"的"慧动"课堂实现学校课堂文化的转型。学校已经开展了基于学校现状的课程文本设计,基于学生培养的课程文本反思改进,基于核心素养的文本更新优化。在此基础上,学校继续以"慧动"为着力点,实现以教师智慧引领学生实践,促进学力增长。

2017年国务院办公厅印发《关于深化教育体制机制改革的意见》中明确提出,在培养学生基础知识和基本技能的过程中,强化学生关键能力的培养。2019年国务院印发《关于深化教育教学改革全面提高义务教育质量的意见》中强调,坚持"五育"并举,全面发展素质教育,切实加强和改进体育,改变美育薄弱局面,深入开展劳动教育,加强心理健康教育和国防教育。学校以"慧动"课堂为着力点实现以教师的智慧引领学生实践,促进学力增长。

(二)"慧动"校本课程实施方案的形成

在体验、互动、实践中从学会到会学,开放、多层、融合化单一为整合,形成"慧动"校本课程实施方案。围绕"基础厚实、艺术见长"的育人目标,设置校本课程实施方案:以"慧动"的课堂环境、"慧动"的课堂模式、"慧动"的课堂评价、"慧动"的课堂理念,体现学校课程领导力和文化转型。力求学校课程文本设计能聚焦学校课堂变革的主题与理念,呈现课堂环境、课堂模式、课堂评价和课堂文化四个维度上校本化的理解与思考,确保各层级文本一致,让课程文本能真正成为课堂文化转型的抓手。

(三)"慧动"综合实践课程设计

探索、整合、研发实现跨学科整合课程,教研组实现"慧动"综合实践课程设计。在校级课程文本实施方案的指引下,教研组做出大胆尝试,组建了一支以物理、化学、生命科学、信息科技、美术等学科的 8 位教师为主导、16 位教师执教的教师队伍,进行跨学科课程整合和开发。以主题(问题+任务)重构内容,以教学方式变革为突破,形成主题化、项目式的合作学习,实现学校课堂文化的转型。教研组明确指出,综合实践活动是从学生的真实生活和发展需要出发,从生活情境中发现问题,转化为活动主题,通过探究、服务、制作、体验等方式,形成培养学生综合素质的跨学科实践性课程。

二、设计与实践

(一)"慧动"课堂背景下的综合实践课程教学设计

我校的综合实践课程整合了信息技术、劳动技术、科学等基础型课程以及创新实验室开发的校本课程,开发了凸显实践性、探究性、活动多样性和具有学校特色的跨学科主题教学课程,在六、七年级予以实施。在两年的课程学习中,学生将经历多个主题内容、多种学习模式,多渠道、多角度地体验学习的过程,在自主实践中获得学力的增长。在教学设计中,我们始终思考如何在教师智慧的引领下,让学生以自主学习的方式开展主题学习,真正体现校级课程文本中"重过程、重体验、重思维、重探究"的"慧动"课堂。

(二)"以慧动促学力"的综合实践课程教学实践

综合实践课程是一门既有限定又有拓展,以跨学科项目学习为载体,以全面转变教学方式为标志,将社会实践活动与设计制作体验结合,提高学生完整学力,让学生从学会到会学,符合"慧动"课堂要求的课程。

1."慧动"场景,真实情境下的亲身体验

在"慧动"课堂背景下的综合实践课程中,要实现教学设计,教室甚至校园已经满足不了学生天马行空的想象和需求。为了让学生更好地开展各类社会调查,进行职业体验和场馆探究,旨在给学生创设更多走出教室甚至走出校园的学习机会。在主题学习中安排各类与主题相关的场馆探究、社会调查和职业体验,让学生在真实场景中完成实践调查。以布艺设计主题为例,在"布艺背景调查"项目中,学生自主选择调查主题,在纺织博物馆开展场馆探究,在图书馆调查丝绸的历史,在网络上调查中西方典型的布艺作品,在家中跟长辈学习布艺针法等基本技能。

2."慧动"教学,一场教与学的变革

在以主题形式进行跨学科教学设计的过程中,我们发现一位教师由于专业限制、技能差异等原因很难独自完成一个主题的教学工作,而一个学生要独立完成整个主题的学习,任务艰巨且时间跨度过长。因此,在学校的引领和组织下,教研组展开了一次有关教与学的大胆尝试。

"一堂课,不再是一位老师!"综合实践课程以集体授课的方式开展,教师授课方式发生改变。以综合实践教研组为紧密团队,跨学科教师深度融合,汇聚智慧,汇聚力量,形成集体备课、集体授课的模式。从教学设计中可以看出,一个跨学科主题的教学牵涉劳动技术、信息技术、科学甚至美术学科的知识。因此,在教学各环节中,教师团队分工合作,各取所长,对综合实践课程的设计和实施形成多人合作的长效机制。

"学习,不再是一个人的事儿!"学生以合作共赢的姿态展开小组学习,改变学习方式。综合实践课程中,每个主题的学习都通过项目任务驱动学生进行小组分工、方案设计、方案实施、成果汇报、交流评价,学生自学互学相结合,充分体现以学生为主体且学生真正动起来的"慧动"课堂。

3."慧动"评价,以多元评价促学力的增长

"慧动"课堂重过程、重体验、重思维、重探究,这就注定了不能只注重学习的结果。因此,在教学设计的过程中,综合实践课程以过程性评价与结果性评价相结合、学生自评互评与教师评价相结合的方式设置了面向一个主题包含多个项目的评价内容。旨在建立与主题化、项目化学习的综合实践课程相适应的多元教学评价体系,对学生在各项目中的参与度、团队协作能力、学习认知情况进行整体性评价。以布艺设计主题为例,实施了组内分工评价、成果交流评价、主题回顾与活动评价三方面的教学评价。

表 5－22 布艺设计主题组内分工评价表

第　　　小组

职务	组内贡献度自评栏 (100 分)			组内贡献度互评栏 评分(100 分)＋"打分理由"					
	组员 (签名)	自评 贡献度	团队 贡献内容	负责人	记录员	资料员	发言人	监督员	
负责人				／					
记录员					／				
资料员						／			
发言人							／		
监督员								／	
									／

表 5－23 布艺设计成果交流评价表

公平公正,合理的打分	小组代表交流演讲							
	小组	1	2	3	4	5	6	7
评价标准	分值							
一、演讲表现								
1. 口齿清晰,声音响亮	10							
2. 自信大方,从容自如	10							
二、表达内容								
1. 内容全面,条理清楚	20							
2. 过程清晰,资料详细	20							
三、演示文稿								
1. 图文搭配协调,修饰恰当	10							
2. 整体色彩和谐,风格统一	10							
四、整体效果								
1. 结论合理,能够推进主题研究	10							
2. 技术创新,形式新颖	10							
总分	100							

表 5 - 24　布艺设计主题回顾与活动评价表

活动阶段	活动内容	过程性评价						结果性评价					
		行为规范		小组合作		交流表达		个人任务			小组任务		
		自评	互评	自评	互评	自评	互评	任务名称	完成情况	师评	任务名称	完成情况	师评
自主选择	分组,制订小组分工计划										1. 小组分工计划(小组)		
合作探究	根据所选方向,制定问卷调查,笔袋设计,形成作品							1. 参与布艺背景调查			2. 小组布艺背景调查		
								2. 掌握布艺基本技能			3. 调查报告		
								3. 设计与实施调查问卷			4. 调查报告交流评价表		
								4. 参与笔袋设计			5. 成果展示(PPT)		
								5. 参与笔袋制作					
交流发展	1. 制作成果展示 2. 主题总结 3. 活动评价							6. 布艺制作主题回顾与活动评价表			6. 布艺制作成果展示评价表 7. 布艺制作组内分工评价表		

注:1. 自评、互评、师评栏以"A""B""C""D"评价。

　　2. 个人任务、小组任务以"√""×"表示"完成""未完成"。

三、综合实践课程践行"慧动"课堂的反思与总结

在实践过程中,我们充分意识到,要完全实现面向跨学科融合、重在学生多元能力发展的综合实践"慧动"课堂任重而道远。一堂信息量巨大且多学科技能并用的综合实践课程,需要学生高度配合,而面向的对象却是知识体系、技能水平和互动性格有差异的初中低年级学生,无论是分工分组、沟通合作还是知识重新建构都需要更为细化的操作指引和教师的先导性介入。在实践多元化衡量的课程评价体系时,我们不再以学习结果作为检验学习过程的唯一标准,而是多角度关注学生不同阶段的成长,给予学生弹性化、人性化的发展空间。作为教师,我们不仅明确了学生"知晓什么",更清楚了学生"能做"什么,为教师在后续阶段的教学中对于学生能力的培养提供更多思考与改进的方向。允许学生对知识进行自我建构,成为主动的自我评价者,不同的视角推动了学生对自身学习过程的反思与批判,进而促进其学力的增长。但我们也发现,由于教学评价体系中量化的标准不够明确,组内沟通不够充分,学生作为评价主体时不够客观公正,对知识进行自我建构的水平不一,导致组间评价标准也不尽相同,评价结果呈现的差异较为明显。在之后的教学过程中,面对低龄的学生,教学评价标准应更细化,层次更分明,以便于界定。要鼓励学生在评价前充分沟通,评价后也要给予学生足够的交流时间,以评价结果再次推动学生进行反思和回顾,这样学生在下一个主题学习中才能更好地体验学习过程,真正掌握学习的方法,全身心参与到"慧动"课堂中来。

(执笔人:贾晓岚　赵瑜)

【专家点评】

以布艺设计为例的"慧动"课堂实践案例在研究主题的背景分析方面比较深入,符合深化教育教学改革、全面提高义务教育质量的时代要求,理论支撑也比较扎实。课例设计与学校的办学特色和"重过程、重体验、重思维、重探究"的"慧动"课堂文化相吻合,是积极践行"基础厚实,艺术见长"育人目标的有效探索。

课例研究的主题明确,"教师智慧引领—学生自主探索—促进学力增长"的研究思路与解决问题的实施路径比较清晰。由物理、化学、科学、劳动技术、信息技术、美术等多门学科的教师组成综合教研组,围绕布艺设计主题开展跨学科集体备课、上课,并取得一定成效。已经拟定主题组内分工表、成果交流评价表、主题回顾与活动评价表三张表格。

　　学生通过走访纺织博物馆和图书馆,以及网上查阅、家庭访谈等途径,增加了布艺设计方面的知识,体验了发现问题—解决问题—自主学习的过程。

　　本课例对主题研究在教案试教、正式执教中反映出来的问题以及教案调整、问题解决和实际效果等过程性资料宜进行补充,并且对后续的循征研究思考也有待进一步完善。

(上海市杨浦区教育局　朱耀庭)

第六章

小学课例研究

课例研究呈现了教师开展基于教学场景，以反思为前提、以观察为手段、以教学问题为对象、以互动对话为特点、以行为改变为目的的研究历程。课程领导力视域下的课例研究，关注课程文本转化与实施的有形过程，聚焦课堂文化转型的真实发生，思考课程文本优化与更新的深度推进。本章收集了小学学段 12 所项目实验校的课例，这些课例源于学校研究团队带领教师从学校真实的课堂问题出发，围绕学校的办学理念、育人目标和课堂文化转型目标，试图寻求一条一致性的实施路径，并努力呈现出学校所追求的理想课堂。所谓"窥一斑而见全豹"，12 个课例的研究历程，也诠释了学校如何带领课程团队共同行走在课堂文化转型的探索之路上，这也正是提升课程领导力的真正意义。

第一节　文科课例研究

 基于学生表现　提升评价品质　激活深度学习

——以牛津上海版一年级第一学期 Module 2 Unit1 Period 2 A talent show 为例

上海市杨浦区杨浦小学分校

一、背景与主题

（一）研从何来

1. 基于教学的关键问题

《义务教育英语课程标准》中指出："现代外语教学教育注重语言学习的过程。鼓励学生在教师的指导下，通过体验、实践、参与等方式，发现语言规律，逐步掌握语言知识和技能，不断调整情感态度，形成有效的学习策略，发展自主学习能力。"①进入培育学科核心素养时代后，课堂教学面临新的转型，即"素养本位"的能动学习将代替"知识本位"的被动学习。课堂教学需要从"关注教"转向"关注学"，转变课堂学习方式，从而实现深度学习，培育核心素养。

2. 基于项目的持续研究

随着杨浦区提升课程领导力项目实践研究的深入，上海市杨浦区杨浦小学分校明晰了课堂文化转型的校本追求——"成长性"课堂。"成长性"课堂是以学生原有学习基础为起点，以有效的学习工具为保障，秉承"求真、求生、求活、求慢"的"四求"课堂原则，在富有生机活力的课堂中促进学生学习的动态生成，实现学生成长性思维的发展。学校项目组研发了"成长性"课堂评价表，以此推动教师将"成长性"课堂理念与课堂教学行为精准对接，力求完成理念的融入、课堂的转型和教学方式的改变。

---

① 中华人民共和国教育部.义务教育英语课程标准(2011 年版).北京:北京师范大学出版社,2012.

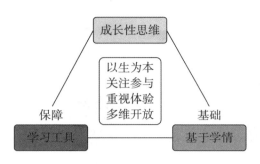

图 6-1 "成长性"课堂核心要素

3. 基于学生的真实问题

近年来,我校新生中具有英语学习基础和学习经历的学生比例有所上升,但学生仍常处于以外部灌输和被动接受为主的浅层学习状态。在浅层学习的过程中,学生主要表现出以下问题:(1)在课堂上表现出不自信的学习状态;(2)语言多样化的表达能力较欠缺;(3)对学习中的深层性问题理解不充分。

(二) 研究主题

本课例以牛津上海版一年级第一学期 Module 2 Unit1 Period 2 A talent show 中的一个片段作为研究对象,利用"成长性"课堂评价表,聚焦"四求"原则中的"求活"原则,开展课例研究——如何改进评价语言,提升评价品质,激活深度学习。

表 6-1 课例片段及对应目标

课时片段	在 Talent Show(才艺秀)的语境中,运用核心词句介绍自己会画的事物				
语用任务	了解彼此的能力,学会欣赏自己和他人的长处				
Procedures (步骤)	Contents (内容)	Methods (方法)	Purpose (学习目标)	Assessment (评价目标)	
While-task procedure (过程)	2. Eddie is super.	2-1 Watch and answer	理解文本 捕捉信息	听懂对话,获取信息	
		2-2 Read and learn	学习新知	准确模仿,跟读词汇	
		2-3 Make a chant: I can draw. I can draw. I can draw a/an … (I'm super!)	整合信息 创编儿歌 准确表达	创编儿歌,自信介绍	

二、设计与实践

（一）第一次设计与实践

1. 教学实录

T：Oh，Let's draw together.

S1：I can draw. I can draw. I can draw a flower.

S2：I can draw. I can draw. I can draw a house.

T：Good! Get two cards.

T：What can you do，children?

Ss：...

2. 存在问题

观察结果显示：评价要素 1 中，75％的学生回答比较雷同，缺乏个性化表达。

从片段中发现，教师的评价语言维度单一，内容不够生动，无法引导学生的思维发展。

表 6‐2　第一次课堂评价量表

评价项目	评价指标	评价要素	达成度评价(0—3)			
			无	有	较好	优质
学生表现	生长——求活	1. 乐于或主动发起与老师、同学的对话，课堂有意义，互动充分	10％	75％	10％	5％
		2. 课堂上时而出现笑脸、笑声，眼神多专注明快				
		3. 多人发言，学生表现出自信、自尊、自强的神情				
		4. 课上表达与表现不时爆出思维火花，有多元智能亮点				
		5. 课堂中的解题/答问/质疑/对话/作业不时呈现出创意、创新、创智、创造的色彩				

3. 解决办法

借助串联性的评价语言，凸显评价的改进功能，激活课堂深度学习的思维发展。

（二）第二次设计与实践

1. 教学实录

T：Oh，let's draw together.

S1：I can draw. I can draw. I can draw a flower.

S2：I can draw. I can draw. I can draw a house.

T：Say clearly. Next time，try to say completely. Get one card.（发音清晰。下次试着说完整！）

T：They can draw different things. Super! What else?（他们可以画不一样的东西！真棒！）

S3：I can draw. I can draw. I can draw a pencil.

S4：I can draw. I can draw. I can draw a bag.

T：Clearly and completely! Two cards. Pay attention to the intonation.（说得又清楚又完整。但要注意朗读儿歌的语调！）

T：They can draw the things around them. So super!（他们可以画出身边的东西！太棒了！）

2. 反思总结

学生创编的儿歌内容更加丰富多元了，这得益于教师敏锐地捕捉到学生交流过程中蹦出来的关键词 a pencil，a bag 等，串联起深度学习中的新思维"They can draw different things. They can draw things around them.（他们可以画出不一样的东西。他们能画出身边的东西。）"评价语言的改进串联起学生新旧知识间的联系，为学生开拓了新的思考空间和维度。同时，教师通过评价语言的改进，如 clearly，completely，intonation 分别指向学生语言表达不同维度的精准指导，为学生的语言能力发展提供指导。学生通过教师的评价语言了解了自己的学习状态，明确了自我学习的"最近发展区"。

评价的目的是为了更好地改进。本次实践中，教师串联性的评价语言触发了课堂的深度学习，让学生在课堂上寻找知识的延伸、能力的迁移和思维的发展。

3. 存在问题

观察结果显示：评价要素 1 达成度的提升表明学生思维得到发展；评价要素 3 中，90％的学生反馈时的神态和动作较拘谨。

在片段中发现，教师的评价语言在情感上还停留在浅表层次，缺乏人文关照，无法引起学生的情感共鸣。

表 6－3　第二次课堂评价量表

评价项目	评价指标	评价要素	达成度评价(0—3)			
			无	有	较好	优质
学生表现	生长——求活	1. 乐于或主动发起与老师、同学的对话,课堂有意义,互动充分	5%	10%	60%	25%
		2. 课堂上时而出现笑脸、笑声,眼神多专注明快				
		3. 多人发言,学生表现出自信、自尊、自强的神情	30%	60%	5%	5%
		4. 课上表达与表现不时爆出思维火花,有多元智能亮点				
		5. 课堂中的解题/答问/质疑/对话/作业不时呈现出创意、创新、创智、创造色彩				

4. 解决办法

借助人文性的评价语言,凸显评价的支架功能,激活课堂深度学习的情感共鸣。

（三）第三次设计与实践

1. 教学实录

T：Let's draw together. I can draw a bag. What about you?

S1：I can draw. I can draw. I can draw a flower.

S2：I can draw. I can draw. I can draw a bag.

T：You try first. Next time, say with the music, just like this … OK?（你们勇于尝试！下次可以跟着音乐的节奏,像这样说……好吗?）

T：They can draw different things. Are they super?（能画不一样的东西！他们棒不棒啊?）

Ss：Yes, super!

T：Get two cards. What else?（得两张"小溪流插卡"。）

S3：I can draw. I can draw. I can draw a pencil.

S4：I can draw. I can draw. I can draw a book.

T：Wow, you can draw the things around you. Let's try to say

confidently.（你们可以画出身边的东西！我们一起试着自信地把儿歌表演出来吧!）

Ss：...

T：Well done. Big hands for you! So you can say to yourself ... I'm super!（真不错！掌声送给你们。所以,你们可以对自己说……我真棒!）

Ss：I'm super!

2. 反思总结

在片段中,教师结合激励性的评价用语和"小溪流插卡"这种课堂即时评价工具,对学生的表达和才能予以肯定,营造了鼓励、尊重学生表达真情实感的良好氛围。学生的积极性被点燃了,在课堂中纷纷举起小手。当学生不够自信时,教师及时给予眼神的鼓励,并拉着学生的小手一边模仿画画的动作,一边合着音乐节奏创编儿歌。渐渐地,学生表达时的眼神明亮了,肢体表现力也增强了。教师还借助问题"Are they super? So, you can say to yourself ... I'm super!"搭建情感体验的支架,帮助学生体会和理解文本所承载的情感内涵。在儿歌创编表演的过程中,学生在师评、生评和自评中了解自己的学习状态,信心不断增强。在欣赏与被欣赏的过程中,学生对 super 的内涵有了更深的理解,"You're super! I'm super too!"的情感语言和价值认同被激活。

深层理解和思维表达的基础是情感的认同,"以人为本"是课堂评价的核心。本次实践中,教师通过人文性的评价语言为学生搭建了"显性"的情感支架,唤醒了课堂深度学习的情感共鸣。

三、总结与反思

通过本课例的实践与研究,聚焦锚点问题"改进评价语言,提升评价品质,激活深度学习",引发了我校项目组对"成长性"课堂文化转型的如下思考。

（一）持续思索:"成长性"课堂文化如何转型？

提升评价语言品质,激活课堂深度学习。本课例以评价语言的改进为突破口,教师借助串联性和人文性的评价语言将评价做实、做细、做活,使学生在理解力、表达力和自信度上有了一定的提升。直指深度学习的评价不仅融通了教师的教与学生的学,助力了学科核心素养的培育,还使课堂突破物理空间的束缚,成为师生共同学习发展、情感共通共融、享受生命体验的递进历程。

借助"成长性"课堂评价表,开展课堂的实证研究。在本课例中,评价量表为课堂观测提供了理论依据,并在课堂观测中发现"真问题",为后续的课堂改进提供了有力的数据支撑。使用评价量表是"成长性"课堂文化转型的一种有效策略,它勾连起了课堂问题与行动改变的内在逻辑关系,亦是对"成长性"课堂"以生为本""求生求活"核心理念的回应。

(二) 直面挑战:"成长性"课堂文化转型的新增长点在哪里?

引领团队建设和自主成长。在本课例研究的过程中,参与教师从 3 名发展为全体英语教师,从参与课堂观测一个环节到全程参与。可见,课堂文化转型以课例研究为契机形成了从少数教师到团队参与,从自主成长到团队共进的良性循环,进而带来团队建设与个人专业发展"水涨船高"的双赢。

对项目组课堂文化转型研究的启发。从试点学科向多学科推广的过程中,研究团队通过分享课例研究路径及其在撰写过程中的论述层次,辐射经验,但受限于学科立场,还存在诸多困惑。后续研究需要借助多学科视角进行跨学科多点观察研究,在合作中汲取教育智慧,分享辐射经验,促进理论与实践之间的融通。

如果将"成长性"课程比作学生和教师共同亲历、学习和体验的跑道。我们将继续坚持努力,共促课堂的"文化转型",使其成为师生共同的成长舞台。

(执笔人:董佳　周宁)

【专家点评】

本课例围绕主题"成长性"课堂文化转型,基于目标、证据,及时诊断课堂问题,以评价品质的提升为抓手,调适和改进课堂教学策略,激活学生深层学习,形成了一定的共识和相关经验。这展现出研究团队在课堂观念指引下,对"成长性"课堂内涵的新理解,以及在问题解决过程中引发的对课堂观念的理解。

(上海市杨浦区杨浦小学　张治)

2　强化口头实践活动,提高口语表达能力

——小学语文四年级《颐和园》课例

上海市杨浦区内江路小学

一、主题与背景

为进行课程领导力视域下的课堂文化转型,上海市杨浦区内江路小学成立了

"快乐课堂的实践与研究"课题组,旨在营造"乐教与乐学"的教育环境,以"乐教"促进"乐学"。学生的"乐学"又能促进其学习活动。"乐教"以课堂"五步三动"为理论依据,再造课堂教学流程。"五步"即导(趣味导入)、做(自主学习)、述(善思能言)、议(合作交流)、练(巩固提升),"三动"即目标牵动、师生互动、任务驱动。本课例是沪教版小学语文四年级《颐和园》的教学,基于我校课题进行语文学科"五步三动"中"做"和"述"的课例研究。

传统语文课堂为了应对考试,教师主要以讲授、操练为主,学生的语言表达能力在课堂中没有充分提升的机会。语言学习的目的是为了发展思维,能够以表达进行交际交往,学会在生活中运用。基于此,课题组想要改变传统的教学观念,结合"快乐课堂"教学,增加学生口头实践活动的机会,提高学生的口语表达能力。在教学中设计加强语文课堂中的语言实践活动,关注课堂上学生的"做"和"述",使学生在课堂上发挥自己的主体地位。

二、设计与实践

(一) 课程标准、教材及学情分析

《义务教育语文课程标准(2011年版)》中指出:"语文课程是实践性课程,应着重培养学生的语文实践能力,而培养这种能力的主要途径也应是语文实践。"①语文实践包含口语交际等能够陶冶学生情操、培养学生思维、激发学生兴趣、全面提高学生语文素质的实践。课程标准中也指出四年级学生要能"用书面或口头方式表达自己的观察所得"。这些要求与本课例的研究主题相吻合。

本篇课例中的课文《颐和园》是沪教版四年级下册第四单元的第一课,这一单元是以"世界游览"为专题组编的。本课学习既能了解游记题材,学会提问的学习方法,又能为后几课的学习做铺垫。通过分析,课例组成员认为该课文的结构清晰,利于学生理解,进而用这篇课文进行语文实践,让学生在学习中充分表达。

经过三年的语文学习,学生能通过阅读理解课文主要内容,读通句子,但通过口语表达自己的观点以及对关键语的重组复述还需要加强。

基于以上分析,课题组成员在备课环节中确立目标:在教学中突出重点、突破难点,将"五步三动"融入课堂教学设计中,环节清晰,设计合理。

---

① 中华人民共和国教育部.义务教育语文课程标准(2011年版)[M].北京:北京师范大学出版社,2012.

（二）教学目标、过程及评价

本课例的教学目标为：①能在教师的指导下掌握"颐"的正确书写，在阅读课文的过程中理解"横槛""神清气爽"的意思；②在正确、流利地朗读课文的基础上，了解作者的游览路线，初步了解移步换景的写作方法；③能抓住关键词语，感受颐和园的长廊之美，并有感情地朗读课文；④通过学习课文，领略颐和园的风景优美，激发对祖国大好河山的热爱之情。

教学过程中，强调"五步三动"中的"做"和"述"，让学生参与课堂，自主实践。针对语言表达中的教学重点，课题组设计了"当当小导游"这个自主学习（做）板块。

（三）第一轮教学实践：多次调整课堂教学内容，保证学生的口语表达时间

在第一轮课堂实践中，课例组从学情、本课教学目标以及课时分割调整教案，并注重在各环节中让学生充分表达、主动参与。基于此进行了几次试教。

2019年3月25日，沈捷老师在上海市杨浦区内江路小学四（3）班进行第一次试教。在课堂中，先进行课题导入和生字词教学。通过画出过渡句，理清游览景点，学生根据PPT路线图讲述游览路线。实践后，课例研究小组发现课堂教学时间不足，学生思考和表达的时间不充分。因此，后续以随文识字的方式替代集中识字。在画游览路线时，师生出现信息不对称的情况，有些学生倾听时易分心，不能及时进入表达状态。

3月29日，沈老师进行第二次试教，主要观察学生的课堂参与。在识字教学中重点学习"颐"和"槛"。学生根据黑板的简易图，尝试当小导游。这次学生的表达时间大幅增加，尝试当小导游的比例为班级学生的8％，进行口语表达的比例为80％，学生在课堂中自由练习和表达的时间占42.86％。尽管学生自主探究的时间提高，但仍存在问题：学生的口语表达会受无关信息干扰，表达不够简洁流利。本单元需要学生学会提问，但教学中没有体现。随后课题组决定借助学习单进行教学，上面印有课文景点的地图。同时，教师收集学生问题，主要集中于"没有哪两幅是相同的"。基于此，再对教案进行调整。

4月2日，沈老师进行第三次试教。学生在阅读后尝试画路线，当小导游进行表达，在表达中阐明课文中的关键词，并通过自主分析关键词说明长廊特点。接着学生对第二段进行提问，进一步理解长廊的美。最后，能用通顺的语言整合课文内容并进行表达。课堂中进行口语表达和愿意尝试的同学的比例提升，但教师在首位小导游尝试后过多追问，导致其余同学没有时间展示。

（四）第二轮教学实践：增加学生口语表达形式，趣味引导学生大胆表达

4月9日，王盈老师在上海市杨浦区内江路小学四（2）班授课。在第二轮教学实践中延用学习单并延长"当当小导游"这一环节的时间。既激发学生的参与度和表达欲望，锻炼学生的口头表达能力，又达到让学生了解作者的游览路线并初步了解移步换景的写作方法的教学目标。

这轮教学中，学生参与度、自主探究的时间都有提升，但学生介绍游览路线时，教师过于强调连接词的运用，导致学生的表达流利有余但个性不足。课后，课题组认为应当让学生的口头表达更加自由，激发学生的自信心。若时间充裕，可以让学生先自己练习再与同桌或小组相互表达，努力实现全班参与，将口头实践落实到深处。

三、反思与总结

通过观察学生的举手情况，可以得出在口头实践活动中学生更愿意表达，积极性明显提高。学生开口的机会增多可以提高他们的口语表达能力。

（一）学生表现

1. 学生积极性提升

本课例的小导游介绍环节有充足的时间让学生进行表达训练，课堂表达时间从14.28%上升至22.86%，提高了学生的积极性和参与度，也提高了学生的语言表达能力。在说的过程中，学生对于文章的游览路线更加清晰，同时其他坐着听的同学的专注度也比平时上升。学生更有兴趣，并且切实参与课堂、主动思考、学有所获。

2. 教师的语言评价影响学生表现

教师的语言评价指导也影响着学生在情境中的口语表达能力的提高。好的评价指导语会进一步激发学生的学习动力和表达欲望，让更多学生愿意上台展示自己。同时，针对学生在表达中出现的问题，教师即时的点拨和指引同样也能提升学生在表达能力上的技巧，从而获得更好的学习效果。

3. 不同层次学生都得到练习

对于感兴趣的情境，学生愿意表达，但部分学生比较害羞不愿主动表达，需要教师的关注和鼓励。在教师的鼓励下，他们也能够上台出色地表达。因此，教师在教学过程中要关注不同层次的学生，提出相应的要求，真正面向全体学生。

（二）教学收获

1. 与生活联系，激发兴趣

兴趣是最好的老师，学生的情感易受环境和他人的感染而产生共鸣。教师

根据快乐课堂中"趣味导入"的要求,引用单元导言中的句子,激发学生对旅游的向往,并借助多媒体拉近学生与课文的距离,使课堂有情有趣。学生在情境中理解课文,营造了轻松的课堂氛围。学生通过当小导游,动手画游览路线,熟悉课文内容,了解写游记的关键点,也能够充分进行口语表达,从而激发对祖国风光的憧憬。

2. 尝试情境教学,体会游记

在课堂中,教师从一开始就营造了身处颐和园的氛围。在情境教学中,学生当小导游,能够介绍颐和园的游览顺序,体会课文中的语言,了解写游记中移步换景的方法。教师以图片展示的方式,让学生直观感受长廊的特点,了解如何抓住景物特点进行描写。在情境教学中,学生能更轻松地用口语表达的形式说出景物特点,体会长廊的长和美。课堂中,班级氛围和谐,课堂活动广泛,交流充分有效。

(执笔人:沈捷　王盈)

【专家点评】

内江路小学以"导、做、述、议、练"五环节课堂教学结构和变式研究为抓手,打造"快乐课堂",助推课堂文化转型。基础型课程,尤其是语文学科,如何在课堂中设计"做"以提高实践性是一个难点问题。该课例重点关注语文课堂中的"做"与"述",以口头实践活动来提高学生的口语表达能力,这是对当前语文课堂教学方式变革的有益尝试和对学校教育理念的有力践行。该课例基于课程标准、教材和学情分析,重点对口头实践活动进行了设计,并展开两轮教学实践与改进,后一轮实践能基于前一轮实践的问题分析与改进,反思也能聚焦学校追求的课堂文化和本课例的重点展开。建议能在设计、实践与反思中进一步聚焦课例主题,突出口头实践活动,清晰呈现本课教学中口头实践活动的若干任务,另外,若干次试教前后的变化最好也能聚焦口头实践活动设计与实施成效展开。

(上海市教育委员会教学研究室　陈群波)

任务型教学，让英语课堂真实而灵动

上海市杨浦区打虎山路第一小学

一、主题与背景

作为杨浦区提升中小学(幼儿园)课程领导力行动研究项目实验学校,我校根据项目组的要求,在原有基准教学基础上,进一步完善学校课程计划,同时以英语作为试点学科,积极探索基于课程文本设计的学校课堂文化转型。

英语作为一门交际性语言,教学必须注重学生在课堂中的实践与体验,从而使英语为真实生活服务。针对这样的教学要求,学校组织教师展开了对《义务教育英语课程标准(2011 年版)》①的深度研读,并结合上海市教委的《上海市小学英语学科教学基本要求》制定了校本的英语学科课程方案。在校本课程方案的指导下,又针对每个单元制订了教学计划,做了整体的教学设计,包括学习目标、学习内容、作业内容、板书设计等方面,形成了一个系统、完整、从上至下的教学管理文本和实践体系。

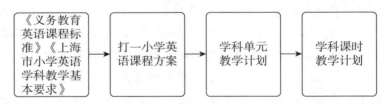

图 6-2 学校英语学科课程文本研制流程图

在制定的校本学科课程方案中,强调英语课程要从学生的学习兴趣、生活经验和认知水平出发,倡导体验、实践、参与的学习方式,尤其强调了任务型教学法的重要作用。所谓任务型教学法,就是创设真实的任务组织教学,在任务的履行过程中,以体验、互动、合作等学习方式,在实践中感知、认识、应用目的语。② 任务型教学法,为解决当前的教学问题提供了方法和经验,让我们的英语课堂教学变得趣味而真实,变得灵动而丰富。

---

① 中华人民共和国教育部.义务教育英语课程标准(2011 年版).北京:北京师范大学出版社,2012.

② David Nunan. Task-Based Language Teaching［M］. UK：Cambridge University Press，2004.

二、设计与实践

在实际教学中,我们是如何将学校的学科课程方案贯彻到日常课堂教学中的呢? 下面将以牛津上海版三年级第一学期 M4U1 Insect 为例,阐述我们的教学设计与实践体验。

(一) 任务内容设计

经过仔细地研读本单元的学习内容,认真地分析学生的知识水平,我们以任务型的方式对本单元的教学做了如下设计。

1. 基于学情分析的课时话题设计

本单元的主题是 Insects,核心词汇为昆虫类单词:butterfly, ant, bee, ladybird。此外,核心句型为 what is it? It is …,学生在日常生活中对这四种昆虫的外形和特性已有一定的了解,他们乐于谈论,也非常熟悉这一类话题。基于教学内容和主题 Insects,我们将本单元三个课时的话题分别设定为 Insects I see,Insects I know 和 Insects I like。

2. 基于话题内容的课时任务设计

基于三个课时的话题,第一课时所创设的任务是描述在公园中所看到昆虫的样子,第二课时是描述在博物馆中所观察和学习到的昆虫的知识,第三课时是完成 Make Insect Cards 的任务。这些任务都是为完成科技周三年级的活动而设计的,其最终目的是完成科技周的大任务,即介绍自己喜爱的昆虫,整个单元形成一个任务链。

(二) 任务实施改进

基于上述分课时的任务目标,我们对各课时的教学过程进行了精心设计。如在第二课时中,教学任务是让学生用所学的语言进一步丰富描述昆虫的内容,从而对昆虫有深入的了解。下面是一个可用来具体说明的教学片段。

M4U1 Period 2 课时教案文本(节选 1)

Task 2. Go to the ladybird house.

…

2—3 Look and say.

Look at the … ladybird.It has a round body.

It has … dots on the body.How …!

1. 课堂情境描述

课堂上,将描述昆虫的句型结构在 PPT 上进行了呈现,然后让学生和同桌一起根据语言架构描述昆虫。在反馈环节,教师请个别学生进行课堂反馈,然后让同伴进行评价。

2.教学反思和改进

经过第一次试教后,发现从语言结构方面来说没有问题,但是从任务型教学的方式这一方面来说,就出现了两个问题。

首先,情境的创设还不像"任务"。任务型教学法非常强调以真实的任务组织教学。而我们虽然让学生去完成一个任务,但是没有给学生一个尽可能真实的语言环境。其次,任务型教学提倡学生合作学习、互动体验,但是在此次任务中学生没有合作和互动,任务型教学的方式还停留于表面。

基于上述两个问题,我们对 task 2 的教学任务做了以下改进。

我们模仿博物馆的小护照设计了课堂上的"小护照",同样设计一个可供敲章的地方,同时将描述昆虫的语言内容结构打印在小护照上,然后发给每个同学一个小图章。在实施任务时,让学生和同桌进行互相描述,当其中一位学生描述完一种昆虫后,同伴在护照上敲一个章。这不仅跟学生去博物馆时的情境不谋而合,而且还自然地形成了学生互动交流和相互评价的平台。当学生最终看着自己敲满章的小护照时,他们的内心充满了自豪感和兴奋感;当学生与伙伴们分享交流自己的所见所闻时,也增加了孩子们的体验和感悟。

三、反思与总结

本单元教学充分利用了任务型教学方法,课堂氛围因互动交流而变得积极,因合作和体验而变得灵动,它具有以下几个特点。

（一）任务设计具有真实性

本单元的三个任务是根据学生的心理年龄特征设计的,学生去公园观察昆虫,去博物馆深入了解昆虫,最后制作 Insect Cards 来描述自己喜爱的昆虫,这些都与学生的日常生活息息相关。这样的任务不仅能让学生亲近自然,还能让学生全身心地投入,享受完成任务的过程。

（二）语用设计具有功能性

在本单元的语用设计中,充分考虑了语言的功能性,将语言与任务紧密地结合起来,使学生真正运用语言来做事情。

表 6-4　任务情境与语言结构分解表

任务呈现	语言结构
Insects I see:描述去公园游玩时观察到的昆虫形象	I can see a / an ...　It is ... How ...!

162

（续表）

任务呈现	语言结构
Insects I know：描述去博物馆参观时了解到的昆虫并以小导游的身份介绍	Hello，I'm ...　I'm a little guide. Look，this is a/an ...　It has ... It is ...　How ...！
Insects I like：描述自己最喜爱的昆虫并以 Insect Cards 的方式呈现	This is a/an ...　It has ... It is ...　It can ... It is（a）...　It is（a）...

从上述表格所呈现的内容，可以清晰地看到，语言与任务的设计紧密联系，相辅相成。学生在完成任务的情境中，表述的语言结构越来越丰富，内容也越来越深入，学生真正在设定的任务中自然地习得语言，用英语做事。

（三）任务设计具有连贯性

本单元课时任务之间的联系如图6-3所示。

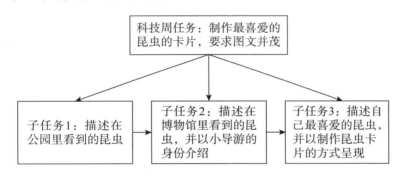

图6-3　课时任务结构图

从图6-3中可以看出，三课时的任务之间是相互关联且层层递进的。学生在一系列任务的完成中，完整、逐步地推进，最终达成了本单元的语言学习目标。

（四）课堂活动具有可操作性

在科技周中制作自己最喜爱的昆虫的卡片，这是校园生活中常见的活动，这样的任务具有可操作性。在课堂上，通过图片和动画的形式以及教师生动的讲述，将学生引入任务的情境中，使学生有身临其境的感觉。任务完成的形式采用看看、读读、说说、写写、画画等方式，具有课堂学习的操作性。

四、结语

学校英语学科的课程文本再设计与课堂文化转型的研究，从课堂实践来看是富有成效的。教案围绕"Insects I see""Insects I know""Insects I like"三个话题分别创设了三个学习任务,通过任务型教学方式,让学生不断地合作、体验和交流。课堂文化转型的特色较为突出,亮点很鲜明。通过任务驱动,让学生在课堂学习过程中,不断地体验和感悟,课堂学习充满了趣味性和交际性。

从结构上来看,课题组对学校课程计划的理解是深刻的,学科课程方案是完善的,单元教学计划是具有针对性的,课时教案能够落实"实践与运用"的要求。不同层级的课程文本之间,脉络清晰,逻辑关系鲜明,并能根据学生的课堂表现对课程文本进行适当调整,让课程更有利于学生的发展。

学校将根据区项目组的要求积极推进学校课程领导力的提升,同时也将英语学科的探索和研究成果进行梳理,以便更好地将试点经验向其他学科辐射,深化学校课程与教学工作,不断提升学校办学品质。

(执笔人:汪丽清)

【专家点评】

打一小学的课程文本案例从逻辑上来看,是对学校课程方案、学科课程方案、单元教学计划的层层细化与落实,脉络清晰,无论是目标、内涵、实施还是评价都具有很强的内在一致性。

打一小学的课程文本案例符合项目组对课程文本案例的撰写要求,在背景部分交代清楚了三个已有课程文本之间的逻辑关系;在实践过程中,能够根据学生的课堂表现对课程文本进行适当调整,让课程更有利于学生的发展。

(华东师范大学教育学部　胡惠闵)

4　巧用"课程资源"　打造快乐课堂
——以《干点家务活》为例的"快乐、自主课堂"课例研究

上海市杨浦区二联小学

一、主题与背景

(一) 主题

课程领导力项目的进一步推进,从关注文本走向课堂转型的建设,并且紧扣核心素养,倡导学生学习方式的变革,着重培养学生的创新精神和实践能力。作

为项目试点学科,道德与法治是对学生进行思想教育的一门重要课程。如何使复杂枯燥的说理变成学生喜欢且乐于参与的教学形式呢?我们展开实践与探索后发现,多彩的学习内容和多元的学习方式不仅能使学生更快、更全面地掌握要点,而且有助于构建快乐自主的课堂;不但能激活课堂的教,让学生拥有自主权,而且能提高课堂教学的有效性。

（二）背景

借助区课程领导力项目和学校"闲暇教育"理念的全面渗透,以课程体系构建、课堂教学转型、课程资源建设为抓手,以学校的课程框架体系——"联梦平台建设"为切入点,结合学校育人目标,以立德树人、培育素养为导向,以课程标准为主线,我校的试点学科道德与法治通过进一步丰富完善课程资源,构建资源实用平台,探索过程性评价,开展以"快乐自主"为特征的课堂构建。

1. 研究意义

道德与法治课程资源包的建设不仅能培养学生收集信息的能力,还能充分发挥学生的主体作用,激发学生的学习兴趣,扩大学生的知识面,培养学生运用知识和分析解决问题的能力。学生对所收集的材料进行筛选、甄别,去伪存真,并从中整理出具有代表性和说服力的信息,引发思维活动,培养运用知识的能力。

2. 研究价值

建立小学道德与法治学科课程资源包,为学生提供有效的学习支持和多样化的学习资源,促进学生创新素养的培育,全面提升学生的探究、合作和自主学习能力,把被动接受变为更加主动地获取新知识,从而提高学生自主学习的能力和探索能力。

二、设计与实践

（一）教学设计

《干点家务活》是《道德与法治》一年级下册第三单元《我爱我家》中的第三课。通过试教和教研组共同讨论,结合垃圾分类的实施推行,将垃圾分类作为本课学习的切入点。

教研组共同备课研究,在第一次教学设计时,寻找垃圾分类的相关宣传视频给学生观看,让学生了解相关知识。但学生参与度不高,只是被动地接受,对于学到的知识没有很好地掌握。

教研组针对教学活动进行了调整,教师制作教具,学生小组合作,完成"垃圾分一分"的活动。学生的参与度明显获得了提升,但在自主性方面还有所欠缺。

教师发现问题后进行修改,再一次实践。于是到第三次实践时,从课程资源包中找到关于垃圾分类的相关内容,进一步修改和充实,再运用于课堂中。利用资源库中垃圾分类资源包的学习内容,设计活动实践环节——"越分越开心",在 1 分钟的限时内,学生将 12 种常见的垃圾分别投放进正确的垃圾桶,如果投放错误垃圾就会回到原位,完成后会显示正确的分类,帮助学生再一次复习巩固。这样的设计不仅激发了学生学习的积极性和趣味性,也加强了学生对于垃圾分类知识的巩固。通过实践活动,学生运用"联梦平台"中的课程资源,强化了垃圾分类的意识,在多种形式的课堂活动中学习垃圾分类的知识。

(二)教学实践

在课堂教学中,学生按照要求,线上模拟将 12 类常见垃圾进行正确分类,分别投入到干垃圾、湿垃圾、可回收物和有害垃圾的垃圾桶中。通过数字化的课程环境建设,学生的学习方式发生了变化,他们主动探究,亲身实践,获得自我认同的快乐,体会到学习的乐趣。评价的方式也由此发生了转变,不再仅仅局限于教师的评语,新奇的评价形式能改进学生的学习方式,使学习更有效。平台设计时切实发挥信息技术评价的诊断、改进与激励教育的功能。构建数字化的学科课程环境,有效促进了教育教学手段的多样化和教育模式的多元化。

三、反思与总结

(一)数字化,改变学习方式

在课堂教学中,学生根据"平台"提示的学习任务要求,积极主动地学习,变被动学习为主动学习,富有趣味性,全员参与,积极合作,互动热烈。

在教学中,努力为学生构建快乐情境,从而极大地优化了学习的整体环境,从本源上提升学生的学习兴趣。实践性是指问题生活化、情境化、社会化,在"联梦平台"上学生能亲自动手操作,积极参与生活实践和探究实践。

通过数字化的课程环境建设,学生的学习方式发生了变化,他们主动探究,亲身实践,获得自我认同的快乐,体会到学习的乐趣。

(二)多元化,创新评价方式

评价一直以来都是决定课堂生命力的关键问题。数字化环境建设的过程中,为了使评价与课堂建设的理念一致,研究团队从评价理念的优化、评价维度的丰富、评价技术的创新等方面展开了研究,并结合"负责任、有自信、会学习、善合作"的育人目标,着手开发了记录学生课堂学习过程和情感体验的评价元素。评价元素设置的指标和评价的主要目的是为了全面了解学生的学习过程,关注学生的变化和进步,提供有利于学生可持续发展的建议和帮助,激励学生的学习并改进教师的教学。

平台设计时切实发挥信息技术评价的诊断、改进与激励教育功能。在学习中,评价方式依据课程标准要求和学生年龄特点,设计的评价内容契合学生的实际需求。信息技术支持下的评价比传统课堂教学评价的内容更丰富,呈现方式更形象生动,更加注重学生学习过程的评价。构建数字化的道德与法治学科课程环境,有效促进了教育教学手段的多样化和教育评价的多元化。

以下为课堂观察量表。

表6-5　学生行为自评量表

课题		日期	
班级		姓名	
观察记录	具体观察视角		评价等级
	1. 学习兴趣浓厚,情绪高昂。		☆☆☆☆☆
	2. 学习态度良好,愿意学,想要学。		☆☆☆☆☆
	3. 学得轻松,能获得积极的情感体验。		☆☆☆☆☆
	4. 学得认真,能掌握学科学习的方法。		☆☆☆☆☆
	5. 能积极思考,积极探究课堂问题。		☆☆☆☆☆
	6. 能独立思考,形成自己的见解,大胆表达。		☆☆☆☆☆
	7. 能对老师和同学的观点大胆质疑。		☆☆☆☆☆
	8. 学习过程中尊重老师,尊重同学。		☆☆☆☆☆
	9. 能团结同学,有效合作。		☆☆☆☆☆
观察结论			

注:"★"表示"较差","★★"表示"不理想","★★★"表示"一般","★★★★"表示"较好","★★★★★"表示"好"。

表6-6 学生交流合作量表(组长填)

小组	第	小组	合作次数			时间		
小组活动情况	发言次数	参与状态	是否明确要求	是否专注倾听	是否独立思考	互助合作意识		
						强	较强	一般
组员1								
组员2								
组员3								
组员4								
组员5								
组员6								
组员7								

(三) 生活化,激发自主快乐

生活化的课程一直是道德与法治学科所追寻的,唯有生活才能激活知识,丰富学生情感,才能打动学生,走进学生内心,触动学生的思考,激活学生的思维。

"联梦平台"的创建是教材文本的夯实与拓展,依据教学要求,针对教学重难点,重新整合教材内容,开发出校本化的"网络平台"。

很多"快乐"元素包含在生活中,生活既是一切新知的源头活水,更是滋养快乐的土壤,生活化教学也是教师开展道法课堂的教学之本。教师需要有一双发现的慧眼,引导学生不断发现生活中的快乐元素,培养学生运用所学知识解决实际问题的意识,鼓励学生将这种习惯渗透在平时的学习中,从而奠定快乐学习的基础。

新课程领导力的核心指向改变学生的学习方式,最终实现课堂的转型。我们通过"联梦平台"的建设与运用,确立学生学习的主体地位,培养学生的自主学习能力。可见,构建数字化的道德与法治学科课程环境,有效地促进了教育模式的多元化。这种课程环境为学生提供了更大的学习空间,把被动接受式的学习转变为学生主动获取新知,从而改变传统的课堂模式,在课堂变革中打造自主快乐的课堂主旋律。

(执笔人:吴文怡)

【专家点评】

　　案例研究在国家课程框架和学科课程标准的前提下,以道德与法治学科的校本实施为试点,从课堂的真实问题切入,形成了丰富课程资源、活化课程评价和拓宽教学空间的系列成果。建立课程资源包,探索了借助数字化改变学习方式的可能性,具有创新性;研制学生行为自评量表、学生交流合作量表,提供了评价支持教与学的工具,具有可推广性;建设"联梦平台",为实现教材文本与现实生活的连接和拓展找到了可行路径,值得借鉴。

　　课例撰写契合了课程领导力项目关于"聚焦的是课堂教学的真实问题,有循证的研究、有改进教学的过程"的主旨要求,研究过程完整,成果要素基本齐全,逻辑清楚,结构合理。

(上海市实验小学　杨荣)

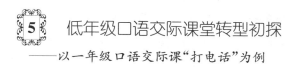

5　低年级口语交际课堂转型初探
——以一年级口语交际课"打电话"为例

上海市杨浦区教育学院实验小学

一、主题与背景

　　实践研究表明,只有建立在学生认知水平和知识能力"最近发展区"上的课堂教学才能具有较强的针对性,教师的教与学生的学才能最大程度发生共振共鸣,并促进课堂文化的转型。基于此,我校以语文学科为试点,开展基于学生学习表现改进教学的研究。

　　在实际教学中,以学习单的形式让学生自主学习。学习单的设计与操作也成了我校教师改变教学方式、实现课堂文化转型的载体。学生通过独立学习,用已有的知识解决问题,遇到不能解决的问题则通过合作学习寻求伙伴的帮助。因此,合作学习成为学生学习改变的方法、途径和载体。依据本校语文学科"关注表达,和谐成长"的指导目标,让教师在课堂上进行实时点评和反馈。运用学生学习评价、教师课程实施评价等量表对课程开展评价活动,促使学生更乐于表现自己,帮助学生和谐成长。

　　"口语交际是听与说双方的互动过程。教学活动主要应在具体的交际情境中进行。"《义务教育语文课程标准(2011年版)》①中的这段话明确了口语交际课不是简单的"听话"和"说话"练习,"双向互动"才是口语交际课最主要的特征。口语交际源于生活而服务于生活,把口语交际的课堂延伸到学生的生活中,就会使口语交际活起来,使学生乐起来,并营造出一种轻松自然的交际氛围,在自然中完成课堂文化的转型。

二、设计与实践

(一)教学设计

"打电话"是统编版小学语文一年级第二册第五单元的口语交际话题。本课借"打电话"这一交际情境,结合学生的生活体验,让学生在学习打电话的同时,提高"大声说,认真听""使用礼貌用语"等交际能力。

我们在设计本课时考虑到教材与生活紧密相连,有很强的生活性和实践性。所以我们先通过提问"你打过电话吗?你给谁打过电话?当时为什么要打电话?"这几个简单问题,引导学生回忆过去打电话的经历,以此激发学生说的兴趣。

然后提供具体的交际情境,让学生模拟打电话。在情境中学生不仅要说出自己表达的内容,还要听清对方的话语,恰当地使用礼貌用语。学习难度是逐渐递增的。

一年级的学生基本上已有打电话的体验,但是在正确使用礼貌用语和倾听方面还比较欠缺,接听电话后转述内容的能力也有待提高。所以我们运用学习单和评价单的形式辅助教学,将表达这一重头戏交给学生,教师只从旁进行点评和反馈。

(二)教学实践

表6-7　学习单

学习目标:
1. 了解打电话的一般步骤,初步学会独立打电话和接电话。
2. 在打电话的过程中,能根据通话对象的不同选择不同的礼貌用语,能用简洁的语言表达自己想说的内容。
3. 打电话时,能把想表达的意思说清楚;接电话时,能听清楚主要内容。
主问题:
打电话时要注意什么?

---

① 中华人民共和国教育部.义务教育语文课程标准[M].北京:北京师范大学出版社,2012.

（续表）

课内互学：

1. 打电话时需要使用的礼貌用语。

2. 打电话时要说清楚什么事、什么时间、什么地点。

3. 接电话时听清楚对方的话。

探究主问题：打电话时要注意什么？

1. 自学要求：读课文中的对话，了解打电话的步骤。

2. 互学要求：组长主持，组内有序交流，总结打电话时要注意的点。

解决问题：

1. 出示场景。

（1）双休日，约同学去踢球。（接电话的是本人）

（2）模仿课本第 62 页给同学打电话。（接电话的不是本人）

（3）今天本该是上学的日子，可是你感冒发烧了。现在，你要打电话给班主任老师请假一天，让妈妈带你去医院看病……

（4）有位叔叔打电话给爸爸，但是爸爸不在家。

2. 小组合作表演，小组长评分。

表 6-8　评价表

教材版本：统编版　第 二 册　第五单元

话题："打电话"　　　学校：杨教院实验小学　　　班级：一(3)班

小组记录员：_____

评价标准	你能得到几颗星
1. 用普通话交谈，使用礼貌用语，口齿清楚，发音准确。	☆
2. 用普通话交谈，使用礼貌用语，打电话时先做自我介绍。	☆☆
3. 使用礼貌用语的同时，能说清楚什么事情、什么时间、什么地点。	☆☆☆
4. 使用礼貌用语的同时，能说清楚什么事情、什么时间、什么地点，还能根据交际环境和对象巧妙应对。	☆☆☆☆
组员姓名	得星情况
1	
2	
3	

三、总结与反思

统编教材每个交际话题都有一个明确的训练目标。本课例紧紧围绕"给别人打电话时,要先介绍自己是谁;在打电话过程中,要将事情说清楚、听明白"这一目标,无论是在指导、练习还是评价上都紧扣这一训练重点,联系实际生活让学生多形式交流,在生活中提高口语交际本领。

这节课一共上了三次,每次上课后我们都进行了反思,教案也多次修改。下面是几次修改的区别。

第一次上课时有一个板块是学生由于生病打电话到老师办公室向班主任请假一天,办公室里有很多老师,而电话机只有一个,拨通电话后学生应该说些什么呢? 这个环节由老师和同学的对话组成,接电话的一共有三位老师。师生间一来一往占用了很大一块教学时间,而且不能面向所有学生,导致过程中有些学生的注意力没办法集中。所以在第二次教学时,将重点放在学生怎样在对话中练习说话,减少师生操练的机会,增加生生操练的场景,放手由学生来扮演老师,提高了学生说的积极性。

第二次修改了教案后,我们发现学生在打电话的过程中有些细节还需要注意,特别是把话"说清楚"。在课堂训练中发现,一年级的学生在打电话过程中把事情表达清楚还有些欠缺。因此,课堂上提醒他们注意几点细节:(1)打通电话后先向对方有礼貌地介绍自己;(2)将打电话的目的和内容说清楚、讲明白;(3)接电话时听清别人说的话,没听清时可以让对方重复。在实际上课的过程中,还发现教学重点不够突出,奖励机制十分欠缺,因此学生训练到后面缺乏兴趣。

总结上两次课后,重点整改了第三次教案,特别是增加了评价手段:一张评价表,由小组长负责评价。增加评价的机会,让学生学会表扬别人,反思自己。对于说得好的学生及时奖励"口语交际之星"章。并且增加训练难度,将重点放在最后一个板块——"有位叔叔打电话给'我'的爸爸,但是爸爸不在家。应该怎样转述叔叔说的内容。"接电话与打电话紧密联系在一起,别人来接听电话时需要打电话的人有礼貌地说清楚,接电话的人听清楚,然后转告给他人。这一环节可以重点落实"说清楚"的要求。

在三次教学之后,课题组进行反思检讨,还有以下不足。一是在训练中虽然学生基本上都参与了,但检验更多的是个别学生的情况,怎样在小组练习中具体有效地指导并检查,需要再下功夫。二是这节课训练的重点在打电话,而打电话是一个双方互动的过程,接电话也是电话交际中重要的一方,这方面可以再加强训练。例如:对方提出的要求无法满足时,该怎么办? 对方讲话的内容太复杂时,应该怎样获取重要信息? 等等。

学生的口语交际能力是在具体的情境中逐渐提高的,无论什么情境都不能脱离学生的生活实际。而为学生创设出身临其境的氛围,才能调动学生的内心情感,才会激发学生的表达欲望。口语交际课堂的互动实际就是教师与学生之间以及学生与学生之间相互交流想法、交换观点、听取意见的过程。在师生互动中,师生关系是平等的。教师要充分尊重学生的个性特点,选择恰当的时机对学生进行引导,鼓励学生进行自由表达。在接下来的口语交际教学中,课题组还会增强真实生活场景的互动,设计合适的交际话题、建构多元的互动组织形式、采用多种策略,让学生在互动的环境中进行交际训练,引导学生用规范化的语言进行交际,增强学生的口语交际能力。力求让学生乐于说、敢于说,从而提升学生的口语交际水平和交际能力,以此实现课堂文化的转型。

(执笔人:沈佳悦)

【专家点评】

该课例以统编教材口语交际课为主题,具有较强的实践意义。口语交际是现代公民的必备能力,口语交际教学是在不同条件下,引导学生通过听和说,快速整合信息,发现解决方案,包含着对学生思维的培养。因此,上好口语交际课对于促进学生核心素养的发展有着重要的意义。教师结合三次上课经历不断反思,课堂指向实际运用,交际功能目的明确,同时以评价为抓手,培养学生的交际意识,促进学生习惯、能力的养成,促使学生更乐于表现自己,帮助学生和谐成长。

(上海市虹口区教育学院 袁晓东)

第二节　理科课例研究

 工具支持下的驱动性任务设计与研究

——上海理工大学附属小学课堂文化转型案例

上海理工大学附属小学

一、背景和问题

（一）背景与主题

在区域课程领导力视域下推进课堂文化转型的实践研究项目的引领下，我校秉持"不一样的生命，一样的精彩"的办学理念，倡导"尊重差异，自主合作"的课堂文化，旨在引导教师建立"以学习为中心"的核心理念，促进学校课堂样态的改变，最终有效提升学校的课程领导力。

为此，学校结合校情、师情及学情，在区域项目组的指导下开展了学校课程文本的设计，对课堂转型进行了整体思考。

围绕营造"尊重差异，自主合作"的课堂文化，在数学学科先行先试，基于学生认知基础差异，以驱动性任务的设计为突破口。结合小学三年级学生思维正处于具体的形象思维向抽象思维过渡的重要阶段这一特点，选择三年级第二学期第六单元《几何小实践》进行具体实施。

（二）基于实证的问题

通过学习，我们发现可以从课堂权力下放与倡导任务驱动式学习两个层面入手，找到撬动课堂转型的"支点"。首先，要摆脱以教师为中心的观念，尊重学生在学习中应有的权利。其次，任务驱动是学生学习实践活动的支点，是学生建构知识的过程，也是学习成果的形成过程。

课题团队在对"驱动性任务"的前期研究中，比较注重提炼设计驱动性任务所需的要素，很少关注任务本身的适切性和实效性。通过教师访谈，我们寻找到了研究推进中存在的关键性问题，主要是以下两方面：其一，没有可供参照的设计指标；其二，无法检验设计的有效性。

由此,我们希望通过本课例的研究,解决教师设计驱动性任务全凭"感觉"的困窘,借助开发与研究"驱动性任务设计工具"给教师提供参照,从而不断充实、完善学校对课堂变革的整体性思考。

二、设计与实践

(一)工具设计

1. 设计实施路径

数学教研团队结合学科研究案例,梳理驱动性任务设计的关键要素,尝试设计驱动性任务设计评价表,为教师课前任务设计和课中任务实施的效果提供循证改进依据。

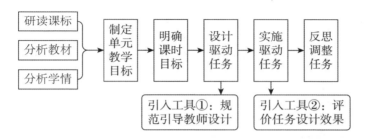

图 6-4 实施路径

教师在研读课标、分析教材与学情的基础上,制定单元教学目标,明确课时目标,进行驱动性任务的设计与实施。过程中两次引入"工具"支持:第一次,设计任务时引入驱动性任务设计基本要素量表;第二次,实施任务中引入驱动性任务实施与评价用表。对任务的真实性、成效性进行评价,为课后反思提供证据。

2. 驱动性任务设计基本要素量表

该量表包括基本信息、活动目标和活动任务三个部分,具体见表 6-9。

表 6-9 驱动性任务设计基本要素量表

基本信息	年级		所属板块	
	课题			
	核心概念			
	活动名称			
活动目标				

（续表）

活动任务	任务特征						
	主体性 Ⅰ Ⅱ Ⅲ Ⅳ	真实性 Ⅰ Ⅱ Ⅲ Ⅳ	开放性 Ⅰ Ⅱ Ⅲ Ⅳ	挑战性 Ⅰ Ⅱ Ⅲ Ⅳ	合作性 Ⅰ Ⅱ Ⅲ Ⅳ	趣味性 Ⅰ Ⅱ Ⅲ Ⅳ	其他
	活动性质	□ 独立完成　□ 同桌协作 □ 小组合作　□ 集体分享		活动时间	□ 课时活动（　　）分钟 □ 单元活动（　　）课时		
	任务类型			认知水平			
	□ 感知体验 □ 探究发现 □ 理解运用			□ 有意识识记 □ 解释性理解 □ 探究性理解 □ 综合性运用			
	活动资源	□ 工具学具　□ 文本资料　□ 媒体资源　□ 场馆资源　□ 活动教室					
	活动设计	驱动性任务描述			预设学生表现		
		□ 1. □ 2. □ 3.			□ □ □		

3. 驱动性任务实施与评价用表

该表包括任务设计评价、任务效果评价和反思调整三个部分,具体见表6－10。

表6－10　驱动性任务实施与评价用表

任务设计评价	学为中心 Ⅰ Ⅱ Ⅲ Ⅳ	面向全体 Ⅰ Ⅱ Ⅲ Ⅳ	关注差异 Ⅰ Ⅱ Ⅲ Ⅳ	回应有效 Ⅰ Ⅱ Ⅲ Ⅳ	目标达成 Ⅰ Ⅱ Ⅲ Ⅳ
任务效果评价	主动学习 Ⅰ Ⅱ Ⅲ Ⅳ	全员参与 Ⅰ Ⅱ Ⅲ Ⅳ	积极思考 Ⅰ Ⅱ Ⅲ Ⅳ	个性表达 Ⅰ Ⅱ Ⅲ Ⅳ	各有提升 Ⅰ Ⅱ Ⅲ Ⅳ
反思调整方案	学生表现				
	存在问题				
	调整思路				

（二）教学实践

以沪教版三年级数学第二学期《组合图形的面积》为例加以说明。

1. 第一次驱动性任务设计与实施

（1）设计意图

本课要渗透的是数学学科十大核心概念中的"几何直观"。教师拟设定"为博物馆地面涂油漆"这一任务来呈现学生的思维差异,引导学生发现最优的计算方法。

（2）设计要素

教师借助驱动性任务设计基本要素量表,开展驱动性任务设计,并预设学生表现,形成能与课中观察进行对比的资料。

活动名称:

为博物馆地面涂油漆。

活动目标:

① 能用割或补的方法来计算组合图形的面积。

② 通过情境变化让学生在解决实际问题中自主探索,并归纳总结割或补的最佳办法。

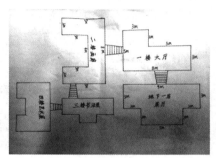

图 6－5　博物馆平面图纸

③ 通过反复运用不同的"割""补"方法,锤炼数学思维。

任务描述:

博物馆的地面要涂一层新油漆,已知博物馆的地面每平方米需要油漆 200 克。请问小伙伴一共需要多少油漆? 怎么办呢?

预设学生表现:

① 学生个性化表达不同的计算组合图形面积的方法。

② 在不同方法的对比中感受适合图形特点的割补方法。

（3）教学实录片段

师:数学伙伴来到博物馆当志愿者,要给博物馆的地面涂上新油漆,可他们遇到了一个难题——博物馆的地面每平方米需要油漆 200 克,小伙伴一共需要带多少油漆呢? 怎么办呢?

生:需要知道博物馆地面的面积,然后再计算需要多少油漆。

师:老师拿到了博物馆楼层的平面设计图,大家课桌上也有一张,请你拿出来先看一楼。会求它的面积吗?

生:会。

（学生能用"割""补"等方式进行求解,并无难度）

师:那么二楼和地下一层的面积,会求吗?

生:会。

(学生继续用"割""补"等方式进行求解,并无难度)

师:再去三楼和四楼看一看。和之前有什么不同?

生:图上没有数据了。

师:怎么办呢?

生:可以先测量,再进行计算。

师:好,那就请你们先测量,再进行计算。

(4) 驱动性任务实施与评价

课题组教师参与课堂观察,运用实施与评价表记录观察结果,具体见表 6 - 11。

表 6 - 11　驱动性任务实施与评价用表

任务设计评价	学为中心 Ⅰ Ⅱ Ⅲ Ⅳ	面向全体 Ⅰ Ⅱ Ⅲ Ⅳ	关注差异 Ⅰ Ⅱ Ⅲ Ⅳ	回应有效 Ⅰ Ⅱ Ⅲ Ⅳ	目标达成 Ⅰ Ⅱ Ⅲ Ⅳ
任务效果评价	主动学习 Ⅰ Ⅱ Ⅲ Ⅳ	全员参与 Ⅰ Ⅱ Ⅲ Ⅳ	积极思考 Ⅰ Ⅱ Ⅲ Ⅳ	个性表达 Ⅰ Ⅱ Ⅲ Ⅳ	各有提升 Ⅰ Ⅱ Ⅲ Ⅳ
反思调整方案	学生表现	1. 图形的计算对学生而言没有难度。 2. 小组学习合作性不强,学生基本独立完成。 3. 学生跟随教师的预设,按部就班地完成任务。			
	存在问题	1. 看似是一个任务情境,但任务碎化,开放性不强。 2. 任务中缺少总体的解决实际问题的策略优化,未满足学生的学习需求。			
	调整思路	1. 针对"开放性""差异性""挑战性"等维度,重新设计驱动性任务。 2. 联系学生的前期与后续知识,呈现不同认知基础的学生的思维层次,将学生的思维差异可视化。			

进行课前自评与课中他评后,课题组教师发现任务的设计符合教学目标,但挑战性和开放性偏低。由此,大家商议再行设计。

2. 第二次驱动性任务设计与实施

(1) 设计

经过探讨,教师依据课堂实证对任务设计进行了调整,调整后的驱动性任务设计与评估见表 6 - 12。

表 6 - 12　驱动性任务设计基本要素量表

基本信息	年级	三年级第二学期　第一单元		所属板块	图形与几何
	课题	组合图形的面积			
	核心概念	几何直观			
	活动名称	帮助大队辅导员老师布置学校最美花灯展区			

活动目标	1. 在情境任务的驱动下,回忆运用割、补等方法计算简单组合图形面积的学习经验。 2. 通过小组合作,形成根据问题收集数据的意识,感受解决问题方法的多样化,提升数学思维。 3. 通过解决实际问题,在不同策略的对比和理解中,生成解决问题方法最优化的意识,体验复杂问题简单化的数学思想。

活动任务	任务特征						
	主体性　　真实性　　开放性　　挑战性　　合作性　　趣味性　　其他						
	Ⅰ Ⅱ Ⅲ Ⅳ　Ⅰ Ⅱ Ⅲ Ⅳ　Ⅰ Ⅱ Ⅲ Ⅳ　Ⅰ Ⅱ Ⅲ Ⅳ　Ⅰ Ⅱ Ⅲ Ⅳ　Ⅰ Ⅱ Ⅲ Ⅳ						
	活动性质	☐ 独立完成　☐ 同桌协作 ☑ 小组合作　☑ 集体分享		活动时间	☑ 课时活动(15)分钟 ☐ 单元活动(　　)课时		
	任务类型			认知水平			
	☐ 感知体验 ☑ 探究发现 ☐ 理解运用			☐ 有意识识记 ☐ 解释性理解 ☑ 探究性理解 ☐ 综合性运用			
	活动资源	☑ 工具学具　☐ 文本资料　☑ 媒体资源　☐ 场馆资源　☐ 活动教室					
	活动设计	驱动性任务描述		预设学生表现			
		学校大队部要举办最美灯笼展,场地至少需要 120 平方米。大队部沈老师设计了 4 片展区,她想知道这 4 片区域能不能满足需求。你们愿意帮帮她吗?		1. 因有学具,小组可能会分工完成任务,可能出现不同的思维路径。 2. 除了"割""补"的方法,可能还会出现"移"和"翻折"的方法。			

（2）教学实录片段

教师布置活动任务,观察学生的活动情况后进行集体反馈。

师:老师发现有的小组用 5 个算式解决了问题,有的小组只用 3 个算式就解决了,还有更厉害的小组只用一个算式就解决了问题。下面我们来听听各小组的汇报。

图 6-6 驱动性任务情境

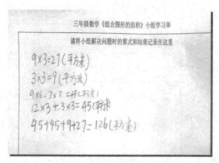

图 6-7 小组活动学习单

① 分工计算的小组汇报

师:说一说你们是怎么合作的?

生:我们每人负责一个图形,先测量边长,再计算面积。

师:好,说一说你们是怎么算的? 先从这个图形开始吧,哪位同学算的?

生反馈计算方法,班级学生进行补充。

(学生表现:学生每人选取 1 个图形,分工计算面积,小组中每人都有需要负责完成的部分。汇报的过程中,对于"凹字型"和"L 型"呈现出了多种不同的计算方法。令人意外的是,学生竟然发现了可以利用剪切翻折的方式计算图形面积,这在第一次教学中未曾出现。)

② 将图形两两组合的小组汇报

师:再来看这个小组的情况,他们又是怎么算的呢? 请他们来介绍一下。

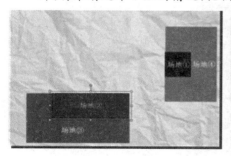

图 6-8 学生方法展示

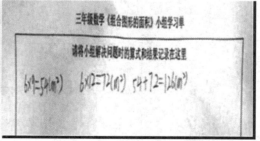

图 6-9 学生小组学习单记录

(学生表现:学生通过图形的拼搭,发现通过两两组合将其转化成 2 个长方形并计算出面积。由于有学具操作,学生呈现出各种创造性思维。)

③ 将图形完全组合的小组汇报

师:再来看这个小组,他们只用了一个算式就解决了问题,想知道他们是怎么做的吗?

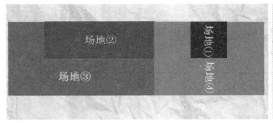

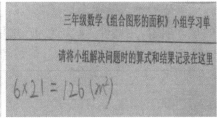

图 6-10　学生方法展示　　图 6-11　学生小组学习单记录

(学生表现:学生将四个图形组合在一起,拼成大长方形,只需一个算式就能解决问题。学生在反馈交流的过程中不仅建构了完整的学习过程,还能感受到解决问题方式的多样性和最优性。)

(3) 观察与反思

表 6-13　驱动性任务实施与评价用表

任务设计评价	学为中心 Ⅰ Ⅱ Ⅲ Ⅳ̲	面向全体 Ⅰ Ⅱ Ⅲ Ⅳ̲	关注差异 Ⅰ Ⅱ Ⅲ Ⅳ̲	回应有效 Ⅰ Ⅱ Ⅲ Ⅳ̲	目标达成 Ⅰ Ⅱ Ⅲ Ⅳ̲
任务效果评价	主动学习 Ⅰ Ⅱ Ⅲ Ⅳ̲	全员参与 Ⅰ Ⅱ Ⅲ Ⅳ̲	积极思考 Ⅰ Ⅱ Ⅲ̲ Ⅳ	个性表达 Ⅰ Ⅱ Ⅲ Ⅳ̲	各有提升 Ⅰ Ⅱ Ⅲ Ⅳ̲
反思调整方案	学生表现	1. 任务布置合理,组内成员有了参与的机会,每个人都"有活儿可干"。 2. 小组互动性增强,学生在活动中的主动思考及参与性也得到了提升。			
	存在问题	1. 教师预设到学生有可能出现图形翻折的方法,但没有准备可供操作的工具,今后准备要更充分。 2. 缺少对学生教学目标掌握的检测性学习反馈,缺少对任务反馈的实证。			
	调整思路	驱动性任务的课堂会留给学生更多的时间去自主合作,因此练习时间会缩短,教师可从单元教学整体性设计的角度去考虑课时划分。			

三、反思与总结

(一) 课例研究中的经验

1. 明确设计要素,使任务设计更有效

基于教师设计驱动性任务时缺少可对照的要素与指标,归纳出驱动性任务的基本要素:主体性、真实性、开放性、挑战性、合作性和趣味性等,并将其纳入驱动性任务设计基本要素量表,供教师参照。

基本要素	要素说明
主体性	以学为中心,体现学生为学习主体;
真实性	提供学生贴近实际生活的真实任务;
开放性	任务具有不同的达成方式,体现灵活性;
挑战性	具有一定的思维力度,能引起思维碰撞;
合作性	形成有效的小组合作,生成互动探究的内在动力;
趣味性	对学习活动产生浓厚兴趣,能快乐地接受挑战任务。

任务特征						
主体性	真实性	开放性	挑战性	合作性	趣味性	其他
Ⅰ Ⅲ Ⅳ	Ⅰ Ⅲ Ⅳ	Ⅰ Ⅲ Ⅳ	Ⅰ Ⅲ Ⅳ	Ⅰ Ⅲ Ⅳ	Ⅰ Ⅲ Ⅳ	

活动性质	□ 独立完成　□ 同桌协作 □ 小组合作　□ 集体分享	活动时间	□ 课时活动(　)分钟 □ 单元活动(　)课时

图 6‑12　驱动性任务基本要素量表(部分)

2. 运用量表工具,使教师的反思更科学

引入驱动性任务实施与评价用表,对任务在课堂中的实施情况予以评价,通过一前一后"预设表现"与"真实表现"的对比,针对任务设计的有效性进行反思。

3. 借助课例研究,使教研从"个体"走向"共同体"

课例研究使整个教研团队都"动"了起来。在各年级备课组中均形成了组团开展循环研究的形式,使"一个人"的研究逐步走向了"一群人"的研究。

4. 推广学科经验,使课堂转型制度化和常态化

基于数学学科组研究的经验与方式,学校补充确立了《(学科)行动小组研究课规范流程制度》,将"设计思考—课堂实践—观察反思—再设计思考"这一循环研究方式通过制度固化下来,让更多教师加入转型的行列。

(二) 课例研究中的反思

1. 对评价工具的思考

评价工具的设计与使用,一定程度上提高了教师自身对于驱动性任务有效性的判别能力。但评价工具本身仍有不足,具体为无论是驱动性任务要素指标,还是驱动性任务实施与评价指标都有待进一步细化。细化要素指标,有利于对驱动性任务有效性的鉴别,提高评价量规的实操性。

2. 对整体推进学校课堂转型的思考

课堂文化的构建,其关键应该是从文本到课堂的转化过程。我们发现制度构建是推进课堂转型的有效"助力器",于是构建了教师教研制度、课堂观察指标表等,但仍忽视了课堂制度文化不仅包括教师也包括学生这个重要问题。

我们在巩固教师新的教研模式与教学行为的同时,还应思考如何引导学生建立"尊重差异,自主合作"的学习规则,促进学习共同体的形成及课堂文化的生长,这些值得我们做进一步整体梳理与思考。

（执笔人：李蓓蓓　沈坷东　徐琼；参与案例研讨：刘轩如　陆可颖）

【专家点评】

这个案例通过两次教学设计的对比,让我们看到了教师在第一次设计实施后,通过评价表来反思和调整,从而形成第二次的教学设计。在第二次的设计中,教师通过调整驱动任务,让学生不同的思维可视化,这样可以便于教师了解学生在学习时的思考情况,这是很棒的设计。亮点有三:第一,提供了驱动性任务的设计和分析工具;第二,案例具有学生视角,呈现出不同类型的学生的思维差异;第三,给出了面对学生差异的一种策略手段。不足的地方有两点:第一,目前的子维度如学为中心、面向全体、关注差异、回应有效、目标达成之间的逻辑关系还可以进一步考虑,思考学为中心指的是什么,是否包含了后面四类;第二,还可以进一步增强驱动性任务的开放性和挑战性。

（上海市教育科学研究院普通教育研究所　夏雪梅）

2　以"方寸"课堂文化理念　牵引学科课堂教学转型
——小学数学《折线统计图的认识》课例研究报告

上海市杨浦区凤城新村小学

学是一种文化,正伴随着教师教学观念和教学方式的逐渐转变,从单一、封闭向着多元、开放的课堂文化全面转型。参与了区域的课程领导力研究项目后,"重需求、乐体验、善合作、促成长",成为凤城新村小学具有独特价值追求的"方寸"课堂文化。

一、主题与背景

(一) 为课堂变革勾勒可以触摸的美好意象

课堂是文化传承的核心地带,是课程实施的主要渠道,是学校机体的中枢神经,是师生成长的主阵地。无论教育体制机制怎么变,课堂都是"教""学"活动发生的核心阵地,没有课堂"教"与"学"层面的深刻变革,教育变革就无法迈出实质性的步伐。在杨浦区课堂文化转型的深入研究中,我校首先从审视课堂教学入手,找准课堂教学的症结并分析原因——课堂教学"形式"大于"内容",课程意识不够;"预设"强于"生成",课堂调控不够;"问答"重于"体验",合作探究不够;"师需"超越"生需",自主发展不够。

以"四对"问题为导向,引发学校教师关于"课堂"的思考。我们认为,传统的课堂文化要实现从被动到主动的转变、转型,变革的主体——教师需要从骨子里认同理想课堂的理念,向往理想课堂的美好意象。

幸运的是,我们找到了这样的意象——"方寸"课堂。"方寸"意为有限的课堂空间,精彩的生活世界。认识世界有不同的方式,在讲求基准规范、追求精耕细作中,以"方寸"课堂引领学生走进书本世界,并以链接课堂与生活的策略帮助学生学以致用。

在"方寸"课堂实践中,围绕问题的解决,我们建立了"解构—建构—延构"的"体验式"课堂教学模型(见图 6‐13),这是学校课堂文化转型的切入点,更是"方寸"课堂的魅力所在。

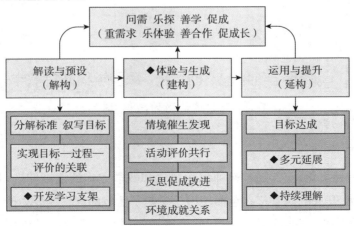

图 6‐13 基于"三构"的"体验式"课堂教学模型 1.0

伴随着不断地学习、实践与摸索,我们又对模型做了修改,新模型凸显出以"方寸"课堂的愿景为核心,更清晰地演绎了"解构—建构—延构"这一研究策略之间的循序渐进、环环紧扣及相互作用。(见图 6-14)《尚书》中写到"教学半",在新模型中,教师与学生教学相长,关注每一个孩子从"方寸"课堂到生活世界的真实变化,最终实现课堂文化的彻底转型。

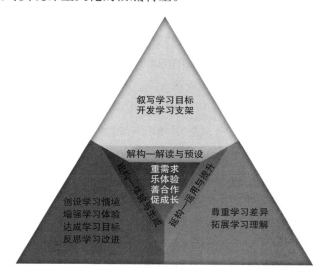

图 6-14 基于"三构"的"体验式"课堂教学模型 2.0

(二)倾听教师专业发展转型过程中的真实声音

以"方寸"课堂引领课堂教学的变革,学校教师在理念认同和行动探索方面表现各异。课堂变革并非一帆风顺,也不可能在短时间内"齐步走"。于是,学校数学教研组先行先试,在基于现实问题情境的学习任务设计上下功夫,建立概念学习与现实问题之间的关联,力求因开放的教学使学生生成基础资源→因资源的利用使学生生成新的认识→因拓展的延伸使学生生成新的问题。(见图 6-15)

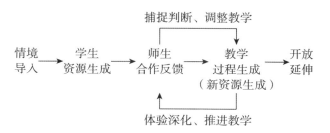

图 6-15 "方寸"课堂教学互动生成图

课堂是师生关于学科理解与思想交流的地方,要让基于"三构"的"体验式"课堂教学模型可信、可行、可学,只是理念层面做架构、做宣讲、做要求是远远不够的,需要为教师们提供结合具体学科教学场景的典范课例,同时基于实践的理解,在根本立场、基本方式、核心策略上做出相应的调整。

二、设计与实践

本次课例研究为沪教版九年义务教育数学四年级第二学期《折线统计图的认识》(第一课时)的内容,由四(1)班的陈老师执教。

(一)教学目标的叙写——以素养为点,深解构

1. 梳理小学"数据整理与概率统计"知识的发展脉络

沪教版小学数学教材中"数据整理与概率统计"的知识编写从一年级的学习准备期入手,是一种递进螺旋式的组织安排。

表 6-14　小学阶段"数据整理与概率统计"模块的教材安排

一年级	二年级	三年级	四年级	五年级
初步感知随机现象	1. 统计表 2. 条形统计图(一) 3. 统计结果的呈现与简单分析	1. 条形统计图(二) 2. 统计结果的呈现与简单分析	1. 折线统计图 2. 统计结果的呈现与简单分析	1. 平均数 2. 可能性

2. 把握数学核心素养的培养要求

在小学数学教学变革中,对学生数学核心素养的培养逐渐加强,日渐完善。图 6-16 呈现了小学数学核心素养的变化过程。

近代培养学生数学的核心素养:"应用能力、运算能力"。

↓

20 世纪 70 年代培养学生数学的核心素养:"运算能力、解答应用题能力、初步逻辑推理能力和空间观念"。

↓

21 世纪培养学生数学的核心素养:"数感、符号感、空间观念、几何直观、数据分析观念、运算能力、推理能力、模型思想、应用意识和创新意识"。

图 6-16　小学数学核心素养变化图

学习统计的初步知识,不仅为进一步学习统计奠定基础,也有助于逐步养成

关注生活中的数据信息、实事求是、用数据说话和预判的习惯,以统计的眼光科学、客观地认识世界。对应上述的 10 个关键词,在此模块的教学过程中,要培养学生收集数据和整理数据的操作能力、分析数据的逻辑思维能力以及全面培养学生通过数据的收集、整理与分析进行合理预测的判断和推理能力。

3. 教学目标的制定

本单元教学内容在课程标准中所对应的总体目标:经历在实际问题中收集和处理数据并利用数据分析问题、获取信息的过程,掌握统计与概率的基础知识和基本技能,体会统计方法的意义,发展数据分析观念,感受随机现象。其中,根据统计的主题及数据的特点合理选择统计图表进行描述呈现,以及依据数据进行合理的分析是学习中的难点。

教师从以下三个维度确定所匹配的目标行为动词,制定教学目标,并确立教学重点、教学难点。

• 知识与技能目标

1. 认识折线统计图及其特征。

2. 读懂折线统计图中的统计信息,能根据单式折线统计图统计的信息回答简单的问题,并能依据折线统计图的统计结果进行一定的预测或分析。

• 过程与方法目标

经历比较学习(条形统计图和折线统计图比较)的过程,通过知识的迁移进行有效学习,在过程中提升辨析观察能力、说理分析能力。

• 情感态度与价值观目标

在学习和应用折线统计图的过程中,体会折线统计图与日常生活的密切关系,感知折线统计图的广泛应用性,激发并增强对折线统计图的学习兴趣,在过程学习中体会实事求是的精神,发展统计意识。

• 教学重点

1. 折线统计图的特点。

2. 生活情景中各类折线统计图的统计含义。

• 教学难点

根据折线统计图所呈现的数据,对统计结果进行分析或合理推测。

(二) 学习活动的选择——以体验为线,活建构

对于折线统计图的认识这一课,传统的教学往往是整体呈现折线统计图,然后引导学生分别认识图上的各要素,最后理解折线统计图的作用。这样按部就班,对于图中涉及的诸多要素,学生缺少源于现实的学习需求。"要让学生在参与特定的

数学活动、在具体情境中初步认识对象的特征,获得一些体验。"应充分考虑知识与实际生活的联系,以情境生发问题,以问题解决催生学科能力的发展。

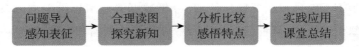

图 6-17 《折线统计图的认识》课例教学关键环节

环节一:问题导入,感知表征——填写"提问卡"

关键问题:看了课题"折线统计图的认识"你有什么问题?

活动要求:填写提问卡,拍照后上传平台,同时对其他同学的提问卡做出评价。

活动效果:学生根据课题开展主动联想和积极思索,他们提出的问题正应和了本节课的教学目标,此环节为建构有效的"体验式"数学课堂打下基础。

环节二:合理读图,探究新知——完善"统计图"

关键问题:根据已知的统计数据,预测上海市 2019 年雾霾天数情况。

活动要求:从老师提供的四种变化情况中选择一个并说明理由。

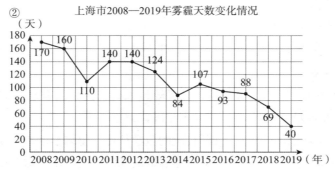

③

④
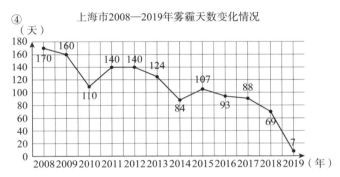

图 6-18　四种情况图

活动效果:选择贴近学生生活的情境"上海市 2008—2019 年雾霾天数变化情况",通过合理读图激活学生已有的知识与经验,引导学生思考解决问题的方法,解读数据背后所蕴含的育人价值,唤起学生亲近生活、亲近数学的热情。

环节三:分析比较,感悟特点——三变"统计图"

关键问题:这份数据的统计结果,能不能用之前学过的条形统计图来表示?

活动要求:仔细观察折线统计图与条形统计图之间的三次变化,思考在此过程中什么变了,什么没变?

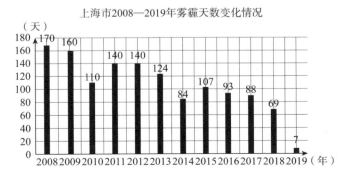

图 6 - 19　条形统计图与折线统计图

活动效果：建构主义学习理论认为，在教学中要注意把新知识放在整体结构中，去认识它的本质，形成知识网络。课堂上，通过动态演示两种统计图之间的变化过程，让学生感知两者之间的联系和区别，感悟折线统计图的特点。此环节中的问题情境，提出具有挑战性、能引发学生新旧经验之间冲突的任务，增强学生体验，促进学生数学知识的迁移，成为教师有效的支架行为。

环节四：实践应用，课堂总结——选择"统计图"

关键问题：体会条形统计图和折线统计图的不同统计功能和价值，合理应用。

活动要求：根据"四(1)班学生的身高情况"和"某市 6 周岁儿童身高 30 年动态情况"选择统计图。

活动效果：选择与学生息息相关的生活情境，让学生在思辨中解决真实问题，明晰两类统计图在日常生活中的应用，达成学习目标。再由统计图引申出"儿童免费身高标准线"的调整，既培养了学生的实践能力，又丰富了他们的生活体验。

（三）实践作业的设计——以合作为面，广延构

荷兰数学教育学家弗赖登塔尔认为，学习数学唯一正确的方法是让学生进行再创造。对于折线统计图的内容，学生是有生活经验作为学习基础的，教师应充分运用比较学习的方法，引导学生主动参与学习，合作探究，尝试合理评价，勇于表现自我，体验合作带来的乐趣。

鉴于此，在二次授课时，我们将原先的作业设计进行了修改——请学生根据已知的统计数据，大胆预测"上海市 2019—2022 年雾霾天数"的变化情况，并且四人一组合作，把预测的情况画出来。

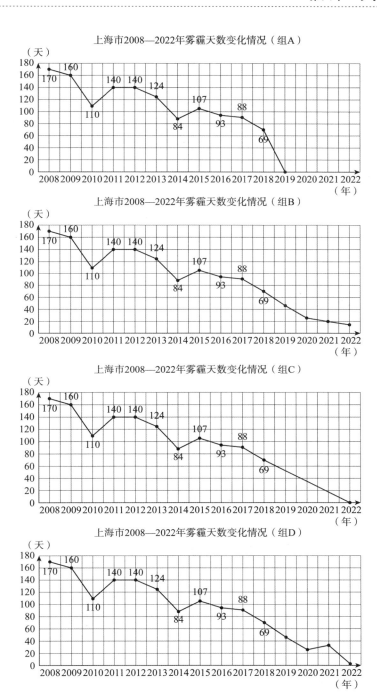

图 6‑20　部分学生作品

组 A：2019 年上海举办第二届"中国国际进口博览会"，从市民到工厂等肯定在日常生活中严格要求自己，减少污染物的排放，雾霾天数为 0。

组 B：习爷爷说，绿水青山就是金山银山。从 2019 年到 2022 年，雾霾天数会逐渐下降，但不会是 0，环境的治理不是立竿见影的事。

组 C：上海实施垃圾分类政策后，雾霾天数会迅速下降，因为我们都会正确投放垃圾，变废为宝。

组 D：我们认为在雾霾天数减少的过程中，会有小幅度回升。

"基于合理预测，合作完成折线统计图"的活动设计，引导学生用"数学眼光"去分析问题，尝试以自己的理解将数学问题与现实生活建构联系并去解决。正如罗巴切夫斯基所言"不管数学的任一分支是多么抽象，总有一天会应用在这实际世界上"。

三、反思与总结

（一）重需求，通过单元文本设计实现知识的整合再构

单元文本设计，首先是引导学科教师通过对教材文本的深入研读，聚焦单元学习的内在逻辑关联，合理规划学习单元，分析单元教材，聚焦单元学习内容后隐含的数学思想方法以及学科核心概念。其次要基于学情基础，确定单元教学目标、整体设计单元学习活动和单元评价（作业）活动、合理选择（提供）单元（学习）资源等。单元文本设计，让教师思考更多教与学的联系和发展。

（二）乐体验，通过合作融合促进师生的互动生成

"体验式"教学模式的实施，倡导对于学科认知的讨论交流与启发分享，并在倾听和评价他人观点的同时，增强同伴间的了解与友情。课堂成为学生之间合作学习、师生之间协同学习的地方，师生成为学习共同体。

在观摩了陈老师的课堂教学后，数学教研组采用观察法、问卷法和访谈法加以分析，进行研究。

1. 课堂观察

由 16 位数学教师及项目组成员担任观察员，通过结构式观察法，从 4 个维度 12 个观察点开展观察活动，并对观察数据进行客观的分析、平等的对话和策略的思考。

我们提出实现"善合作"的校本追求，还要着重做好以下两点：一是建立互相信任的师生关系，营造良好的合作氛围；二是正确把握合作学习的本质，明确以学生为主体开展教学，相信学生的实力，敢于尝试合作学习并形成长效机制。

2. 问卷调查

在折线统计图的认识一课的教学后,设计后测性的学生问卷,选取了 64 位授课学生作为调查对象。问题涉及学生数学学习内容、方式、兴趣等方面,同时通过对教师的教学方法、活动方式、作业设计的了解,反映出课堂现状。

通过问卷,我们发现学生期待的"体验式"课堂是建立在"情境式"基础上的,教师要勇于尝试带领学生走出课堂开展丰富的学科体验活动,使学生融入精彩的生活世界。

3. 访谈调查

采用面谈的方法,访谈参与听课的 11 位数学教师。围绕授课教师对教材的解读与预设以及学生在课堂上的体验与生成、师生的运用与提升制定访谈提纲。

听课教师一致认为课堂中情境的创设与运用,符合学生的认知规律,学生学得有兴趣,整节课的参与度较高。

(三) 促成长,通过评价任务前置导引学习的目标达成

评价任务设计,是在单元设计基础上的一个组合型的大任务的体现。以折线统计图的单元教学为例,教师设计的学习任务要贯穿于折线统计图的认识、折线统计图的画法等不同的课时。同时,又要从单元大任务中分解出与课时学习相关联的具有发展性和递进性的小任务,包括课前初探、课中深究、课后践行。

1. 课前设计,聚焦评价任务的思考价值

这一任务根据学生的认知发展水平和已有的知识经验以及教学内容的重难点等特点而设计,既为教学内容服务又达到知识铺垫和知识唤醒的作用。

2. 课中设计,聚焦评价任务的思维价值

课堂上,我们可以根据具体学习内容的需要,精心设计问题导引,让学生充分展开实践尝试与学习思考,发展学科思维,让核心素养在学生身上自发形成。

3. 课尾设计,聚焦评价任务的发展价值

与课前首尾呼应的连贯任务,能不断吸引学生的注意力,让学生在解决问题中自主生发新的思考,以激起学生的求知欲,活跃思维,开拓思路,激发兴趣,把一堂数学课的教学推向新的高潮。

评价任务的前置设计与"三构"教学策略之"解读与预设、体验与生成、运用与提升"的层层递进相吻合,以"主动的任务驱动"实现教—学—评的一致性。

课堂教学是一种文化浸染,蕴含着巨大的生命活力。在我们关注学生学习之前,先以尊重生命的态度直面学生的成长需求,课堂文化才会绽放出生命的光彩。"方寸"课堂不是知识的简单组合教学,而是希冀在学生的世界中蕴含丰富

的方法、深邃的思想、高贵的品格,进而折射出五彩斑斓、多姿多彩的智慧光芒。

(执笔人:陈静等项目组成员)

【专家点评】

课例研究行将出版之时,一场史无前例的新冠肺炎疫情将我们猝不及防地"卷入"大规模的在线教育中。当我们在方寸之厅,以方寸之屏继续我们的学习与探索时,我们更能切身感受到凤城新村小学提出在方寸之课堂探索无垠之世界的预见性和创造性。本课例研究有两大亮点。一是赓续传统,创造性地将点上的既有特色升华为面上的"方寸"课堂。对"方寸"课堂的本质阐释,体现了脚下立"方寸",眼中无"方寸",心里有"方寸",手中琢"方寸"的博大意境。二是钻研有效,创造性地把文化转型具体化为一系列可操作的课堂策略、观察量表和课堂评价工具。整篇文本既有对区域教改校本化的深入思考,又能聚焦主题、围绕主线,可读性和科学性都非常高。

(上海师范大学教育学院　王健)

3 "被消失"的学生再出现

——"亲·信课堂"高关怀学生教学方法和路径的实践研究

上海市杨浦区开鲁新村第二小学

一、背景与主题

《国家中长期教育改革和发展规划纲要(2010—2020 年)》明确指出"要坚持全面发展与个性发展相统一、要关心每个学生,促进每个学生主动地、生动活泼地发展,为每个学生提供适合的教育"。在这样的理念指引下,我校依托杨浦区课程领导力项目,以"亲·信课堂"三个层面的课程文本,以及紧扣"相亲、相信"两个维度的"四梁八柱"支架设计,最终实现项目组和学校共同致力的愿景——"以学为中心"的课堂文化转型。

研究主题源于教学真问题:"全体和个体"差异的客观存在,教学功利主义暂时无法避免,这些都一定程度上阻碍了教师为每个孩子提供适切的教育,底层学生的"被消失"成了教学的"盲点",也成了"痛点"。

为此,我校提出"亲·信课堂"的校本解决之道:关注学习过程中"相亲和相信"等非智力因素对智力的积极影响,通过教学观念和行为的转变,实现"亲和、亲为、自信、互信"的课堂文化转型。

"亲·信课堂"既关照全体,又关怀个体,更关注成长过程中暂时落后的"高关怀"学生,通过对"高关怀"学生教学的机制和路径研究,促进学生的人际融入和学力提升,同时也助推了整体学生的发展。"被消失"的学生得以活跃于课堂中,所有的孩子都被教师"看见"。

二、设计与实践

(一)设计理念和思想

学校以"在相亲相信中让每个孩子健康快乐地成长"为教学理念,通过一系列中高年级数学教学行动,甄选实施内容,确定实验班和参照班,制定实施路径(见图 6‐21)。从"相亲、相信"两个维度研究教学,以合作学习和自主学习相结合的方式,开展"8+8"课堂观察分析,进行基于课程标准的"3+1"教学评价,不断关注"高关怀"学生在课堂中的表现,努力改进教学,让课堂更有效、更愉悦。

本课例以三年级数学《搭配》为例,充分发挥"人际情感和学习情感"对学习的积极影响,以"换、改、立"为路径方法,帮助各层学生尤其是高关怀学生提升学力,融入学习。

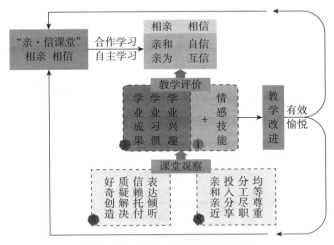

图 6‐21　"亲·信课堂"实施路径

(二)实践的方法和路径

1. 实践"换":换一个目标视角,关注"高关怀"学生的情感

教学是一种有目的的教育行为,精准的教学目标尤为重要。正所谓"亲其师

而信其道",学生往往会因为喜欢一个老师而喜欢他所教的课程,教师加强感情的投入,形成融洽的师生关系、生生关系,会带给"高关怀"学生源源不断的动力支持,使他们由"厌学"变为"乐学"。如何将"情感"因素植入教学目标中,与认知学习产生互补? 我们将包含着"相亲、相信"的情感目标,有机融合到三维目标中(见表 6-15)——以"好奇心"和"求知欲"来促进"知识与技能"目标的达成,提供多种方案,让"高关怀"学生可以选择适合自己的认知方法;以"乐于探索、积极合作、共同分享"的情感来促进"过程与方法"目标的达成;设计自主探究和小组合作驱动性活动,通过摆一摆学具等直观操作,为"高关怀"学生抽象思维铺设台阶,让学生更自信。当这些包含着"相亲、相信"的"情感"因素,有机融合到知识与技能、过程与方法目标中,达成情感态度与价值观的目标也就水到渠成了。

同时,另一个问题应运而生:三维目标中的情感态度与价值观是教学评价的难点,我们研制了"亲·信课堂"行为观察内容和目标,采用课堂行为观察的方法进行分析评估,但课堂观察工具的科学性和操作性应如何保证呢? 这成为实践的关键。

2. 实践"改":改一张观察量表,记录"高关怀"学生的成长

表 6-15 三年级数学《搭配》三维目标对比

	原先 (传统课堂)		现在 (亲·信课堂)		
知识与技能	学会用各种方法,找到所有搭配方案。	注重结果	1. 了解搭配的各种表示方法。 2. 选择不同的表示方法,有序地寻找搭配方案。	好奇心 求知欲	注重过程和选择
过程与方法	1. 在教师的示范下,借助操作、画图等方法学会有序搭配,得出结论。 2. 在教师的指导下,了解列举法、连线法等方法。	以教为中心	1. 在课堂情境中,自主探究,运用不同的表示方法寻找搭配方案,逐步提升思维的有序性。 2. 通过小组合作、交流分享,了解列举法、连线法等各种表示方法,提升思维的全面性。	乐于探索 积极合作 共同分享	以学为中心
情感态度价值观	培养有序、全面思考问题的能力。	有教学思想的渗透	1. 通过搭配的不同表示方法,体会有序寻找的意义并乐于有序探索。 2. "亲·信"核心素养——"求真":充满好奇心、求知欲,乐于与伙伴分享探究成果,共同解决实际问题。	—	强化情感因素的促进作用

　　教学既是有目的的行为,也是一种合理的行为,其合理性体现在教师可以通过评估来证明他们所教授给学生的东西是学生值得学习的。

　　情感目标评价始终是一个难点,其评价需要依靠主观的观察来辅助分析。因此,我们设计了课堂观察量表并多次修改,期望能够全面地"看见"学生,尤其是"被消失"的学生,了解学生学习的真正发生过程。

　　在设计数学课《搭配》的观察量表时,我们注重学生的情感体验,注重低阶思维向高阶思维的发展,注重面向全体又关注个体(见表6-16),邀请数学教师观察小组学习情况,邀请特教和心理教师对"高关怀"学生进行一对一的观察。

表6-16　三年级数学《搭配》观察量表

教材版本:__沪教版__　　第_六_册　第_四_单元　　课题:__搭配__

学　　　校:__开鲁二小__　　班　　级:__三(4)__　　　　姓名:_____

学生属性:_____　　　观　察　者:_____　　教师:__唐征洁__

观察内容		观察行为	分项指标达成度				
			无	较低	一般	较高	高
			0	1	2	3	4
观察内容	高关怀学生	1. 投入注意力,乐在其中。					
		2. 乐意动手操作去寻找搭配方案。					
		3. 主动尝试用不同方法去探究搭配问题。					
		4. 愿意和组内成员共同解决实际生活问题。					
	小组其他成员	1. 每个成员充满好奇心、探究欲。					
		2. 通过尝试不同方法,共同找到解决问题的方法,完成目标。					
		3. 综合运用并解决实际生活问题。					
合计							

"高关怀"学生进步关键点记录:

综合评价:

在评估"高关怀"学生的达成度时,教师不仅要记录"高关怀"学生的达成分值,更要注重分值与之前的变化情况。观察表还为"高关怀"学生设计了"进步关键点"的记录,引导教师关注"高关怀"学生,其"进步"无意中被放大观察和分析,在此激励下,"高关怀"学生往往表现积极,自信心也增长起来,并建立了良好的师生、生生"互信"基础。

正如教育家第斯多惠指出的,"教育的艺术不在于传授的本领,而在于激励、唤醒和鼓舞",对于高关怀学生,应按他们的实际进行激励性评价,使评价有利于他们的发展进步,有利于激发"高关怀"学生的潜能。在数学课"搭配"的小组合作中,观察人员欣喜地发现小组内的高关怀学生小 A 具有组织号召力,他提醒大家用不同的分工方法来寻找"3 件衣服和 2 条裤子"的搭配方案,观察教师在旁"故意"夸张地点头赞许,得到支持鼓励的小 A 非常开心,他的眼睛和声音都明亮起来,积极地参与到活动中,一旁的观察教师不时助一把力,结果这组最先完成了任务,小 A 还被小伙伴推选为下节课的组长。从小组活动的旁观者小A,到组织者小 A,"高关怀"学生的成长让我们欣喜!

3. 实践"立":立一组策略方法,提升"高关怀"学生的思维能力

"亲·信课堂"从情感领域进入,我们不断改良观察量表,使其辅助教学、促进反思的功能得到释放。但如何促进每个学生的思维尤其是高关怀学生的思维,这个教学"核心问题"仍须突破。我们依据布鲁纳的思想和心理学研究,以"有利于解决数学知识抽象和学生形象思维之间的矛盾,有利于生成强而有力的认知和情感动机,有利于发展高阶思维的空间,有利于促进学生主动地、富有个性地学习"为教学导向,"立"了一组策略方法,即"创设问题情境、把握关键问题、提供思维支架"来提升"高关怀"学生的思维能力。

(1)创设问题情境

《搭配》一课中,我们设计了蕴藏着"搭配"数学思想,又与生活息息相关的趣味情境。让知识、技能、思维和情感有机融合,使数学学习更为直观形象,从而激发"高关怀"学生参与认知活动的积极性。

(2)把握关键问题

将教学重难点内容转化成具有思维价值,能揭示事物本质的关键问题。

其一,关键节点的关键问题,进行有序有效地思维。当"高关怀"学生在搭配方案中出现重复遗漏时,教师及时提出"怎样才能不重复不遗漏?"启发他们思维的有序性。

其二,运用环节的关键问题,进行合理综合地思维。请学生"根据迪士尼乐

园演出时间表(见表6-17)选择如何观看演出",引导"高关怀"学生判断辨析,锻炼思维综合运用的全面性。

表6-17 上海迪士尼乐园演出时间表

上午	10:15—11:05	金色童话盛典
	10:45—11:15	冰雪奇缘
	11:50—12:50	风暴来临
下午	12:20—13:20	人猿泰山
	13:45—14:30	大白超酷活力秀
	15:30—16:30	米奇巡游

(3) 提供思维支架

教学中教师适时适切地提供"思维支架"将有助于学生思维的构建。

其一,设计适切的小组驱动性任务。

课堂实录:

老师布置了一个搭配任务:3件上衣和2条裤子有几种不同的搭配方法? 提示学生,可以使用"求助旗"请老师或同伴帮忙。

话音刚落,同学们就行动起来,而"高关怀"学生小B却有点不知所措。

老师:怎么啦? 你想用什么方法解决呢?

小B摇摇头,一脸无奈。

老师:不着急,你可以先观察其他同学的做法,也可以用"求助旗"请求帮助。

小B点点头,抬起手犹豫着想插"求助旗",但又缩回了手。原来"弱"的孩子会不好意思求助老师和小伙伴呀。

老师:你最喜欢用什么方法来解决呢?

小B指了指在用学具的伙伴。原来他的方法被同学"先登"了一步。

老师:嗯,这个方法是最直观的,你很会选呀!

小B羞涩地微微一笑,小伙伴主动把学具递给小B,老师拍拍小B和同学的肩膀。

老师:来,小B试一试,也请小伙伴看看你们摆的方法是否一样。

小B立刻摆起了学具,一会儿就摆好了。旁边的小伙伴连连点头。

老师:你真棒! 这么快就完成了!

小B看着老师和同学,开心地笑了。

　　每个学生的学习风格和方法具有差异,不同学生的认知能力也有高低之分,因此,教师在设计驱动性任务时要考虑不同学生的喜好和能力,并提供多样的方法(见图6-22)让学生自主选择。无论是抽象思维的符号法,还是形象思维的列举法、连线法,都是小组合作的探究成果,每个学生在小组中不仅能获得知识,还能体验友情,培育自信、自尊。

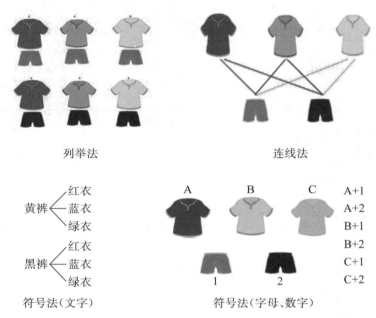

图6-22　方法多样的小组驱动性任务

　　其二,设计适时的进阶性分层要求。

　　教师在教学最后阶段的高阶思维"综合运用"培养上,有意识地从不同角度引导学生根据上海迪士尼乐园演出时间表,自主选择一个颜色勋章完成相应的搭配练习(见图6-23)。不同颜色的勋章不仅无痕地保护了"高关怀"学生的自尊,还对不同层次的学生提出了分层要求,大多数学生会挑战"红勋章",学有余力的学生挑战了"黄勋章"。教师鼓励"高关怀"学生按时间顺序,找到上午有3场演出,下午有3场演出,共有9种搭配方案,让"高关怀"学生同样感受到进阶式高阶思维的成功感和自信心。

　　其三,设计平等的互助性评价指标。

　　以往小组合作几乎都是"好学生"的表现舞台,而中端学生是可有可无的"龙套","高关怀"学生是迷茫困惑的旁观者。因此,我们对小组合作提出了三个评价指标:①人人参与,人人表达;②遇到困难大家互相帮助;③依据参与率和互助情况评选最佳小组。这个评价引导学生全体与个体的亲力亲为、互相融合,也增强了"高关怀"学生的自信心。

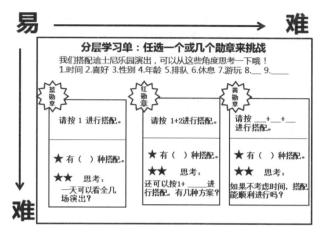

图 6－23 进阶式分层要求

三、反思与总结

本课例通过"换、改、立"实现从讲堂到学堂的空间转变,从先教到先学的程序转变,从"教授"到"教练"的教师角色转换,建立起现代课堂"亲和、亲为、自信、互信"的本质基础。从教学目标的情感注入、观察量表的不断改进、思维策略的进阶分层建立起初步的"高关怀"学生教学机制和路径方法。从数学学科的个别教师研究到整个数学大组的研究,再到"亲·信课堂"团队合作的研究,我们注重培育学生的思维素养,逐步形成"以学为中心"的课堂转型。未来课题组将对以下两个方面做进一步的思考实践。

1. 如何更好地培养"高关怀"学生的高阶思维

"被消失"的学生是教学不愿看到的畸形现象,让他们"再出现"是必须直面的教学任务,高阶思维策略对每个学习层次的学生都很重要,今后将尝试突破这一难点。

2. 如何让教学兼顾全体和个体的发展

课例研究初见成效,但对"高关怀"学生的教学研究是"亲·信课堂"研究的起步,如何改进教学方法与策略,兼顾到全体和个体的发展,这些仍需要静下心来探索。

（执笔人:徐晶 唐征洁）

【专家点评】

课例依据学校"亲·信课堂"的理念和内涵,针对课堂中"被消失"的学生这一现象,以三年级数学课为例开展了对各层次学生发展的实证研究,思想性、指导性及实践性都较强。课例提出要"托起底部,夯实腰部,做强顶部"的设计理念,从三维目标出发展开了对《搭配》一课的三轮实验研究,提炼出"亲·信课堂"的"4项核心素养和16项观察指标",并不断改进完善。特别是对观察量表的改变,使得能直观看到各层次学生的发展表现。在反思环节中教师能从"备教"转向"备学",学生从"偏重"转向"全面",取得较大的成效。

但课题主题是"被消失"的学生再出现,课例的重点尚须进一步强化,需要更多关注"底部学生",以促进全体学生的有序发展。实验课例是数学课,文本中对学科的特色、特点和特性关注尚显不够,特别是思维品质的培养尚显不足。

(上海市杨浦区杨浦小学　张治)

4　环境创设"巧"　课堂力求"活"
——沪教版一年级第一学期"大家来做加减法"课堂实践

上海市杨浦区中原路小学

一、主题与背景

在国家提出新课程改革的背景下,提升校长的课程领导力和教师的课程执行力显得尤为重要。课程是学校教育的核心,课堂是课程实践的重心,课堂转型的关键在于全体教师的共同努力。我校积极开展"探索学习环境创新,创建真实灵动课堂"的课堂实践,提炼了"真实灵动"的课堂文化内涵。

根据数学学科的特点,结合小学阶段数学学科的核心素养培养理念,总结出"真实灵动"的课堂主要具有以下几个特征。①视角儿童化:教育要有学生立场,以儿童视角解读教材,设计活动。②探究情境化:问题的引导是课堂探究的动力,解决问题的过程正是知识的习得过程。③活动结构化:以核心问题为绳,把数学活动串联起来,让学生完整、有结构地亲历活动。④问题驱动化:通过问题引导,让学生经历从发现问题、提出问题到分析解决问题和拓展应用的过程。① ⑤知识生活化：让学生感受知识的现实背景，让知识更接近生活。基于此，提炼出"真实灵动"课堂教师的设计要素。

表 6 - 18　"真实灵动"课堂要素表（教师）

一级指标	二级指标	主要内涵
真实	（学习的）真"情"	基于经验基础的认知与差异
	（课程的）真"知"	基于课程标准的目标与内容
	（体验的）真"味"	基于问题导向的活动与实施
灵动	（情境方法的）灵"巧"	学习环境的创建与运用
	（建构思维的）灵"活"	教学设计的架构与实施
	（对话发展的）灵"气"	激励导向的互动与评价

　　我们选择了沪教版数学一年级第一学期"大家来做加减法"作为课例，通过调查研究法和行动研究法来探索和诠释"真实灵动"课堂文化转型。

二、设计与实践

　　"大家来做加减法"是一年级第一学期的内容，主要是对 20 以内的加减法进行复习。新课程背景下的计算教学目标不仅局限于要求学生掌握正确的计算方法具备熟练计算的能力，更重要的是为学生创造广阔的思维空间，重视在计算活动中思考算式与算式之间的关系，把"探索规律"放在突出位置，培养学生的逻辑推理和创新意识。因此，"大家来做加减法"是一个重要内容，同时是学习"探索规律"和培育思维的重要切入口。

　　基于课程标准的目标与内容设计，结合经验基础与认知差异，本节课通过课前情境引导—归纳问题—课中体验活动—解决问题（提出新问题）—课后延伸应用的方式来实现"真实灵动"的课堂。

　　（一）情境创设

　　一年级第一学期，学生刚接触数学，主要是让学生对数学产生兴趣，启发思维。教材中涉及"探索规律"的内容有"10 的游戏""数墙""推算"等。20 以内的数的加减法是今后多位数计算的基础，"大家来做加减法"是在巩固基础的同时提升思维能力。课前，数学活动课设计了有趣的游戏，如钓鱼游戏（10 的游戏思

---

① 高勤敏.浅谈对小学数学核心素养的认识[J].情感读本，2018(15)：46.

想)、下计算棋(大家来做加减法的渗透)、按要求找算式(推算思想),并在数学周推广。

通过游戏,我们发现低年级的学生对游戏比较感兴趣,但缺少了继续"探索规律"的精神。为了培养学生掌握有序的学习方法,提升学生的思维发展。我们结合"真实灵动"课堂要素,进一步尝试了对"大家来做加减法"的课堂探索与实践。

(二)课堂探索与实践

1. 第一次课堂实践

(1)认识加法表

4+4	5+4	6+4
4+5	5+5	6+5
4+6	5+6	6+6

图 6-24 "九宫格"加法算式

① 把这些算式都放在一起,这是什么形状?

② 认识加法表的各个方向。

③ 扩大加法表。

④ 合作学习,探究加法表的秘密。

(2)认识减法表

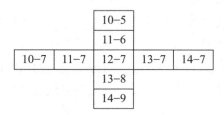

图 6-25 "十字形"减法算式

① 口算。

② 根据加法表中隐藏的小秘密,把这些算式有规律地排在一起。

③ 探究减法表。

④ 合作交流。

2. 第二次课堂实践

(1)课前情境,提炼出真实有效的问题

口算比赛(计算条)。

(2) 设计活动,循序渐进地解决问题

① 选择一些算式,用推算的本领有规律地摆一摆。

② 认识加法表:

a. 把这些算式都放在一起,这是什么形状?

b. 认识加法表的各个方向。

c. 把表格补充完整。

d. 扩大加法表,在九宫格上下左右添加算式,再出示整张表。

e. 合作学习,验证加法表的秘密。

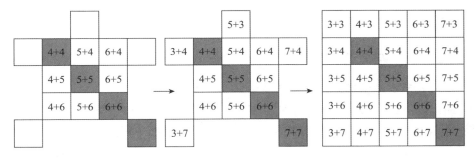

图 6-26　加法表形状扩展

我们可以从哪几个方向验证加法表的小秘密?

详细介绍学具。

图 6-27　学具图

(3) 知识拓展,迁移中产生新的问题

① 摆一摆,算一算(摆成十字形)。

图 6-28　"十字形"减法算式

② 表格扩展。

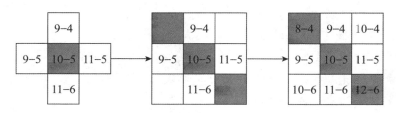

图 6‑29　减法表形状扩展

③ 认识完整减法表。验证归纳并说出规律。

（4）应用提高，评价中提升学习素养

数组游戏，融入评价。

三、反思与总结

（一）两次课堂实践的对比与总结

在引入过程中，第一次教学实践只是出示 9 道计算题，让学生自己算一算，学生没有寻找规律的意识。第二次教学实践，进行口算比赛，要把简单的口算知识与加法表联系起来，从口算的情境中产生问题。在初步认识加法表的过程中，第一次教学实践，直接把加法表的四个方向延伸，学生并不能很完整地添加算式。第二次教学采取了循序渐进的方法，加入了有趣图形延伸的过渡环节，让学生知其然并知其所以然，在解决问题的同时习得新知。

探究加法表，第一次实践教学是提供学具让学生自己探究加法表。第二次教学实践中改为验证并有意识地示范，在示范操作中进行列、撇、捺的移动，让学生在此过程中感受到所有的行、所有的列、所有的撇、所有的捺的规律都是一样的。学具的灵活应用，把复杂的表格简单化，激发起学生的学习热情，为学习推理打下扎实的基础。认识减法表，因为有加法表的铺垫，第一次教学实践给学生提供 9 道算式摆图形，发现难度较大，学生探究规律有困难。第二次教学实践，给学生提供 5 道减法算式，并给出图形语文字"十"，再延伸成正方形，这样一来就简单多了，学生自主探究减法表，解决新问题。

在巩固应用中，第一次课堂实践是加法表和减法表分步进行练习，效果并不明显。第二次教学实践进行了整合，并以游戏的形式呈现，同时加入验证环节。引导学生利用所学知识把算式填入表格中，按照一定的规律填写即可，不一定要和课本上的加减法表的规律一模一样。将算式分类是对新问题的巩固，也体现了归纳的思想。最终学生得到几个笑脸,也进一步检验了这节课学生对知识的掌握情况。

(二) 结合"真实灵动"课堂文化转型的思考

1. 课程的真"知",问题的真"实"

口算比赛,从如何计算用时最少的问题过渡到找规律。结合学生的认知基础,从直观的图形出发,提出相关联的问题。用推算的本领选择一些算式有规律地摆一摆,引导学生探究加法表中的规律,让学生知其然并知其所以然,由此顺利过渡到课本中的加法表。在减法表中,首先利用 5 道减法算式摆图形,然后再变成正方形,填写空缺的算式,引导学生自主探究减法表。整节课围绕课程和问题,层层递进渗透,给学生一个想象的空间,让学生在研究中经历挫折、失败与成功,获得多种问题意识。

2. 活动的真"实",体验的真"味"

活动的设计结合实际情况,借助摆卡片探究部分规律。设计不同颜色的算式及不同图案的挑战,激发了学生的活动兴趣。在探究加减法表中给学生提供了观看四个方向的学具,让学生直观形象地感受加减法表中的规律,学生在体验中从不同的角度思考问题,从简单到复杂。同时,也能够激发学生的思维,让课堂动起来,使学生主动探索,为解决问题和学习推理打下扎实的基础。

3. 合作运用"巧",评价检验"真"

课中注重引导学生投入到探索与交流的学习活动中。鼓励学生通过摆算式等方式进行独立思考,呈现个性特点。而在探究加、减法表规律时,先是小组每个同学从不同的方向探究可能隐含的规律,然后再小组交流,最后全班进行交流,强化在个人独立思考基础上开展合作,并通过合作与交流进一步开拓思路,提高解决问题的效率。同时,比较注重激励性语言的运用,在数组游戏环节中,设置了量化的评价标准,以学生获得的笑脸数检验这节课的学习效果,让评价真实有效。

本节课通过课前活动发现问题,并以问题为导向设计活动、开展思考实践、实施评价这样逐层递进的方式来探索"大家来做加减法"的课堂教学。通过此案例,诠释了数学学科在课堂文化转型中的实践与探索。在实践中发现,教师能抓住问题的"真"、活动的"实"和运用的"活"。改变课堂学习环境,就能发现问题,掌握规律,让课堂变得有活力。课堂文化转型是一个不断探索、不断改进的过程,我们将继续深入研究,在点滴积累中实现课堂文化的转型。

(执笔人:黄晓静)

【专家点评】

这是一篇很好的数学活动课的课堂教学案例。教师首先在"主题与背景"中,明确介绍了学校"真实灵动"的课堂转型理念,并从小学数学课标要求和学科核心素养培育的角度,总结出了数学课堂"真实灵动"的"五化"基本特征,用以指导课堂教学的设计与实践。

在选择了教材第一册中的"大家来做加减法"的教学内容后,教师决定通过课前情境引导—归纳问题—课中体验活动—解决问题(提出新问题)—课后延伸应用的路径来实现课堂的"真实灵动"。并通过两次课堂教学实践的探索,以及课后的反思和比较,完整、立体、有深度地呈现了一堂"真实灵动"的小学数学课堂转型的案例。

在这个案例中,可以看到教师对学生数学学习中高层次思维能力的培养非常注重。教师通过一定的问题引领和结构化的活动内容设计,以及一定的学具支撑,引导学生寻找加法表和减法表的"秘密",自主探索"规律",体验数学思想与方法,让学生完成了一堂颇有思维挑战度的数学活动课,收到了很好的效果。

本课例中教师能抓住问题的"真",通过口算比赛引发计算用时最少的真实问题,激发学生的探究兴趣;在活动设计上能够循证求"实",结合学生实际,循序渐进;在巩固应用环节能以游戏的形式呈现,加入验证环节。引导学生利用所学本领将算式分类,既是对问题解决的巩固,也体现了归纳的思想。本课例让课堂学习环境得到了很大的改变,从而让课堂变得更有活力。

(上海市教育科学研究院普通教育研究所　朱怡华)

5　探索数学学科教学与"全人"课程理念同步发展的实践之路

——关于小学乘法教学设计与实施的课例分析

上海市杨浦区控江二村小学

一、背景与主题

2018 年 9 月,学校提出了"以全人教育构建新时代卓越学校"的办学目标,以及"学会做人,学会求知,学会创造"的学校课程目标,并拟定"全人"课堂十大关键要素。在全面领会"全人"课堂内涵与实施要求的基础上,本校数学教研组经过深入思考,确定将十大要素中的"数理素养"作为学科本体要素,将"思维品质、自我管理"作为学科关联要素。以三年级第二学期《用两位数乘除》单元为研究素材,从单元、课时的视角,探索"全人"要素与"学科关键能力"对应和关联的基本原则、实践路径和方法,并通过课堂学习评价量表的研制与运用来循证"课程理念要素与学科能力培养的相融与共赢"。最终促进数学课堂教学由"方向正确"到"方法科学",由"教好知识"到"培育素养"的转型与发展。

二、设计与实践

(一) 细化核心要素关联学科要求,实现课程文化与学科教学的共融

"全人"课堂要素是针对全学科的,具有通识性。欲将其完美地融入数学教学中,需要根据学科特点将相关概念诠释学科化和精细化,形成数学学科纲要中"全人"课堂的要素表达。

表6-19 学科本体要素"数理素养"概念诠释的精细化对比

要素	学校要素内涵	学科纲要细化(举例)	
数理素养	具备计量、空间、图形、不确定性等领域的基本素养,以及数学抽象、逻辑思维、数学建模、数学运算、直观想象、数据分析的能力。	归纳想象	具备具体直观转向思维思考的能力,通过感知与识别、分类与概括、想象与建构、定义与表征、系统化与结构化,提炼数学概念,构造数学模型。
		运算求解	具备根据法则和运算定律正确进行运算的能力,通过观察、比较、归纳等数学活动培养运算能力,理解运算算理、寻求合理的运算途径,提升缜密的运算思维,解决实际问题。
		……	……

表6-20 学科关联要素"思维品质""自我管理"概念诠释的学科化对比

要素	学校要素内涵	学科纲要细化(举例)
思维品质	具备问题理解、分析、推理判断的系统思考,并能有效解决生活问题。	具备全面、灵活、创新、批判性的学习态度,能思考问题、分析问题、解决问题。
自我管理	具备适宜的人性观与自我观,通过选择、分析和运用新知,探求生命意义,并不断自我管理,追求至善。	具备接受信息、处理信息、自我监督并反思调整的意识和能力,在数学学习活动中,通过调动已有经验,参与学习活动,激发探究动力,主动获取新知,不断完善自我。

在此基础上,运用二级指标的描述,建构分类检索功能,促进学校文化与学科教学的连接。(见表6-21)

(二)核心要素渗透课堂教学,促进"全人"素养孕育与学科能力发展互通

1. 要素指标与教学内容的对应

基于要素的学科化和指标化,顺利完成单元内容与"全人"要素对接,具体见表6-21。

表6-21 学科本体要素和关联要素与教学内容的对应

教学内容	学科本体要素		学科关联要素	
	一级指标	二级指标	一级指标	二级指标
用两位数乘（口算）用两位数乘（笔算）用两位数乘（估算）	数理素养	运算求解✓ 推理论证 空间想象 数据处理 归纳抽象✓ 问题解决✓	语言能力 思维品质 合作意识 自我管理 审美趋向 信息技术	简洁表达✓ 逻辑表达 深刻全面✓ 灵求求新✓ 集思表现 增效作用 参与活动✓ 自我完善✓ 审美意识 审美价值 资料查找 信息交流

2. 要素指标渗透教学目标

若要素仅与教学内容相关,可能会出现"全人"素养要素游离或偏离教学目标等情况。"全人"理念导向下的教学设计要做到"全人"课堂要素与教学目标的紧密结合。

表6-22 "用两位数乘(估算)"课时教学目标改进前后的对比

首次	改进
1. 结合实例,探索两位数与两位数相乘的估算方法。 2. 逐步养成估算的意识和习惯,养成认真负责的态度和良好的计算习惯。	1. 运用已有的知识经验,探究归纳两位数相乘的估算方法,在合作分享中感受估算策略的多样化。——数理素养(归纳抽象)、思维品质(全面) 2. 通过比较分析,从精准、快速的角度评价不同的估算策略,发展思维的全面性和辩证性,通过交流不断完善自我。——思维品质(全面)、自我管理 3. 经历两位数相乘的估算过程,发展估算意识,培养估算能力,体会估算在生活中的重要性。——思维品质(全面)、自我管理

3. 要素指标渗透教学目标后的课堂教学

在"全人"课堂核心要素的导向下,具体精准的教学目标赋予教师思考的灵

感,驱动教师创建学习任务,设计核心问题,并将目标逐一规划到每一层教学活动中。表 6‐23 对比的是在目标 1、2 的驱动下,教师分析学生已经具备的用整百数估算更快速、用整十数估算更精准、运用相邻的整十数可以估算出一位数乘两位数积的范围等运算经验和技能后,在核心问题设计上出现的变化及学生相应的学习表现。

表 6‐23 "用两位数乘(估算)"教学核心问题改进前后的对比

环节	内容	以往教学设计	改进教学设计
估算策略学习	核心问题	12×17 把其中的一个因数看成整十数,你能得到这个算式积的范围吗?	12×17 这两个因数都是两位数,我们能先估算一下结果么?
	学习表现	同质多向思考——得出两种积的范围。	异质多向思考——得出多种积的范围或得到一个接近的值。
估算策略比较	核心问题	比较一下,这两种方法,哪一种更好?	哪一种方法"估得快"?哪一种方法"估得准"?评价多种策略。
	学习表现	单一标准进行比较——得到更精准的方法。	双向标准进行比较——获得辩证思想的体验、数据分析的经历。

(三)依据要素指标编制评价量表,检测课程理念落地与学科要求落实的共赢

依据要素指标对师生课堂行为进行观察分析,是检测学校课程理念落地和教学方式改进的有力依据。

表 6‐24 "用两位数乘(估算)"课时目标细化后的新型课堂评价单

一级指标	二级指标	评分规则	评价时机
数理素养	归纳抽象	A. 运用已有的知识经验归纳多种两位数乘两位数的估算策略。 B. 能运用已有的知识经验归纳两种两位数乘两位数的估算策略。 C. 只能运用归纳一种两位数乘两位数的估算策略。 D. 不能归纳两位数乘两位数的估算策略。	教学活动反馈第二阶段

211

（续表）

一级指标	二级指标	评分规则	评价时机
思维品质	深刻全面	A. 能根据数据特点,从精准性、快速性和批判性等角度思考选择合理的估算策略。 B. 能根据数据特点,从精准性或快速性角度思考运用估算策略。 C. 不能选择合理的估算策略。	教学活动反馈第三阶段
自我管理	参与活动	A. 能积极主动参与各种学习活动,并且主动交流。 B. 主动参与各种学习活动。 C. 在他人的影响下,仍旧没有主动参与的愿望。	教学活动反馈第三阶段
	自我完善	A. 倾听他人方法后,主动思考,自主完善自己的方法。 B. 倾听他人方法后,教师指导后完善自己的方法。 C. 倾听他人方法后,教师指导后仍旧无法完善方法。	教学活动反馈第三阶段

通过量表的记录和分析可看出,教师教学行为和学生求知状态相比原先有明显变化。计算学习的目的不仅停留在运算的结果,而是更多关注运算策略的比较和优化,策略比较的维度和问题研究的方向又多源于不同角度的思考。学生在倾听他人观点和思考更新自己观念的同时,自觉生发合作意识以及求真求实的学习需求。"全人"课堂理念由此转化为真实的课堂行为。

三、反思与总结

(一) 经验提炼

"全人"课堂核心要素与学科核心能力的精准对接,为将"全人"课堂理念转化为教学行为奠定了基础。本案例研究发现,对应学科教学具体要求,从"全人"核心要素中确定学科本体要素和关联要素,并通过"分解学科本体要素——指标化""分析学科关联要素——学科化"的方式将"全人"核心要素合理分配、科学细化到单元教学设计中,能够连接学校课程理念和学科教学要求,促进教师教学行为的改进。

"全人"课堂核心要素与学科教学目标的互通相融,为"全人"课堂内涵呈现于学科教学提供了保障。本案例通过要素指标的检索与连接,将"全人"课堂核心要素适切地融于学科教学目标中,分别纳入"知识与技能""过程与方法""情感态度价值观"三维目标的叙写,引领教师解决了数学计算单元教学方式单一、学生计算思维机械化等问题,"全人"课堂的理念也自然而然地形成于课堂教学之中。

"全人"课堂核心要素与学习活动实施的相辅相成,为检测"全人"课堂理念落实课堂教学的情况提供了依据。研究还发现,学习活动设计除了要围绕教学目标展开思考之外,更要在真实情境下充分预设学生的学习表现,以确保活动实施与要素指标的紧密关联。同时,还要分析学习中学科本体要素和学科相关要素的主次关系,从而为检测"全人"课堂理念落实的情况提供有价值的依据。

(二)反思改进

应更关注"全人"课堂核心要素与学科教学要求的指标对接,关注指标在各知识领域的横向分配以及各学段的纵向发展问题。本次研究只涉及一个年级的一个单元,后续研究将在此基础上,依据数学的四个知识领域,将学科本体要素和相关要素的各项指标进行合理分配,保证要素的覆盖面和均衡发展。

应关注"全人"课堂核心要素与学科教学要求对接的方式对于其他学科的适用情况。学校课程理念应落实于各学科教学,因此应在数学学科研究的基础上选择2—3门学科进行再次探索。要特别关注文科与理科、运动类与艺术类等学科差异对于"全人"课堂核心要素与学科教学要求对接的影响,以得出更加全面、更加科学的方式。

(执笔人:楼蓓芳　宗飞　应鸣)

【专家点评】

本案例修改定稿时,我们还处在新冠疫情防控的关键阶段。在这场可能会深刻推动人类社会生产和生活方式发生重大变革的灾难面前,我们深刻意识到"培养完整意义上的人"方是教育的旨归。控二小学很早就前瞻性地提出"全人教育"的培养目标,并创造性地融贯在课堂文化转型中,操作性地将其转化为"全人"课堂的十大核心要素。以这节数学课为例,看到了教师智慧地通过系列具体化、学科化的描述把上述要素转化为数学学科课堂教学的要素表达,再将各个要素按照每个学期的学习目标与学习内容,转化落实到每一个课时、每一个学习任务和评价之中。课堂文化的转型,归根到底是坚守全面育人的初心,探寻高效育能的路径。控二小学的案例向我们展示了这种转型的可操作范本。在今后的教育改革中,这样的课堂文化转型一定能推动学校不断迈向优质均衡的、更卓越的、更美好的办学新境界。

(上海师范大学教育学院　王健)

第三节　其他学科课例研究

 指向"趣动"课堂的课例研究行动

——以科学与技术学科《厨房中物质的溶解现象》一课为例

上海市杨浦区齐齐哈尔路第一小学

一、主题与背景

学校围绕"自主选择、创智发展"的办学理念,以科学与技术学科为试点,旨在"牵一发而立全校",探索课堂文化转型,提升办学品质。

（一）趣动:课堂文化的学校追求

学校以区域课程领导力项目为核心,聚焦课堂真问题,通过课堂观察以及问卷调查发现,面对高位的课标与统一的教材,教师往往"不敢变、不愿变",学生则"不能动、不会动",课堂呈现出"不好玩"的现象。由此,学校项目组明确了"经历中激趣,体验中智慧,合作中创生"的课程目标,并提炼出"趣动"课堂文化与"动心、动手、动脑、动情"的课堂内涵,即在兴趣的激发中,通过探究、实践、合作与创新活动,实现学生的思维提升与智慧创生,共同培育学生的正确价值观念、必备品格和关键能力。

（二）未动:学科教学的现实问题

《上海市小学科学与技术课程标准》中指出,"要让学生充分经历并体验各种探究与设计的科技活动过程",从而"发展学生的实践能力、创新意识与科学思维"。科学与技术学科教研组以"四动"标准衡量实验教学,却发现受课时、资源等条件的影响,不少课堂教学仍以教师演示实验为主,学生实践机会不足或仅仅停留在动手层面,缺少主动探究和思维发展,即"假动、乱动"等未入心、入脑、入情的现象较为普遍。若长此以往,学生的实验能力只停留在表层,良好的科学素养也难以形成。因此,教研组聚焦科学与技术教材第六册第四单元《厨房中物质的溶解现象》一课,探索"趣动"课堂引领下,实验教学课堂学习活动的设计与实施。

二、设计与实践

《厨房中物质的溶解现象》一课围绕"溶解"现象,通过"哪种方式使糖在水中溶解得快一些"的对比实验,让学生"通过实验,知道搅拌和温度等是影响物质在水中溶解快慢的常见因素"。根据学校课堂文化转型的要求,教师从课堂理念、课堂行动、课堂制度和课堂环境四个维度开展课例研究,通过三次设计与实践,不断优化课堂学习活动,让学生在动心、动手、动脑、动情方面有了初步的变化。

（一）第一次设计与实践:变"不动"为"手动"

1. 教学策略

本着让学生"动手、动脑",充分经历并体验探究过程的想法,教师调整了原先以教师演示实验为主的教学方法,旨在给学生提供实践动手的机会,在活动中解决问题。具体策略如下。

第一,设计学生操作实验,引导学生根据不同的实验预设,小组合作完成实验。

第二,提供实验方案作为学生活动的支架,指导学生按要求进行操作。（见表 6－25）

表 6－25　"哪种方式使糖在水中溶解得快一些"实验记录表

问题:哪种方式使糖在水中溶解得快一些? 我的设想:糖在＿＿＿＿＿情况下可能会溶解得快一些。 实验材料:热水、冷水、糖、小匙、搅拌棒等。				
实验记录	实验1		实验2	
	热水		大颗粒	
	冷水		小颗粒	
	实验3		实验4	
	搅拌			
	不搅拌			

2. 课堂实录

……

师：请同学们阅读书上的实验方案，想一想具体怎么做？

生：要把水倒进杯子里，然后加糖，搅拌后观察糖是否溶解了。

师：在倒水和加糖时要注意什么呢？

生：水要倒得一样多。

生：糖也要一样多。

师：怎样能保证糖加得一样多？

生：可以用一样大的勺子。

师：一样大的勺子舀出来的就一样多吗？

……

师：刚才大家讨论了实验中要注意的地方，接下来请同学们根据实验方案和注意事项，合作进行实验。

……

3. 教学反思

试教后发现，实验在一定程度上激发了学生的兴趣，动手环节时间长达 20 分钟，学生课堂参与度明显提高。然而，课堂观察的相关记录也引发了新的思考。例如：执教教师提出的各项实验指导或要求达十多次，存在指导过细、把控过严的情况；尽管是合作实验，但生生之间互动性较弱，明显缺少互相之间意见的主动沟通与交流。

针对以上问题，教研组全体教师进行反思。通过细致分析认为，把控较细是因为本节课的实验涉及"控制变量"的思想。教师事无巨细的指导后，学生的实验过程符合了规范与要求，但学生也无形中成为教师的"提线木偶"，缺乏主动思考。要实现"脑动"及"趣动课堂"的目标，仍有一定距离。

（二）第二次设计与实践：变"手动"为"脑动"

1. 教学策略

如何激发学生的主动思考和合作探究，真正实现"动手又动脑"的目标？教研组通过集体讨论，决定要摆脱"实验怕失败"的心理，真正放手让学生去实践，在教师的必要指导后，鼓励学生以小组为单位合作探究完成实验。具体策略如下。

第一，将原来指令式的实验单变为半开放式的引导性实验单（见表 6 - 26）。在课堂上，要求学生合作完成方案的补充，如实验的假设、所需器具的选择、实验步骤的补充等,努力呈现"动脑"先于"动手","动脑"贯穿于"动手"全过程之中的课堂,让科学探究真正发生。

第二,增设"实验材料小超市"区域,提供各类实验器具供学生选择。

教师设置一个开放性的器材陈列区域,让学生带着目标去选择并结合要求进行操作,无形中增加了"动脑"要求。教师有意提供一些类似器具,如玻璃杯与量杯,鼓励学生在对比中思考选择更合适的工具或改进自己的操作,以达成实验要求。

表 6 - 26　调整后的"哪种方式使糖在水中溶解得快一些"实验单

班级:_____　　小组:_____

实验问题	哪种方式使糖在水中溶解得快一些?			
小组预设	_____比_____溶解更快			
实验工具	玻璃杯(　) 量杯(　) 大勺(　) 小勺(　) 搅拌棒(　) 天平(　) 热水(　) 冷水(　) 白砂糖(　) 方糖(　) 绵白糖(　)其他:_____			
实验步骤	1. 根据实验目标设计实验方案,将"工具""步骤"与"记录"部分补齐。 2. 根据实验目标选取需要的实验工具。 3. _____。 4. 观察量杯中的情况并做好记录。			
任务分工	材料员	操作员	记录员	汇报员
实验记录	实验1		实验2	
	热水		大颗粒	
	冷水		小颗粒	
	实验3		实验4	
	搅拌			
	不搅拌			
实验结论				
实验反思	看一看实验过程,有发现什么问题吗?或者有什么好方法要分享给大家?			

2. 课堂实录

……

师：同学们，大家依据生活经验想一想，有哪些方法能让糖溶解得快一点？

生：我认为可以用搅拌的方法。

生：我认为可以用加热水的方法，玩肥皂泡的时候我就试过。

……

师：大家都提出了自己的假设。老师把你们的想法都列在黑板上，这些想法是否可行需要我们通过实验来证明。请每个小组选一个最感兴趣的假设，选择合适的工具，通过实验搜集证据以验证小组的假设。为方便大家的选取，老师布置了一个实验材料小超市，你们可以自己选取实验器材完成实验。

（学生选择材料，进行实验。）

师：同学们，请大家交流一下实验结果。

生：我们小组选择的是水量多少的影响，我们发现放的水量多糖溶解得快。

同组生：我不同意，刚才做实验我发现他放的糖不一样，水量多的放糖少。

师：刚才实验过程中你们组都看清楚了吗？是不是所放糖的量不同呢？

生：我没注意到。

……

3. 教学反思

课堂观察显示，教师指导减少，学生实验主动性加强，合作机会增多，实验中不仅有合作动手，更多的是交流讨论、意见碰撞及小组意见统一。但在实验中，也发现学生因为缺乏指导，小组水平参差不齐，实验表现并不均衡，部分小组出现了操作错误。同时，在交流时学生更多关注实验结论而忽视实验过程。"手动""脑动"了，但学生对于实验操作的规范性还不够重视，长此以往，难以达成科学与技术学科所要求的"科学思维"与"科学态度"。

表 6–27　"哪种方式使糖在水中溶解得快一些"实验观察记录汇总表

观察对象	观察者	实验目的	过程记录
第 1 小组	李涛	糖在热水中比在冷水中溶解得快。	小组实验分工明确，在过程中能基本按照要求完成相关步骤。实验中，学生有意识地控制热水与冷水的量一致，但加糖的时间不一致，先加入冷水再加入热水。

（续表）

观察对象	观察者	实验目的	过程记录
第2小组	王隽	糖在搅拌情况下比不搅拌溶解得快。	实验分工明确,过程中能互相帮助,搅拌时两人配合,但速度不同,有快有慢。一位同学提出了该问题,但未能有效解决。
第3小组	张丽娜	糖在搅拌情况下比不搅拌溶解得快。	实验中能基本根据要求进行操作,但在实验准备阶段,该小组在两个杯子中分别倒入了热水和冷水,随后再进行搅拌,影响实验的因素并没有得到有效控制。
……	……	……	……

（三）　第三次设计与实践:在"动手""动脑"的基础上"动心""动情"

1. 教学策略

在这个过程中,教研组不断意识到,课堂上充分的"动"既需要提供学生"能动"的空间,又需要教师提供必要的指导。教师再次调整教学设计,以活动评价为载体,让学生成为活动主体,成为自我监督、自我成长的主人,真正做到"动心""动手""动脑""动情"。具体策略如下。

第一,增加实验新任务,设置分工新角色。实验中设置监督员,记录小组实验过程。在交流展示环节中,不仅要求学生汇报实验结果,还要在活动过程的回顾中,引导学生发现问题,反思过程,改进操作。

第二,引入信息技术,提供平板电脑。为每个小组提供联网的平板电脑,帮助监督员以视频形式记录整个实验过程。可视化的实验过程一方面可以帮助小组成员更好地汇报,为学生发现实验问题提供载体;另一方面,所有的实验操作视频,也可以放置在平板电脑中成为一个数字化学习资源包,便于教研组的资料收集,并作为评价依据。

第三,设置二次实验环节,引导学生进行自评。学生第一次实验完成后,引导学生发现问题,提炼实验过程中需要注意的部分,引导学生填写评价单,并通过二次实验环节要求学生带着这样的认知再次操作,从而改进自己的实验行为。

表 6-28　"厨房中物质的溶解现象"学习评价单

评价维度		评价指标	评价结果
学习兴趣		A. 我非常喜欢实验活动,积极参与,并期待课后继续。 B. 我对学习内容很感兴趣,能参与全过程。 C. 我参与了部分课堂活动。	
学习习惯	实验探究	A. 我能根据实验中的问题,指出实验操作中需要注意的事项:_____ B. 我能按要求操作,并发现实验中的问题。 C. 我能读懂实验方案,并根据要求进行操作。	
	合作互助	A. 我能完成分工任务,并能为小组提供有帮助的建议。 B. 我能完成分工任务,并主动帮助同伴。 C. 我能根据要求,完成自己的分工任务。	
学业成果		A. 我懂得让糖溶解得快一些的方法,懂得实验操作必须规范、正确,并尝试对实验过程做出评价。 B. 我懂得让糖溶解得快一些的方法,并懂得实验操作必须规范、正确。 C. 我懂得让糖溶解得快一些的方法。	
伙伴感言			
问卷调查		1. 你喜欢这节课吗? 你觉得这节课有趣吗? A. 我很感兴趣,非常喜欢。 B. 我觉得这节课挺有意思。 C. 我觉得一般。 2. 这节课上,你学到了什么? 有哪些成长? _____ 3. 上完这节课,你还有什么问题吗? _____	

2. 课堂实录

……

师:请同学们阅读实验步骤,了解分工,开始实验。

(学生合作完成实验。)

师:请汇报员结合实验记录和平板电脑拍摄的实验视频进行汇报。其他同学认真听,仔细看,不仅要了解实验结果,还要看一看实验过程是否规范以及操作是否准确。

生:实验后,我们发现搅拌后糖溶解得快。

师：看了实验过程，其他同学有发现什么问题吗？

生：我觉得他们两个杯子放的糖量不一样。

师：糖量不一样对最后的结果是有影响的，这一小组，你们能怎样改进操作？

生：我们打算用秤，秤出一样的糖量。

……

师：在交流中我们发现，实验的操作对实验结果至关重要。在这个实验中，水量、糖量、搅拌时间都是非常关键的因素。请各组结合各自的实验预设，总结一下所需要注意的点。

师：请各小组观看实验视频，思考实验过程中是否有问题，并针对问题改进自己的操作，进行第二次实验。

……

3. 教学反思

课堂观察显示，开放的任务设计激发了学生浓厚的兴趣，学生"动心"之后，将动手与动脑贯穿实验全阶段。原本被学生忽视的实验操作在视频回放中被重新关注，在这个过程中，师生共同归纳出实验需要注意的问题。在两次实验的对比观察中，也能明显发现学生在第二次操作时的"小心翼翼"。科学实验所需要的严谨和认真的态度在实验中被学生所意识、所重视，从而实现"动情"。

三、反思与总结

在课例研究中，基于学校"趣动课堂"的"四动"指标，教研组经历了三次学习活动设计的调整，力图解决实验课"不动、假动"或者"乱动"的现象。

（一）实现课堂文化落地的理念转变

课例研究过程中，教研组全体教师学习了学校各层面的课程文本，不断加深对学校课程目标以及"趣动"理念的理解，当大家以"四动"为标准进行课堂观察与评价时，教学目标单一、教学过程机械等很多问题便暴露出来，触动每位"不愿变、不敢变"的教师不得不变。由此，学校上下形成一致的目标追求，学校以"趣动"为目标，通过制定课堂实施建议与观课指标，开展"趣动"课堂主题的研讨和校本培训等，形成带有学校特色的课堂观，科学与技术学科逐步明确"趣动"课堂在本学科的内涵所指与基本策略，从而成为提升课堂实效的重要抓手。

（二）指向课堂文化转型的策略提升

课堂文化转型的核心在于学生学习方式的变革，而学习方式的变革又依赖于教师教学方式的转变。纵观课例中的三次调整，每次教学行为的变化都伴随着学生课堂表现的变化,从表层动手到内在动脑乃至动情。由此可见,教师敢动、能动,学生才会动、能动,课堂才会"趣动""好玩"。

教师必须以课程意识来关照一节课,具备单元乃至学期的统整设计能力与策略,力求更大发挥每节课的作用。同时,每个学科都有其特点,师生所采取的教与学都要与学科特点相吻合。课堂文化转型的核心是学生学习方式的变革,教师要抓住学科特点,构建基本教学模式,以学习支架搭建为核心,为学生的主动学习和科学探究提供必要的帮助和指导。以本堂课为例,从最初教师演示实验,到学生操作实验,再到最后对比实验,实验类型的变化意味着学生学习方式的变化。同时,教师通过设计思维支架、设置两难冲突、提供试误情境等,启发学生结合实验目标针对问题主动思考,真正发挥出科学与技术实验课的优势,从而实现思维发展,提升科学素养。

（三）推动课堂文化转型的制度更新

文本落地和课堂转型,不仅要变革教师观念,更重要的是提供"趣动"课堂的建设路径,帮助教师将理念转化为行动。因此,本课例的研究不仅仅意味着为本课内容寻找到符合"四动"的教学方式,同时意味着将整个研究过程的做法进行提炼,以明确的指向和具体的要求,提供给所有教师作为参考,这也是课堂转型对制度完善提出的现实需求。因此,学校以"趣动"为目标,丰富制度的内涵建设,如将"趣动"细化为"四动"指标,落实在流程管理制度中,让教师有法可依。同时,丰富制度类型,不仅发挥其管理规范的作用,也发挥其支持指导价值。学校尝试以行动指南和教学建议等形式,让制度从原来管理上和程序上的约束规范,转变成教学过程中的指导支持,进而形成一种激励和促进。

表6-29 齐一小学"趣动"课堂观测表

授课时间			执教教师		授课班级	
所属学科			授课课题			
观察维度	观察视角	观测点		观察记录		结果分析
动心	兴趣激发	1. 教师结合学生生活与认知,借助各类信息技术、工具资源等,设计开放性的活动任务或情境,激发学生学习兴趣。				
		2. 学生对学习内容感兴趣,课堂参与度高。				

（续表）

观察维度	观察视角	观测点	观察记录	结果分析
动手	活动设计	1. 教师是否设计体验性、操作性、探索性的活动或实验？活动的目的、类型、时长分别是什么？		
		2. 教师是否提供了有效的指导？是否为学生创设了实验环境，提供了实验所需的资源？		
	探究过程	1. 学生实际参与体验的人数、过程、质量如何？		
		2. 学生活动开放度如何，是否达成活动或实验目标？		
动脑	问题解决	1. 教师是否通过引导，如设计思维支架、设置两难冲突、提供试误情境等，启发学生结合问题主动思考？		
		2. 学生是否通过思考、讨论、发挥想象、合理推论等方式，尝试用多种途径解决关键性问题？		
	创意设计	学生是否基于问题或需求，结合已有经验，发挥想象，进行个性化的设计和改进？		
动情	合作互动	1. 教师是否将合作活动设计融于课堂设计中，对合作活动有指导、有评价，关注学生在合作中的习惯、方法、情感养成？		
		2. 学生在合作活动中是否有分工、讨论，通过倾听、讨论、互助等实现合作目标？		
	科学素养	1. 教师是否关注学生学习习惯、操作方法，是否创造宽松、民主的课堂范围？		
		2. 学生是否大胆质疑、勇于尝试，是否在学习方法和学习习惯上有所习得或改进？		

（四）保障课堂文化转型的环境改进

随着学生逐步成为学习的主人，课堂中对于学习环境的设计日渐受到重视。学习环境不再仅仅是教具，还包括工具、信息技术乃至心理环境，成为学生合作探究的重要保障。以本课为例，实验器材不仅是提供给学生的工具，更是作为实验的一部分，器材使用是对学生的一次考验。云技术也让学生对实验过程的记录、分享、交流、观察成为可能。由此可见，环境的改进是保障课堂文化转型的重要一环，这也意味着教师不仅要增强自身对于环境设计的意识，还要提升相应的设计策略，助力课堂文化转型。

道阻且长，行则将至。课程文本落地和课堂文化转型的过程并非一蹴而就，需要教师不断努力，从意识上转变，从行动上改进。在促进学习方式变革的过程中，教师的转型是更为先行也是更加关键的。我校也将继续坚持课例研究的行动，不断前进。

（执笔人：张卓倩　李涛　许晓晶）

【专家点评】

学校课程领导力项目组围绕"经历中激趣，体验中智慧，合作中创生"的课程目标，利用信息技术融入、课程资源创新、评价工具开发等方式，设计与"动心、动手、动脑、动情"课堂相匹配的学习活动支架。在良好课堂学习活动支架的指引下，学生的自主学习和个性化学习有了充分表现的平台。在课例研究的过程中，项目组全体成员对课堂理念文化、行动文化、制度文化和环境文化等有了更为深入的思考与实践，形成了解决课堂现实问题的良好策略。

（上海市教育委员会教学研究室　赵伟新）

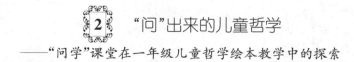

2　"问"出来的儿童哲学
——"问学"课堂在一年级儿童哲学绘本教学中的探索

上海市杨浦区六一小学

一、主题与背景

（一）"问学"课堂与儿童哲学

从1999年起，我校开始研究儿童哲学课程，至今已有19年的传统。多年的研究和实践,形成了具有学校特色的课堂文化——"问学"课堂。"问学"课堂的内涵:以质疑为起点,以问题为纽带,以精细教学为追求,以学生思维发展为核心。以往教学重视教师主导的知识传递,忽略了学生的学习兴趣,其实质是忽视学生学习的主体性。"问学"课堂就是要尊重学生的探索精神和创新思维。所以,如何激发学生的问题意识、如何让学生学会提问成了儿童哲学"问学"课堂研究的重点和当务之急。

（二）问题指向

在儿童哲学理念渗透下,学校制定了六一小学儿童哲学低年级绘本课程操作方案和儿童哲学绘本一年级第一单元课程方案。在这两份方案中明确制定了儿童哲学低年级绘本课程的总目标,即通过观察比较,学会发现问题、提出问题、交流问题,多角度地思考问题。这次课例研究就是要针对这一类问题,给出相应的策略、方法、设计和课堂经验。

二、设计与实践——绘本故事:《自己的颜色》

（一）第一次教学研究

以往的绘本教学都是教师带领学生读一段解释一段,这次教学设计以学生为主导,让学生自己阅读、自己思考并自己提出问题。这样学生的学习过程不会被统一的教学所代替,学生的提问空间大大增加。

教学实践片段:

先让学生自己看绘本,然后想一想有什么不懂或不明白的地方。

于是,学生提出了下面的问题。

最后结尾没看懂。

为什么变色龙会变色?

这个黄色的小动物是什么?

老虎怎么不吃变色龙?

为什么变色龙没有自己的颜色?

……

第一次教学实验分别在3个班级进行,各班的情况大致相同。教师都感觉这样开放式的提问,对于一年级学生来说有些无所适从。学生不知道要问什么,问题质量普遍不高,核心问题得不到充分讨论。教师一致认为全篇提问更适合高年级学生,而一年级学生需要一定的引导和铺垫。

（二）第二次教学研究

调整教学设计：根据故事情节，把整个绘本分为2—3个片段，每个片段都有学生思考和提问，也有教师引导和启发。通过片段式的教学和提问，使学生既有自主学习和思考的时间，又不会纠缠于细节，失去核心问题的学习。

整个教学设计分三个环节。

环节一：哲学产生于惊异——带着问题走进课堂。

先让学生看绘本封面和题目，猜测故事内容并提出问题。让学生带着问题进入学习。

从"颜色"一词入手，先让学生交流自己喜欢的颜色。然后，出示题目《自己的颜色》，让学生想想有什么问题。于是，学生提出下面的问题。

自己是谁？

什么是自己的颜色？

自己的颜色有什么作用？

这时的问题相对比较集中，既对后续文本的理解有一定的启发。同时，又让一年级的学生适应提问、学习提问，为后面能有高质量的提问做准备。

环节二：儿童是天生的哲学家——课堂学习中激发问题。

对于绘本中比较深奥的内容，让学生再进一步质疑提问。例如，变色龙虽然没有找到自己的颜色，但却觉得很幸福。对于这样矛盾的情节，又让孩子们试着提出自己不懂的内容。

为什么变色龙和其他动物不一样，会变色？

为什么变色龙后来觉得幸福了？

为什么变色龙不找颜色了？

对于一个片段的提问，学生的思考更有针对性，提出的问题也更能面向核心内容。接着，让孩子们组内讨论，试着解决自己同伴的问题。

于是，有学生回答：

变色龙生下来就会变色，这是它的特点。

变色龙找到了同伴，所以幸福了。

变色龙知道不会有自己的颜色，一直在变色，所以它不再寻找了。

帮助同伴解决问题，一方面，能更激发学生的学习兴趣。另一方面，让学生带着问题继续学习，有助于强化他们的学习动力，让学生保持深度学习的状态。

环节三：爱智慧，会思考——带着更多的问题走出课堂。

在课堂的最后环节，以"特点"为主题让学生静静思考1分钟，再提出自己的疑惑。

学生的问题如下。

什么才算自己的特点?

特点是怎么来的?

为什么要有特点?

没有特点怎么办?

……

这些问题并不是一节课能解决的,于是让学生带着这些问题走出课堂,和同学、家人一起思考。儿童哲学课堂是开放的,允许带着没有解决的问题走出教室,走向生活,去和同学、家长互动,去做开放式的探究。

三、反思与总结

（一）课后反思

经过两次教学研究和多个班级的研究课,学生提问的情况大致归为三类:第一类是提问意愿,即学生愿不愿意提问;第二类是提问能力,包括提问的方法、技巧和语言表达;第三类是提问质量,即在有限的课堂时间内,如何让学生提出高质量的问题。

针对这三类问题,我们尝试了以下办法来解决。①创造"守正激励"的课堂文化,无论学生提问简单还是难,教师和同学都要尊重学生的提问,创造安全的课堂提问环境。②创设情境,运用绘本激发学生的好奇心和求知欲。③教给学生提问方法,如追问法、逆向提问法、类比提问法、联系实际提问法。④培养学生的批判性思维和创造性思维,让他们在思考中善于抓住主要矛盾,抓住事物的内在联系,提出高质量的问题。⑤设计提问空间,从原来单一的全班一起提问,发展为同桌互相提问、小组内互相提问和全班范围提问。

（二）课堂文化转型的思考

2018 年起我校开始推进课堂文化转型。以往课堂跟"问学"课堂有什么区别? 从本次课例研究的角度出发,以往课堂要把学生教得没有问题,"问学"课堂追求的是学生能够提出新的问题与见解。在课堂上,从一种接受型的教学向质疑型的教学转变,构建一种课堂上的思辨文化,将课堂变成思辨的课堂,使学生变成会质疑的人,能提出不同的看法,提出不同的问题,从而发展学生的批判性思维、独立思考能力和创新能力。学生通过提问和质疑,大胆表达并与教师、同学对话,在交流中获得新的见解。

　　为了更好地促进课堂文化转型,我们设计了学生行为课堂观察量表(见表6-30),从四个思维入手,关注学生的思维提升。同时,还设计了教师课堂评价表(见表6-31),以便观察教师行为的改进和课程资源的利用。教研团队通过开展课堂观察,改变原来个人作战的工作方式,走向团队合作。

　　　　　　　　　　　　　　(执笔人:薛志刚　陈晓菁　严俊杰　胡婷婷)

表6-30　学生行为课堂观察量表

核心思维	评价目标	观察指标	课堂行为观察内容	分项指标达成度				
				无	较低	一般	较高	高
关爱式思维	愿意倾听他人想法,能带着价值观欣赏他人观点。	尊重	1. 表达尊重他人 2. 小组分工合理		☆	☆	☆	☆
		欣赏	3. 欣赏他人优点 4. 主动帮助同学		☆	☆	☆	☆
合作式思维	愿意表达且能够回应他人的想法。	倾听	1. 认真倾听同学观点 2. 欣然接受他人意见		☆	☆	☆	☆
		表达	3. 积极举手 4. 大胆表达		☆	☆	☆	☆
创新式思维	能够产生新的想法,并能在他人想法的基础上创新。	创新	1. 提出不同想法 2. 有新观点		☆	☆	☆	☆
		创造	1. 敢于改变方法 2. 整合其他学科综合运用		☆	☆	☆	☆
批判式思维	能够提出想法,并且能够论证和评估想法。	质疑	1. 能够发现问题 2. 敢于质疑		☆	☆	☆	☆
		解决	3. 主动尝试解决问题 4. 主动调整学习策略		☆	☆	☆	☆
总体评价								
综合评价:								

表 6 - 31　教师课堂评价表

观察维度	观察项目	观察要点	评价等级			
			优秀	良好	合格	不合格
教学目标	目标制定	1. 能依据单元指南制定教学目标(含评价目标),重点、难点明确,渗透思维方法训练。				
	达成情况	2. 教学实施与教学目标一致,达到预期效果。				
教师行为	教学组织	3. 能根据教学目标设计符合学生年龄特点、难度适宜的学习活动,关注差异。				
		4. 情境创设合理,注重兴趣激发和习惯培养,引导得法。				
	课堂评价	5. 构建群体对话探究氛围,注重激励启发,对学生的发言能及时评价,并相应地调整教学。				
		6. 关注学生各方面的表现,尤其是 4 种核心思维的表现,采用多种评价方式,实施多维评价。				
学生行为	学习状态	7. 课堂气氛活跃,学生注意力集中,参与面广,学习习惯好。				
		8. 学习过程真实,有自主学习、主动探究、合作交流等过程的体现。				
	学习效果	9. 学习方式多样,有质疑批评能力和创新实践能力的表现。				
		10. 达成学习目标,有成功体验。				
教学资源选用情况	媒体使用	多媒体(　　)　投影仪(　　)　平板电脑(　　) 其他(　　)　不用(　　)				
	媒体使用效果	好(　　)　较好(　　)　一般(　　)　差(　　)				
总体评价	(描述性语言,含亮点特色、改进建议等)等级					

【专家点评】

六一小学在先前构建的逻辑化的 3—5 年级儿童哲学教育教学体系的基础上,承续传统和优势,勇于革新、突破,探索儿童哲学向低年级延伸的内容体系和教法体系。低年级儿童由于身心发展、认知发展等特征较为复杂和不平衡,低年级儿童哲学课程体系构建的难度也相对较大。

项目创造性地将儿童哲学教学体系的关键提炼为"问学"课堂,在项目实践中较为完整地总结出"问学"课堂的操作程序、方法和要点,体现了课堂文化转型的主题,对同类型小学课堂教学文化转型具有启示价值。

本案例对循证改进的迭代过程有了很好的描述,注重提炼关键问题,展现了破解各个阶段性矛盾来达成课堂改进目标的过程,对同类学校的课堂文化转型有很好的借鉴参考价值。

(上海师范大学教育学院　王健)

第七章

学前教育课例研究

3—6 岁儿童的学习主要以直接经验为基础,在游戏和日常生活中进行,通过直接感知、实际操作和亲身体验来获取经验。幼儿园课程是根据幼儿学习与发展特点设计并实施的,其载体是幼儿园的各类教育活动。在课程领导力视域下的课例研究中,幼儿园学段聚焦学校课堂文化转型的主题,关注课程文本的价值引领,力求凸显学段特色。本章主要收集了 5 个活动课例,涉及学习活动、个别化学习活动、角色游戏、结构游戏和美术室活动,覆盖小班、中班和大班三个年龄段。这些课例来自幼儿园学段 5 所项目实验学校教师团队的实践,既是以幼儿园课程文本为引领,基于问题解决的循证研究,也是优化教学方式,提升师幼互动品质,促进文本设计、实施、更新和完善的过程。

第一节 学习活动课例研究

 自主合作,是真的吗?
——大班"自主活动课堂"中"有效互动"原则实施的课例研究

上海市杨浦区本溪路幼儿园

一、主题与背景

在推进幼儿园课程改革、形成富有鲜明特色园本课程建设的进程中,本溪路幼儿园以《3—6岁儿童学习与发展指南》《上海市学前教育纲要》《上海市学前教育课程指南》为基础,立足"自由成长、和谐相融"的办园理念,确立"为了每个孩子的自主健康发展"的课程理念,整合"自主活动教育"特色,在聚焦学校课堂文化转型的实践研究中,基于幼儿园"活动即课程"的特点,开展了"自主活动课堂"的项目研究。我们理想中的课堂是"开放包容、生动有趣的自主活动课堂","据实原创、弹性时空、多元整合、有效互动、自主体验"是五大实施原则。

在凸显"自主活动课堂"的课程文本编制中,我园以学习活动为试点学科,形成了本溪路幼儿园"自主活动课堂"课程文本(以中班主题"周围的人"为例),包含学校、教研组、教师三个层级的六个文本,并在"自主活动课堂"中积极实践,形成了基于文本的优质课课例集(2018年第一学期),力求结合课堂文化转型所追求的理念、行动、制度、环境这四方面的要求,做出园本化理解和落实,使学校、教研组、教师不同层级的课程文本紧密相扣并具有可操作性。之后,我们在文本设计中,拓展了文本的年龄段与主题,形成了本溪路幼儿园"自主活动课堂"课程文本(以大班主题"我要上小学"为例)。在文本修订过程中,保留了学校层面文本——课程实施方案、教研组层面文本——教研组主题实施提示、"自主活动课堂"课例研究实施提示三个共性文本。对教研组层面文本——"自主活动课堂"核心要素解读进行了基于大班幼儿特点的诠释和定义,并梳理了教师层面的两个文本——班本化主题实施方案和主题活动配套教学方案。随着课程文本的不断修订与完善,教师对"自主活动课堂"有了更深刻的认识与解读,也对此背景下的课例设计与实施有了新的思考,进而形成优质课课例集(2018年第二学期)。

第一轮课程文本的转化与实施,注重的是班本化的实施与反馈,通过研究课题组达成了共识:课例研究应贯穿于文本的设计与转化,聚焦整个教研组教师都容易产生的共性真问题,通过设计→实践→再设计的研究路径解决问题。

在"我要上小学"主题教研中,教师结合"自主活动课堂"的落实,提出了不少问题,尤其是对在此背景下,如何更有效地设计与实施科学领域的活动有着不少困惑。例如:"自主活动课堂"中,如何更好地激发幼儿对科学知识的获取?有效的科学探索方式有哪些?科学活动如何贴近幼儿生活?怎样的幼儿合作探索是真实有效的? ……基于这些问题,大班教研组的教师结合班级幼儿的兴趣特点、主题的进程等内容,开展了一系列"自主活动课堂"下的科学活动设计实施,并最终选择了"神奇照相馆"作为教研组的课例研究对象。

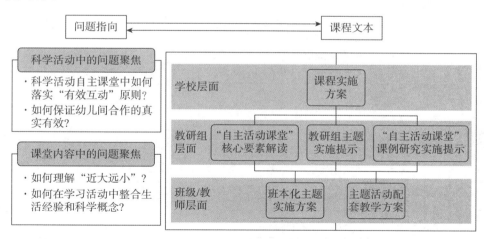

图7-1 课例问题指向与课程文本的关系图

我们在一园四部三个大班教研组中同时进行"神奇照相馆"的实践,经历了三次比较集中的研讨过程,主要问题指向如下。

• 课堂内容中的问题聚焦:幼儿如何理解"近大远小"的概念?如何在学习活动中整合生活经验和科学概念?

"近大远小"的现象在小班"大熊山"的活动中已有提及,但只停留在初步感知及对科学现象感兴趣的层面。到了大班,对科学现象的学习必定更加深入,如何结合幼儿已有生活经验,通过学习活动,使其对"近大远小"的科学现象有更深入的了解,并进行适当探索呢? 这是从课堂内容引发的问题线索一。

• 科学活动中的问题聚焦:科学活动"自主活动课堂"中如何落实"有效互动"原则,保证幼儿间合作的真实、有效。

活动中,教师提供的操作学具不是人手一份,希望幼儿可以通过同伴间的互动操作,合作完成任务,发现其中蕴含的科学秘密,获得成功体验。但是在活动的实施过程中,幼儿虽是几人一组进行操作探索,可呈现更多的是共同操作,看似合作的状态,却存在平行操作,甚至干扰合作等情况,既而达不到合作的效果与目的。因此,如何更好地引发幼儿的合作行为,让合作真正得以有效落实,是有待在教学过程中加以实践的问题线索二。

二、设计与实践

"神奇照相馆"不断完善,寻找真问题及其解决路径共经历了图 7-2 所示的三次实践过程。

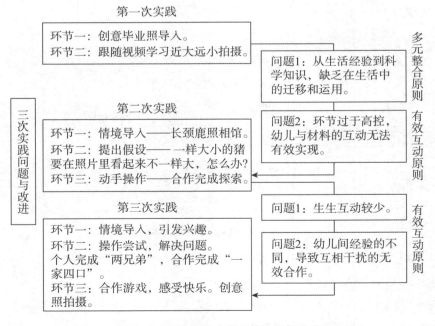

图 7-2 三次实践中发现的问题与改进

（一）第一轮实践

1. 设计与实践

图7-3　毕业照拍摄引发幼儿兴趣点

毕业季中精彩的毕业照拍摄引发了幼儿对摄影的兴趣,幼儿已经有了一些"近大远小"的生活经验,发现幼儿兴趣点后,教师从"我要上小学"班本化主题实施方案中的二级主题"毕业时刻"出发,从生活经历聚焦到科学现象,结合"近大远小"的科学概念设计了一节原创活动。从创意毕业照导入,通过跟随视频的操作,让幼儿学会"近大远小"的拍摄方法。

2. 实践后的问题

在实践后,我们尝试与幼儿进行最直接的对话:"喜欢刚才的课吗?"

萱萱:喜欢,但有些没劲。

豪豪:我还想再多试几次,或许就能成功了!

实践后我们发现,教师在活动中高控的环节设计以及经验到经验的传递,让幼儿无法亲身体验和直观感受。教师一步步缜密的科学引导,却导致了幼儿口中的乏味,就连教师自己也认为课堂索然无趣,无法让幼儿在生活中进一步迁移运用。

（二）第二轮实践

1. 设计与实践

第一次实践后,执教的青年教师在教研前的"研前小会"中主动与其他青年教师聊起了这样一个话题:"我的环节设计总是这么高控,孩子玩得不开心,我应该如何激发他们主动探索的兴趣?"

在轻松的氛围里,青年教师也不再拘束,畅所欲言,将自己的经历分享给执教教师,大家共同就这节活动课围绕"自主活动课堂"的四大要素展开激烈的讨论。

他们认为:科学概念应当是幼儿自己去发现的,教师要做到的是创设材料和情境支持幼儿的探索;科学活动过程中的探究是让幼儿有动脑的过程,并不是简单的实验操作;幼儿积极参与科学活动,是为了学会技能和方法,能够解决实际生活中的问题;教师要在组织科学活动的过程中重视幼儿在观察中的思考,对结果的猜测和质疑,能够在小组中讨论问题、提出问题和解决问题。

带着研讨的收获,执教教师在教研组长的带领下开展了"一课三研"的自主活动课堂课例研究。这一次,教师改变策略,采用了"情境导入、提出假设、动手操作"三部曲的教学模式。与第一轮实践中直接出示视频不同,在第二轮实践中,教师创设了小猪一家拍照的故事情境,向幼儿抛出问题:"一样大小的小猪,要在照片里看起来不一样大,怎么办?"并让幼儿带着问题去尝试探索。教师直接将最终的状态和结果呈现给幼儿,而如何做到就需要幼儿去自主探索和发现。从结果到推理,是幼儿逆向思维的转化,激发了幼儿新的潜能和兴趣。

2. 实践后的问题

在"一课三研"的过程中,教研组的教师做着细致的课堂观察,在之后的课例教研活动中,他们也有话要说。

杨杨:幼儿在与教具互动的过程中体验到了很多探索的快乐,但其中生生互动较少导致合作出现问题。这是不是和合作的幼儿人数有关?

橙橙:在活动中,幼儿非常享受与材料和同伴互动的乐趣,但是稍不严谨的教具或缺少变量的控制,可能就会导致探索活动的失败。

佳佳:几人一起操作教具,也会让幼儿起初正确的操作结果被他人推翻,混淆正确的感知。

(三) 第三轮实践

1. 设计与实践

教研组一致认为这是一节值得深入研讨的自主活动课堂课例,推选其参与优质课例展示。在大教研活动中,结合学校层面的课程文本——课程实施方案中的自主课堂实施原则,针对"有效互动——如何提升幼儿合作的有效性"进行研讨。成熟教师认为,在目标制定和教具制作上,需更多考虑幼儿的年龄特点,不仅是注重知识技能的获得,也希望他们在游戏中学会合作,通过同伴间的影响,实现经验互补。第三次教学实践,执教教师在环节设计上,更加聚焦"如何使幼儿的合作更为真实有效"。

第一个环节,使用相同大小的小猪,幼儿在轨道上通过调整与相机镜头的距离,改变视觉上的大小,从而唤醒他们的已有经验,进一步理解"近大远小"的现象。利用游戏场景和教具的暗示,鼓励幼儿在与学具的互动操作中,感知物体大小与距离镜头远近的关系,为后续活动积累经验。

图 7 - 4 教具互动,感知经验

第二个环节,增加大小不同的小猪,旨在帮助幼儿巩固物体大小及其与镜头远近的关系。其中"双胞胎兄弟"的站位,会给他们造成迷惑,引发更多的思考和讨论。

操作后,教师没有直接给出结果,而是让幼儿相互交流自己的发现,促进生生互动,产生思维碰撞。初步感知物体大小与距离镜头远近的关系后,让幼儿自主操作探索,通过实际操作,验证猜测,解决问题。如有幼儿在操作中遇到困难可个别指导。

图 7 - 5 生生互动,解决问题

第三个环节是对前两个环节的总结和提升。结合创意照的方式,增加了学习科学的趣味性,激发幼儿对科学探究的兴趣和能力,帮助幼儿将前面环节学习到的原理和方法运用到实际中解决问题。

幼儿自主操作手机,三人合作,根据照片提示拍摄出创意照。在此过程中,需要幼儿能够分工合作,摄像师、道具师、模特必须共同配合才能完成任务,组内三人可以互换角色,共同商讨拍摄作品的数量、内容和形式,并在操作中不断学习和调整合作的方法。当他们获得成功体验,产生各种愉悦情绪时,便能有效地激发幼儿的合作意识和积极性。

图 7-6 分工合作,引发创意

2. 实践后的效果

在这一次的课堂实践中,观课教师帮助执教教师收集了一些课堂数据,如三个环节中生生互动、合作的有效次数与幼儿探索的成功率等,相较前两次实践有了较大地提升。

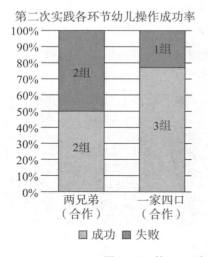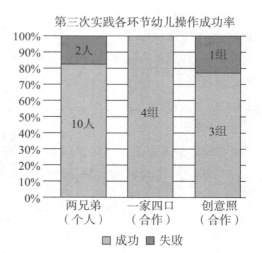

图 7-7 第二、三次实践各环节幼儿操作成功率对比

三、反思与总结

(一) 关注幼儿兴趣,聚焦关键问题

在整个课例研究进程中,教师在课例选择、设计和实施过程中,更关注幼儿

当前的兴趣；在预设活动时，会从幼儿视角出发，挖掘幼儿兴趣点，分析幼儿发展现状及真实需求，从而让活动的设计更加贴近幼儿的生活。在此过程中，教研组层面的文本——"自主活动课堂"核心要素解读（大班），为教师更好地把握幼儿最近发展区提供了直观的理论参考，让教师可以以此为基础找到适合幼儿的活动，为每一个幼儿设计适合的、科学的启蒙活动。

在活动的改进过程中，教师改变以往面面兼顾，以期在一个活动中解决所有问题的状态，聚焦活动中亟待解决的关键问题，梳理解决问题的路径和转换手段。例如，在本课例中教师从创意毕业照的兴趣点出发，重点关注幼儿在科学探索活动中的有效合作，创设多种途径和环境，激发幼儿的新奇性和惊奇感，鼓励幼儿自主探索和有效合作。

（二）落实文本转换，促进行为优化

要真正将课程文本落实到课例实践，需要教师内化学校课程文本的精髓，充分理解"自主活动课堂"的核心要素，并在此基础上开展活动的设计与实施。

就本课例而言，如何让文本引领实践？关键是发挥教研组层面文本——"自主活动课堂"核心要素解读（大班）的引领作用，让每个教师真正地关注、解读、内化这些要素，将文本转化为在班本化实施中解决问题的能力。

我们利用研前小会、一课三研、跨部联合教研、大教研、优质课例展示等多种途径，让教师畅所欲言，抛出实践中的问题，在班本化实施的基础上，共同解决文本转换的共性问题，优化教学行为。

通过多次的经验分享及群体互动，教师的思维在碰撞中得到启发，课程意识及自我研发课程的能力得到提高，真正促进了教师课程领导力的提升。

（三）反思实践经验，完善文本修订

我们认为，教师课程领导力的获得来自"撰写—实践—反思—修正"这一循环过程。因此，我们关注课程文本与课例研究之间的互动关系，以评价促思考，并与课程文本、课程实践紧密勾连，用真实的数据做支撑，引发教师关注实践反思，及时梳理实践中的真问题及解决路径，在此基础上重新完善幼儿园的课程文本。

每次课例实践后，我们通过教师、幼儿等不同主体，对活动的内容、过程等进行评价，以此发现活动中亟待解决的实践问题，促使教师对教育行为进行反思，解读幼儿行为，把握幼儿真实需求，为丰富和完善相应的文本提供有效的证据保障。

在本课例中，教师以幼儿园的课程实施方案为基础，从教研组文本出发，关注自主活动课堂的核心要素，从课例内容选择、课例设计要素（包括目标制定、活动准备、活动过程、活动效果及调整)等方面进行实践,通过"实践—评价—完善"的循环路径,寻找实践中的真问题并给予有效的解决方式,最终梳理出"自主活动课堂"的科学研究范式,并迁移到其他领域。研究出优秀案例可以丰富学校课程文本,实现教师团队间的真实合作。

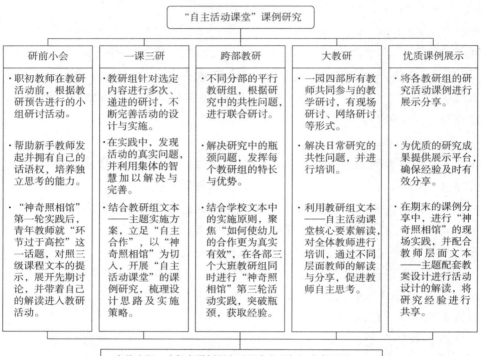

图 7 - 8 多途径文本引领实践

（执笔人：本溪路幼儿园项目组）

【专家点评】

　　幼儿园能抓住"自主活动课堂"的价值与实践转变,立足课程文本与课堂实践,在不同层级文本的优化上做了较好的尝试。课例研究与各个层级的课程文本紧密勾连,过程真实,体现了幼儿园教师的参与过程,并且对过程中实践和转化的途径有了清晰的定义和阐述,具有可操作性和可借鉴性。建议对课堂文化转型的观点性思考进行梳理,以便更加凸显教研组层面文本的思考与实践。

（上海市教育委员会教学研究室　贺蓉）

2 问题驱动下的课堂文化转型之路
—— 以"水的流动"为例

上海市杨浦区黑山路幼儿园

一、主题与背景

近年来,我园持续开展了幼儿科学活动领域的实践与研究:以幼儿的问题为驱动,在良好的科学活动环境下,鼓励幼儿与材料、同伴、教师等进行自主、充分的互动,在观察、提问、操作的过程中,逐步养成良好的探究精神,从而实现课堂文化的转型。

在实践的过程中,我们初步形成了促成课堂文化转型的共同愿景:以个别化学习活动为背景,以激发幼儿"问题意识"为宗旨,以关注幼儿学习品质及探究精神为目标,营造追随幼儿学习所需要的自主型、探究型课堂。

本课例以大班"有趣的水"这个主题为基础,衍生出关于"水的流动"这个小主题,真实再现幼儿"观察—发现—提问—探究—引发新问题"的过程,努力实现从追求知识积累向兴趣激发的过程,营造一种基于幼儿驱动问题的自主探究课堂的转型。在回顾课例演变的过程中,我们发现收获的不仅是幼儿的成长,还有教师在行动过程中理念的真实转变。

二、设计与实践

(一)情景一:一次不成功的提问

临近夏季,大班开始了"有趣的水"主题活动,教师鼓励幼儿提出关于"水"的问题,并且希望他们用自己的方式在问题墙上进行记录。

从记录的问题中,我们看到的结果远低于预期。反思后发现我们自认为幼儿应该有"问题",应该能表达,但是事与愿违,凭空让幼儿提问注定是失败的。

(二)情景二:追随幼儿的问题

社会实践的日子里,幼儿跟随教师来到上海科技馆。一进门就是"有趣的自来水"场景,大家围着它看了好一阵子。

第二天,问题墙上一下出现了幼儿的好多问题:龙头里的水是从哪里来的?为什么只有龙头,后面没有管子?流下来的水为什么一直都装不满接水的盆?水究竟往哪去了?……

之后,教师根据幼儿的问题,开始设计并实施了"水的流动"活动,开始了个别化学习活动。

教研活动的过程中,关于这个主题,教师的交流如下。

• 科技馆里,幼儿对着"有趣的自来水"看了好久,人人都有问不完的问题。

• 幼儿画的问题,数量和质量都明显比之前好多了。……

然而,教研活动中教师又有了新的困惑。

• 幼儿提问后,我给幼儿准备了探索工具,但他们仍旧处于摆弄状态,交流分享的时候说不清楚探究的结果。

• 个别化活动中,对于预设的问题,幼儿和我们的互动不是很理想,没有达到预期。

……

不难发现,主题活动开展的过程中,幼儿能提出问题了,但是在教师"主导"下,我们发现了以下一些问题。

来自教师:理念传统、思维单一、追求知识的积累。

来自环境与材料:形式单向、内容拘泥于书本、目标指向结果。

来自幼儿:表达单一、自我为主。

这样的课堂属于"真问题,假探究",幼儿需要探究的与教师预设的不一致,以至于交流分享时,幼儿的问题"浮出了水面",但是没有得到真正解决,也就是说形式有了但过程不真实。这样的结果有悖于课程理念,可能会阻碍幼儿学习品质的养成,更谈不上课堂文化的转型。

(三)情景三:借助小实验解决的问题

从理论上说,事物的探究起源于有价值的问题以及切入的视角。

1. 换位思考

个别化学习活动过程中,我们从"有趣的水"这个主题的核心价值出发,开展了包括课程领导小组、教研组和全体教师在内的关于幼儿提问和问题的微调研。

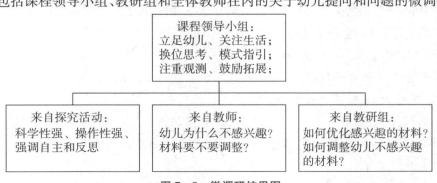

图 7 - 9   微调研结果图

2. 教师让位

活动室创设了立体的水管墙环境。幼儿发现了这个新的区域,有的用手转动阀门,有的抬头看上面的进水口,有的打开龙头……

问题一下子来了:

"红色的阀门怎么和家里的不一样?"

"水是从哪个水龙头流出来的?"

"水是从哪里流进去的呢?"

"是不是每个水龙头都能一起出水呢?"

……

面对"思维的火花",教师说:"找你的好朋友一起去研究吧,把你们的过程记下来。"

孩子们三五成群,开始了探究。

图 7-10 幼儿探究图一

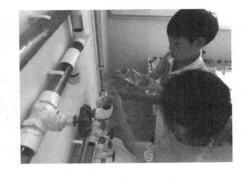

图 7-11 幼儿探究图二

丁丁说:"我想把 1 号水龙头打开来,这样就能看到水有没有流出来。"

小羊说:"我想把水先灌进去,看看哪个水龙头会出水?"

昭昭说:"我们把水灌进 3 号口,看它往哪里流?"

丁丁很快就把每个人看到的记录下来……之前的问题逐步得到比较满意的答案。

操作的过程中,幼儿提出的问题逐步得到了解决,他们的猜想得到了验证。

图 7-12 幼儿探究过程图

以"水的流动"这个小主题为例,呈现了幼儿提问、探究、解决问题的过程。在我们看来,在这个类似STEM项目学习的过程中,幼儿通过猜想—试验—记录的方式完成了"自己的探究",逐步从对问题的想象走向问题的解决。

（四）情景四:从想象的问题到实际的问题

来自活动室的探究似乎难以满足幼儿玩水的热情,我们希望引发幼儿现实的问题,体验探究之根本。

于是,我们来到小菜园,它被分成六个小块,承包给各个班级,但是由于种种原因,种植并不理想。

好奇的孩子面对种植园纷纷提出问题:哪里有水? 怎么样把水送到每一片菜园?

"我们一起想办法解决这些问题吧。"

图7-13 小菜园

幼儿自由组队—分工—行动—记录,开始了一次从课堂到生活,从理想到现实的探究之旅。

听听幼儿的对话。

幼儿1:请人在菜园底下埋一根水管,需要浇水的时候就方便了。

幼儿2:用软管浇水,很累的。

幼儿3:我们在菜园的边上都接上水管,这样每一块菜地就都能浇到水了。

幼儿4:边上的菜园都喝到水了,就剩下中间一块。

幼儿5:那我们就在菜园中间做一个喷泉。

图 7－14　记录探究过程　　　　　　　　图 7－15　接水管试验

幼儿的探究自然而然地产生,一起商量、画图,一边探究一边记录。当幼儿接上水管,打开水龙头的时候,自来水缓缓流入了菜园。

幼儿在大胆想象、小心求证的过程中解决了实际问题,幼儿探究的结果见表7－1所示。

表 7－1　三组幼儿探究结果记录表

组别 内容	1组	2组	3组
问题	怎么样更方便浇水?	用什么工具运水?	哪里有水?
猜测	用水管浇水	给每块菜园接管子	围墙边上可能有水
找来的工具	橡皮软管	半圆形 PV 管、圆形 PV 管、各种管子、转接口	铁锹
动手试验	连接水源	拼接 PV 管	挖掘泥土
记录结果	✓	✓	✗

三、反思与总结

（一）反思

1. 收获了思路

课堂需要基于幼儿真实的驱动问题,我们尝试在"材料与问题"之间不断切换,帮助幼儿逐步形成"爱问、会问"的良好学习品质,以此推动探究的进程。

我们努力践行"换位思考""幼儿视角""问题驱动"的原则,让幼儿在感知的基础上提出问题,教师通过有价值的问题来引发、支持幼儿的探究活动。

2. 收获了方法

我们尝试借助 STEM 项目式学习的方式,以直观的方式呈现问题解决的过程,反映问题解决的行动路径和预期效果等。让幼儿在实际过程中获得"浸润式体验",真正参与实际思考和解决问题的过程。活动中,教师更像协助者和引导者,陪伴幼儿完成探究过程。

3. 收获了理念

实践的过程中,意外地收获了"拓展性目标",真正从解决"理想的问题"走向解决"生活的问题"。教师积极地融入幼儿,以观察者、参与者的身份一起探究,在不断地"哲"与"思"的过程中,提炼课程实施的精髓。

(二) 总结

① 教师的职责是带领幼儿进入实际的问题情境,让提问有形有神且有价值。

② 关注幼儿的问题,尊重幼儿的思路,支持幼儿动手试验,让问题成为探究课堂的起点。

③ 以科学的态度追随幼儿的问题,让探究回归自然、回归生活。

④ 关注幼儿的记录,让记录可视、有效。

从问题到思维,从想象到探究,这样的过程是曲折、漫长的,这一定是"阳光之后的那一道彩虹",唯有这样的经历,幼儿才能真正有所收获。我们愿意和幼儿一起经历,走向"哲思",或许不久,课堂文化的转型就"水到渠成"了。

(执笔人:陈佳凡　邬勤莉)

【专家点评】

课例结构要素齐全,层次清晰,能够客观地体现文本的价值引领,选材贴近幼儿的生活,有代表性,视角独特,可推广、可复制。在现代教育理念的指引下直击学校课堂文化转型的核心。以幼儿发展为目标,以教师课程领导力提升为根本,聚焦课堂教学的真实问题,有循证研究的意识和行动,有解决问题的路径设计,有改进教学的思维过程。注重课程实施过程中问题的收集、求证的过程以及幼儿在活动中的实际收获。建议针对课堂文化转型的主题,还可以进一步凝练,使其更为简明可视。

(上海师范大学教育学院　高敬)

第二节　游戏活动课例研究

 给幼儿一个游戏的创造空间

——向阳幼儿园小班"灵动游戏"的实施与调整

上海市杨浦区向阳幼儿园

一、背景与主题

在保障基础性课程的同时,我园坚持"玩而乐,乐而学"的办学宗旨,秉持"快乐玩中学,成长每一刻"的课程理念,力求真正做到开放、自主,把空间全部留给幼儿,满足幼儿自主游戏的愿望。在"灵动游戏"的课程安排和实施中,我们总结梳理了方法与策略,逐渐看到了游戏从"现实状态"到"理想状态"的可能性,看到了因为教师的"放手"成就了幼儿的"无数可能",最大限度地支持游戏、推进发展、促进学习。

然而,对于小班,尤其是9月份刚刚入园的新小班,鼓励他们同中大班幼儿一样开展自主游戏,我们有一些担忧:因刚离开家庭而焦虑的小班幼儿,连温馨的家庭式的环境预设也没有,他们能开心地玩游戏吗? 把材料都集中到材料库,小班幼儿会去取用吗? 会出现怎样的状况?

归结到一个核心问题:如何让小班幼儿也拥有一个自主创造的游戏空间?

二、实验与分析

(一) 第一阶段

表7-2　温馨的娃娃家

时间	9月
游戏环境创设	班级中创设三个平行的娃娃家游戏环境(没有其他游戏主题环境)。

（续表）

材料准备	每个娃娃家内提供色彩鲜艳、形象逼真的玩具。 材料库：1. 仿真玩具。 　　　　2. 生活材料与自然物。
观察重点	1. 愿意与同伴一起游戏，能用简单的语言与同伴沟通。 2. 喜欢摆弄游戏中的各种材料，满足自己的游戏需要。
观察评价	向阳幼儿园角色游戏活动观察记录表。

问题：新小班幼儿会玩游戏吗？

1. 游戏实录

开学第一天，有的宝贝被新鲜的环境和玩具吸引，顾不上爸爸妈妈，迈进娃娃家里就"倒腾"起来。有的孩子四处溜达，见啥玩啥；有的孩子默默地坐在娃娃家的角落里；还有一部分哭闹不止的娃。

……

开学第六天，"馨怡妹妹"手拿锅子跑进没有营业员的"超市"，一次次随心所欲地搬来很多好吃的东西；"小宝弟弟"发现有一辆车上的零部件会动，便不停地摆弄着这辆小汽车；"男孩啾啾"不断地往小推车上堆东西，堆满后就快速推车。

……

开学第十天，"胖弟弟"穿着白大褂、挂着听诊器当起了小医生；"小靓妹"穿上公主服、拿起小话筒当起了小演员。

……

开学第十五天，"大眼睛弟弟"对塑料管子产生了兴趣，他把塑料管子一根根接起来，嚷着说是"宝剑"；"小辫子妹妹"拿着书放在娃娃家的电视机上说在看电影。

……

开学一个月，"咚咚咚咚"，小男孩穿上了修理工的衣服，把"娃娃家"列入"拆迁"范围。娃娃家拆迁后，"修理工"又从建构区搬来了各种积木，自言自语地说："我要在工地上重新造一个游乐场！"

……

2. 第一阶段的分析与思考

（1）幼儿会玩

固有的思维让我们一直认定小班幼儿胆小、缺乏游戏经验，而且身处新环境，他们不敢做游戏。于是便"执着"地设置了介绍游戏区域流程，"理所当然"地要去教一点内容。但事实是，大多数幼儿出生后便"散养"在家，他们已经积累了很多玩的经验。好奇和新鲜过后，幼儿们似乎自己玩了起来，玩了教师预设之外的游戏。

（2）给他们玩具就会玩

在种类多样且数量充足的玩具天地里，各种好奇、各种摆弄、各种玩耍、各种自娱自乐，使小班幼儿快速又极其自然地进入到自己的游戏状态中，使他们忘记恐惧和焦虑。

（3）是否真的需要"三个娃娃家"

如果去掉1—2个创设好的娃娃家环境，幼儿会不会玩得更开心自主？就孩子们的游戏现场来看，我们觉得完全可以。

3. 第一阶段的调整与做法

要追随幼儿，给幼儿创设机会，让每一个幼儿真正玩自己喜欢的游戏，减少预设的娃娃家。

（二）第二阶段

表 7-3　娃娃家"拆迁"了

时间	10 月
游戏环境创设	一个娃娃家（没有其他预设游戏主题环境），其余环境留白。
材料准备	材料库：1. 仿真玩具。 2. 生活材料与自然物。 3. 玩过的游戏。
观察重点	1. 幼儿愿意选择自己喜欢的游戏内容进行玩耍。 2. 幼儿如何根据游戏内容选择游戏材料并生成游戏情节。
观察评价	向阳幼儿园角色游戏活动观察记录表、留白区游戏主题和材料使用记录表。

问题：在不断减少"我以为适宜"的环境中，小班幼儿会生成新的游戏主题吗？教师需要多加引导吗？

1. 游戏实录

喜欢待在娃娃家的萱萱想推动里面的橱柜，试了几次，没有成功。于是，她将娃娃家里方方的小木箱搬到教室的空地上，又把泡沫垫铺在小木箱周围，还去找来了许多瓶瓶罐罐摆在泡沫垫边上。随后，她从娃娃家拿了一块粉色毯子，她躺在垫子上并将毯子盖在身上,就这样一个人静静地躺着。

(为了能给予幼儿一个自由的游戏空间,我没有去打搅她,而是默默地观察着,想看看她到底会玩出什么游戏来?)

第二天,萱萱依旧搬取许多东西,抱着这条小毯子把它当成小被子盖在身上。

(她的一成不变让我有些坐不住,最终我还是放弃介入,继续默默地等待着。)

又过了一天,这条原先只有她一个人盖的毯子,今天出现好几个小朋友一同盖着毯子玩游戏。

(小小的变化让我有了继续等下去的信心。)

又一天之后,橱柜被萱萱和好朋友们一起推动到教室空地上,上面摆满了好吃的。萱萱将小毯子围在身上,变成了一条长长的拖地裙,她说今天她是新娘要去结婚啦!

在后来的游戏中,他们会找寻不同的桌椅、柜子,变换着不同的场地,"小饭店""电影院""小汽车"等应接而来。萱萱的毯子也继续在变化:它是公主裙,是躲避下雨的雨伞,是多人可乘的小汽车,是海底探险队的保护罩……

2. 第二阶段的分析与思考

(1)环境和材料"藏起来"以后

越来越多的游戏环境与材料统统被"藏起来了",矛盾与困惑接踵而来;越来越多的游戏环境与空间交给小班幼儿自己去支配,他们自发、自主地与空间、材料、玩伴相互作用,生成许多新的游戏主题与玩法。游戏环境成为影响幼儿游戏行为最直接的因素,教师"大心脏"也成为支持幼儿游戏过程中最重要的因素。

(2)教师退后

游戏现场"脏、乱、差"只是成人的评判标准,随着时间的推移,每天教师忙碌地"打扫战场"的时间越来越短了,幼儿"收拾整理"的能力越来越强了,材料库的内容越来越丰富了,游戏主题与情节越来越精彩了。我们发自内心地感受到,每一个幼儿都是游戏玩家,应尽可能地接纳他们在游戏中的"种种状况"。

(3)环境橱柜动起来

环境要交给幼儿自己做主,但是教室里固定的橱柜并不便于幼儿自己搬动,能否让移动的橱柜也成为幼儿游戏的一部分? 如何让教室内一些固定的格局也能"动"起来?

3. 第二次调整与做法

教室环境统统留白,还要把教室内的橱柜变小,都装上"小轮子"。

(三) 第三阶段

表 7-4　"百变"娃娃家

时间	12 月
游戏环境创设	不创设。
材料准备	材料库:1. 仿真玩具。 　　　　2. 生活材料与自然物。 　　　　3. 玩过的游戏。 　　　　4. 各种工具。
观察重点	1. 有需求时,能用语言表述自己的想法,或向教师等求助。 2. 能根据自己的游戏需要选择材料库中的材料,发展游戏情节。
观察评价	向阳幼儿园游戏观察识别指引(试用版)(六个维度多种水平)

问题:小班幼儿会喜欢"全留白"的游戏空间吗? 教师需要做些什么?

1. 游戏实录

孩子们每天会呈现不同的游戏内容,他们会用桌子和椅子组合,玩起了"乘飞机"……

泡沫板铺成一长条,一头放一把小椅子,小朋友站上小椅子往下一跳,玩起了"游泳池"……

可移动的橱柜和桌子组合,玩起了"小饭店"……

几把小椅子组合在一起,摆出迷宫形状,玩"走迷宫"……

几个男孩子组队模仿解放军走路,用积木搭了一把小手枪,在一起玩"解放军"……

教室里呈现一片热闹的场景,孩子们每天都在自由地选择材料,玩他们喜欢的游戏。

2. 第三阶段的分析与思考

幼儿在游戏中不断发展,我们时刻提醒自己关注幼儿的所思、所想、所为,主动地找到能够读懂幼儿思维的细节,找到解读幼儿心灵秘密的密码,找到支持、帮助、指导幼儿学习与发展的依据。

(1) 机会与安全——提供我认为安全、适宜的环境材料,对不安全说"不",

不被别人的速度、高度、难度冲昏头脑,"不催促"的过程可能更安全。

（2）观察与倾听——放手为儿童赢得自主,减少低效、无效、负效的介入,去看、去听,了解幼儿的游戏过程。

（3）看懂与识别——用专业的眼光分析幼儿行为背后的经验与能力,判断可能的发展。

（4）支持与回应——根据需要决定给予回应的方式方法,并客观反思行动的有效性。

但是,当所有的游戏环境都让小班幼儿自己做主,想怎么玩就能怎么玩之后,如何根据幼儿游戏的兴趣和需要来丰富幼儿相关经验的做法？ 如何使幼儿的游戏和幼儿园的课程、教学活动发生有机的联系？

3. 第三阶段的调整与做法

（1）在安全的前提下支持幼儿自由拓展游戏空间。

（2）用更科学、更专业的方法观察识别幼儿的游戏行为,用更加精细化的方式让幼儿管理好游戏材料库。

（3）与邻班开展游戏串门子活动,或者开展多个班级的户外游戏活动,进一步拓展幼儿的游戏空间和游戏伙伴。

三、反思与总结

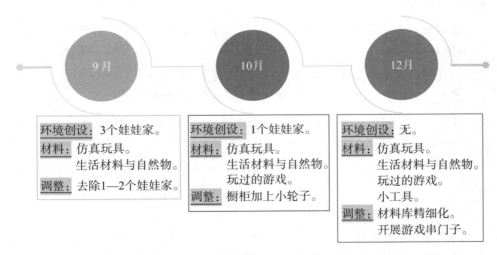

图 7 - 16 "娃娃家的变迁"引发的小班"灵动游戏"实施与调整

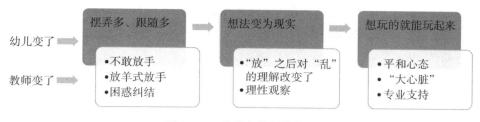

图 7 - 17 幼儿和教师的变化

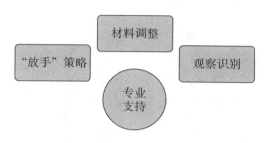

图 7 - 18 我们的专业支持

（一）"灵动游戏"空间的"放手"策略

小班"灵动游戏"的实施与调整过程,打破了固有的对小班幼儿的理解与思维,对种种游戏的隐形破坏说"不",用"放手"支持小班游戏更加灵动多彩。下面总结了三个"放"的策略。

（1）放手——环境留白。把空间全部还给幼儿,幼儿想怎么玩就怎么玩。

（2）放权——材料自选、规则自定。低结构材料和可移动的桌椅、橱柜便于幼儿自由组合运用,打破预设的束缚。

（3）放心——把游戏还给幼儿。相信幼儿,最会玩游戏的是幼儿!

尊重幼儿的兴趣和意愿,小班幼儿的游戏主题也从较为固化的"小医院""理发店""餐厅"等拓展出了"解放军""游泳馆""马戏团""飞机场""线路工程师""快递员""迷宫"等二十几个小班游戏主题,从幼儿不间断的互动以及情节发展中教师观察到了幼儿游戏的目的性、装扮水平、合作能力、语言表达能力、认知水平、解决问题的能力正在不断提升。

（二）小班游戏材料库的创设与调整

有限的小班教室空间,材料库尽量力求布局巧妙、结构合理、收纳规范,让幼儿就近取用,方便实用。

1. 类别清晰

材料库中的材料依据其本身特点投放即可,不用特意强调种类区分。目前游戏中一般可以分成：玩过的游戏（以材料打包盒呈现）、典型材料（形象逼真的）、自然物与废旧物（支持替代）。

2. 结构合理

分类材料有固定的摆放地点和置物橱架并配置同种置物筐，便于幼儿取用和记忆。

图 7 - 19　固定地点　　　　　　　　图 7 - 20　框架统一

3. 美观温馨

风格和谐，做到色系协调、陈列相宜，使幼儿感受到清新美好。在色彩造型上，应该给幼儿以美的视觉享受。

图 7 - 21　和谐美观　　　　　　　　图 7 - 22　陈列相宜

4. 标示形象

所有材料架及材料筐上均要有醒目的、一一对应的标示图样，让小年龄的幼儿在这里找到自己熟悉和喜欢的玩具，边游戏边学习一些生活的技能。

图 7－23　一一对应

（三）幼儿游戏行为的观察与识别

在课程领导力项目实践研究中,我们围绕六个观察角度拟定了"幼儿游戏行为观察识别指引"(试用版),以替代行为为例(见表 7－5),让教师结合幼儿游戏行为更全面地了解幼儿个体的情况。

表 7－5　幼儿游戏行为观察识别指引(试用版)

行为表现 ＼ 观察角度	角度一：目的性、兴趣性	角度二：情绪控制	角度三：装扮行为	角度四：替代行为	角度五：合作交往	角度六：规则理解与执行
典型行为				• 无替代行为。 • 无目的替代。 • 用与原型不相似的物品替代(随口一说、随手一拿)。 • 选择功能相似的材料进行替代。 • 能根据形状、大小、颜色等相似的材料进行替代。 • 用不同物品进行同一替代。 • 拼搭、组合、改造材料进行替代。 • 通过绘制图示、符号进行替代。 • 用同一物品进行多种替代。 • 通过肢体动作表达(如做出手势打电话、开汽车)。 • 同一情节中使用多物替代。		

"幼儿游戏行为观察识别指引"将成为提升教师观察识别水平的记录工具，通过大量的拍摄照片和录像，依据观察角度比对典型行为，不断提升教师观察识别的能力。

游戏能否真正成为幼儿园的基本活动，不取决于幼儿本身而取决于教师是否认同游戏对幼儿发展的价值，是否愿意守护幼儿的原生态。小班幼儿在"灵动游戏"课堂里的无限创造正是这份认同与守护带来的。

真正"放手后"，我们真切感受到孩子们比我们更会玩，我们更清晰地认识到"一个好的游戏陪伴者能有效助推游戏的发展、助推幼儿的发展"。教师沉下心去，耐心地倾听幼儿、读懂幼儿，在等待与包容中发现幼儿的不同、发现幼儿的精彩。希望我们的实践与反思——

让更多的教师还幼儿的"真游戏"！

让更多的教师懂幼儿的"真游戏"！

让更多的教师享受幼儿的"真游戏"！

让更多的教师给幼儿一个自主的游戏创造空间！

（执笔人：徐霖　王芳）

【专家点评】

课例反映了教师在贯彻"幼儿园以游戏为基本活动"的精神中实现"相信儿童是有能力的学习者与沟通者"的理念思考与行动。以碰到的真实问题为抓手，围绕新小班如何放手游戏为切入点开展研究，清晰呈现了"实验观察—分析反思—调整、再假设"的过程。从教师以为的"三个娃娃家"环境创设，到"一个娃娃家"，再到提供"完全留白"空间，呈现了教师逐步"自我觉醒"的过程，这是专业能力的体现，更是未来提升适度回应、提供针对性教育的基础。

课例还充分反映了园所多年来倡导实施"幼儿自主、教师放手"，提升观察识别能力的成效。其中"幼儿游戏行为观察指引"是教师解读幼儿的重要工具，依据六个角度分析幼儿游戏行为，具有前瞻性和可操作性。

（上海市教育委员会教学研究室　徐则民）

2　结构游戏中教师的"为"与"不为"

——以小班某幼儿"小球的旅行"游戏为例

上海市杨浦区教育学院附属幼儿园

一、主题与背景

(一)课堂定义

对于幼儿园教育而言,一日生活皆课程,因此我们对于"课堂"的定义是广义的,不仅仅是集体教学活动,而是涵盖了幼儿园生活、运动、游戏、学习各个环节。针对我园的课程特色和研究重点,我们将"课堂"聚焦于幼儿的结构游戏,提出"乐智课堂"的活动理念,乐是指幼儿乐于体验、乐于探究、乐于表达的积极态度,智是指关注幼儿多元智能的发展。在结构游戏中,充分尊重幼儿的兴趣、需要、想象和创造,使其在快乐玩耍中、在愉快体验中,实现各领域的全面和谐发展。

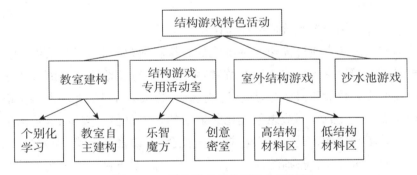

图 7-24　结构游戏特色活动内容框架

(二)课程文本编制

我园对 2013 版的课程实施方案进行了全面调整,重点突出课程理念的深化、课程目标的完善、课程实施的细化、课程评价的补充以及课程管理的完善。在优化课程实施方案的基础上,逐级细化,落实文本操作,形成学校层面的文本设计(结构游戏特色活动方案)、教研组层面的文本设计(各年龄段结构游戏操作实施方案)以及教师层面的文本设计(幼儿结构游戏案例)。

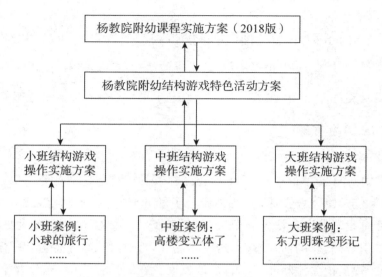

图 7-25　结构游戏特色活动方案实施路径

（三）问题指向

1. 存在的问题

（1）教师对结构游戏价值的片面认识

结构游戏是儿童通过操作各种不同的结构材料（如积木、积塑、沙、土、金属结构材料、石子等）进行物体造型的游戏，是幼儿创造性地反映周围现实生活的一种游戏形式。教师普遍认为，结构游戏就是"搭积木"，对幼儿的发展价值也就是动作发展、空间感知、创造想象等比较显性的功能价值。实质上，结构游戏能促进幼儿健康与体能、习惯与自理、自我与社会性、语言与交流、探究与认知、美感与表现的全面发展。教师的片面认识，使得他们在开展结构游戏活动时只关注幼儿某方面的发展。

（2）教师重建构技能，不善观察也不会解读

以往只是通过"解读幼儿建构作品"来分析幼儿，教师评价最多的就是幼儿建构技能水平的高低，为了让幼儿这方面的技能获得发展和提高，就开始手把手地教授幼儿技能，慢慢地就有了重结果而轻过程的现象。游戏是过程式的体验，关注幼儿在游戏中的行为，才能更客观、更全面地了解幼儿。现在，让教师放开手，学习观察和解读幼儿，又产生了新的困惑：看什么？怎么看？看了以后怎么办？

2.转型的方向

基于上述问题,聚焦教师教育理念的转变和观察解读能力的提升,我们把课堂文化转型的主题确定为"回归游戏本质,尊重幼儿经验"。让幼儿能够按自己的意愿,选择建构材料和游戏伙伴,运用已有的经验,自由、自主、自信地进行建构。而教师变周密地计划为真实地记录,变严谨地引导为静心地观察,变频繁地介入为客观地分析。我们希望,基于观察,探索幼儿结构游戏发展的规律,并基于幼儿的发展基础(即需要),给予适度的支持。

二、设计与实践

(一) 案例撰写要点

"从建构故事出发……"引导教师在记录"建构故事"的过程中学习观察和尊重幼儿自发产生的游戏行为,进行客观真实的记录,并尝试分析原因,从而了解不同年龄段幼儿结构游戏的特点,认识结构游戏与幼儿全面发展的关系。

教师要把握三个重点:第一,客观、完整地观察并记录幼儿在游戏中真实的想法与行为;第二,接纳幼儿的游戏行为,尊重个体发展,不随意介入;第三,尝试解读、分析幼儿游戏行为,思考教师支持策略。

(二) 案例实践过程

以小班结构游戏案例——小球的旅行为例。

1.情境现象

开学2个月后的一天,从小班结构游戏专用活动室乐高活动区传来了"咚咚咚"的声音,引起了教师的注意。教师觉得乐高管道积木是用来搭建的,幼儿应该用积木探索如何搭高、延长、接插牢固,变化出不同的造型。但是,幼儿对乐高积木中的"小球"这个材料感兴趣,还玩起了"滚球"游戏。

2.产生问题

幼儿出现了与教师预想不同的游戏行为,应该怎么办?

3.调整观察

幼儿在探索乐高管道积木的过程中,出现了哪些游戏行为? 为了不让小球掉到地上,幼儿是如何解决问题的?

4. 过程记录与解读

表7-6 幼儿结构游戏观察与分析表

日期	2018.11.14	观察重点	幼儿在探索乐高管道积木的过程中,出现了哪些游戏行为?		
观察记录		幼儿行为	分析解读	支持介入	幼儿反应
		上午: 小雅拿了一个小球,放在桌子上不停地滚来滚去。	幼儿对小球感兴趣,但是滚球行为与建构毫无关联。	教师对小雅说:"你看,这里还有很多好玩的积木呢!"教师直接从框里拿了一些积木放在小雅面前说:"可以用这些材料来搭积木哦!"	先不理睬,继续玩球。后来把小球放到直筒管道里,再拿掉管道,继续玩滚球游戏。(两次介入均无效。)
		下午: 小雅直接从框里拿出直筒管道,开始向上接插垒高。接着又开始把小球塞进去,塞满后拿起管道,小球全都掉出来滚落在地上。 晨晨不小心把管道碰倒后,小球从倒下横置的管道里滚出来。于是,小雅开始往横置的管道里塞球。 后来,小雅不断地尝试:一手按住管道,让管道不晃动;把管道一头垫高增加坡度,让小球容易滚出来;缩短管道长度让小球更快滚出来。	为了能滚更多的小球,幼儿出现了接插垒高的建构行为。 改变管道的方向后,幼儿开始探索小球从纵向到横向的滚动。 幼儿想要改变管道坡度,于是开始关注材料,挑选他们觉得合适的,并尝试用不同形状的材料进行建构。	经历了上午的无效介入,下午游戏时教师克制想要主观介入的冲动,选择继续观察。 教师把桌子下面的框拉出来,让小球能顺势掉进框里。教师说:"给小球安个'家'吧!"	小雅滚球的行为引起了同伴的关注,和同伴一起探索滚球的更多玩法。 幼儿欣然接受,继续玩滚球游戏。(介入有效,既解决了小球不断掉在地上的问题,也没有打扰幼儿继续游戏。)

260

（续表）

反思与调整	• 反思:不以成人的主观想法否定幼儿的行为。 游戏中教师有三次想要主观介入。第一次,小雅搭了一个很简单的直筒管道后就开始往里面塞小球,搭建行为仅有3分钟;第二次,看到她在框里继续寻找小球,猜测她可能想要塞更多的小球,想要阻止她的行为;第三次,当小球"咣"的全部掉出来,桌上、地上全是小球。想要介入,是因为教师觉得小雅的行为可能会影响到正在专注搭建的其他孩子,打扰了群体的秩序,那是从成人的角度认为的。而实质上,成人认为的打扰可能是引起幼儿的关注、兴趣和好奇心的因素。很庆幸当时还好教师没有介入,没有让幼儿错过一次那么棒的探索体验。 • 调整:乐高管道材料分类摆放。 基于"滚球"游戏的需求,幼儿选择用不同形状的材料进行建构,说明已经开始关注材料的特性。此时,材料混合投放可能会阻碍幼儿寻找材料。于是,教师将一个桌子下面的乐高管道积木进行了分类,为不同需求和发展水平的幼儿创设不同的游戏环境。 

日期	2018.11.21	观察重点	为了不让小球掉在地上,幼儿是如何解决问题的?		
观察记录	幼儿行为		分析解读	支持介入	幼儿反应
	小雅用方形积木搭了5层,从最上面一层开始搭了一根弯的管道。她自己把框拉出来,拿了一个小球塞进管道,小球掉出来落到框里。小雅叫我:"敏敏老师,你看,我给小球搭了一个滑滑梯。"		幼儿开始尝试用不同的材料延长接插。在熟悉材料之后,幼儿慢慢产生新的经验与想法。幼儿想搭"滑滑梯",就自然而然地选择了弯管,出现了探索管道转向的行为。	小雅:"我搭了一个滑滑梯。" 教师:"小球是谁呢?" 小雅:"是小朋友。" 教师:"那请小朋友来玩一玩滑滑梯吧。" 小雅把小球塞进管道里,小球"咚"的掉了地上。 教师:"哎哟,从这么高的地方掉下来,小朋友要疼死了。" 星星:"管道换一下,朝后面。"小雅立马换方向验证。 小雅:"还是会滚到地上的。" 教师:"那有什么办法可以保护小朋友,不让'他们'掉到地上呢?" 其他幼儿:"管子再长一点、用东西接住、搭一个围栏、搭一个家……"	开始思考不让小球掉到地上的方法,自发出现了更多与建构相关的行为。 引起了其他幼儿对乐高管道积木的关注。

（续表）

反思与调整	• 思考：把握幼儿年龄特点，适当点拨推进。 交流分享中，教师试着用拟人化的方式，把"小球"比作"小朋友"，贴近幼儿的生活经验，用夸张的语言和动作让幼儿感受、发现小球掉在地上的问题。情境性、形象化的方式能够吸引小班幼儿的注意力和兴趣，也能激发幼儿一起讨论、解决问题的意愿。			
日期	2018.11.28	观察重点	继续关注为了不让小球掉在地上，幼儿是如何解决问题的？	
观察记录	幼儿行为	分析解读	支持介入	幼儿反应
	礼儿主动要求和小雅一起搭滑滑梯，小雅同意了。小雅熟练地垒高5层后，开始用积木在底座上围合。她对礼儿说："我要给小球搭个家，你帮我拿积木吧！" 完成"家"之后，小雅开始在最上面的洞口接管道，加长、缩短试了十多次，小球终于掉进了家里。她兴奋地说："敏敏老师，你看，我成功了。" 	幼儿建构更有目的。搭建小球的"家"时，出现了围合的建构技能，并运用目测和比较的方法确定"家"的大小，有目的地选择形状进行搭建。 幼儿尝试变化管道的长度反复试验，在探索中萌发学习兴趣，并获得新经验，收获成功的体验。	继续跟踪观察，给予幼儿肯定与鼓励，并寻找可能生成的教育契机。	挑战"小球安全落到家里"，获得成功，小雅感到很自豪。

（续表）

反思与调整	• 思考:幼儿在探索中萌发学习兴趣、获得新经验。 今天的游戏小雅目的非常明确,就是想搭一个安全的,能让"小朋友"不掉在地上的滑滑梯。从第一次搭直筒管道时的 3 分钟,到后来持续搭建将近 25 分钟,由此感悟到,当幼儿专注于自己感兴趣的事物时,他们的目的性、坚持性都会自然而然地提高,并在自主探索中习得建构经验和技能。 • 调整:创设环境,激发幼儿创造,支持幼儿继续探索。 慢慢地越来越多的孩子去往乐高区,看到孩子们如此喜欢,教师也悄悄地搭了一个多向转弯的管道,放在活动室里。希望幼儿能由此发现材料间连接的方法,以及管道的不同方向、不同排列、不同造型,引发幼儿持续、深入的探索。同时,也可以在模仿搭建中习得新经验,丰富幼儿建构作品的内容和主题。 

三、反思与总结

（一）尊重幼儿游戏权利,转变教师教育理念

1. 不是"我以为",而是"你愿意"

"以为"就是教师的主观判断,而"愿意"则是幼儿的真实想法。教师以为把积木摆在幼儿面前,他们就会摆弄和搭建,就可以适时地介入指导。可当幼儿没有出现教师预想的行为时,教师是否又换位思考过幼儿是否喜欢？是否愿意呢？教师要学会欣赏,不主观臆断。欣赏是一种接纳,要接纳幼儿总是喜欢某种结构材料,接纳幼儿反复垒高、延长的行为没有变化,接纳幼儿的建构时间没有增长。欣赏是尊重,要尊重幼儿的独特想法,尊重幼儿每一次的探索体验。小球不停地落在地上,在成人世界里可能是打扰,但对于幼儿来说可能是好奇,是兴趣,是快乐的体验。

2. 不是"教你搭建",而是"等你发现"

在看幼儿游戏时,教师往往会着急"有所作为":幼儿迟迟不关注材料怎么办？不搭建积木怎么办？不出现探索行为怎么办？教师要时刻提醒自己耐心等等,再等等,等待幼儿自己第一次行为自然而然地发生。"发现"的价值是幼儿自

己探索得来的,而不是成人灌输的。每个幼儿都应该有探索的权利,可以有不同的探索方法,获得不同的"发现"与"经验"。终于,等到了幼儿自己发现小球滚动的奥秘,等到了幼儿自发探索管道的连接与转向,等到了幼儿建构行为的自主习得,等到了更多幼儿对于乐高管道积木的关注与兴趣。

(二) 跟踪记录撰写案例,优化教师教育行为

我园的结构游戏案例,不是单次游戏活动的记录,而需要通过几次相关活动的跟踪观察和跟进策略来完成。根据教师的专业发展标准等级,分成"合格教师""成熟教师""骨干教师"三个层级,并提出不同的撰写要求。合格教师:描述清晰,生动还原情景,有分析与反思;成熟教师:有案例、有分析、有反思,案例之间要有关联;骨干教师:不仅是一次活动的记录,而是若干相关情节的连续记录,有质量的分析与反思,有针对性的教师支持策略。分层撰写的方式,能够基于教师的个体纵向发展,贴近教师的最近发展区,聚焦教师教育行为的改变,提升教师观察解读、识别支持的能力。

"眼中有孩子,心里懂孩子"是我园的教师发展目标。希望教师谨慎介入,先做"看得到"幼儿的建构行为,再做"品得到"幼儿的建构故事,努力"读得懂"幼儿的个性特点和发展水平,力求"推得准"幼儿的发展空间,使得幼儿的结构游戏更具发展价值。

(三) 开展循环实证研究,调整完善课程文本

课程领导力视域下课堂文化转型的课例研究,是一个周而复始循环研究的过程:基于调研—修订方案—细化操作—解读识别—实践反思—发现问题—再修改完善。"小"到案例,每一次调整,是基于教师上一次观察幼儿游戏中发现的问题,是对幼儿已有经验的解读识别,是为了支持幼儿下一次游戏的需求和发展;"大"到课程,每一次调整,是基于该年龄段幼儿的共性问题,是对幼儿典型行为的梳理与归纳,是为了优化课程实施方案的操作性。无论大小,都以实践数据为佐证,在确保已达成统一要求的基础上,连轴式地继续下一轮的实践研究,促使研究以滚雪球的方式向前迈进。

课例研究过程中,每一位教师不仅是实践者,更是设计者、研究者,课程文本不再是高高在上的"教科书",而是每一位教师在日常工作中的"工具书",既能"上得讲堂",也能"下得课堂"。

(执笔人:陈馥敏)

【专家点评】

幼儿园结合结构游戏的研究以及实践推进,形成了兼具内涵与细节的课例,诠释了幼儿园的课堂文化转型。课例中,教师聚焦幼儿与材料互动的分析,在幼儿发起活动与教师支持性活动之间螺旋式地转换、衔接以及递进,体现了教师理念的转变和行为的优化,再现了幼儿园课程实施方案落地特色活动的实践过程,折射出教师个体到幼儿园整体的课程领导力提升。建议再适当扩大视角,以典型普遍问题来佐证"乐智课堂"理念如何扎根日常教育教学实践。

(上海市教育委员会教学研究室　周洪飞)

追求玩与美的课堂样态
——从中班涂鸦墙看教师的课堂转型

上海市杨浦区五角场幼稚园

一、主题与背景

"玩美世界"是五角场幼稚园的特色课程,"玩"是指游戏精神,是儿童生命和成长的一种状态、一种方式;"美"是指美感体验,是对于美的事物的亲身经历和感受领会;"世界"是指时空。"玩美世界"的课程理念——追求游戏精神、追逐美感体验的时空。面对课堂文化转型的新命题,遵循学前教育规律,结合我园特点和实际,我们以美术专用活动室为切入点进行探索和实践。

五角场幼稚园一园三部,共有四个"玩美世界"美术专用活动室,经过特色项目组的研制,形成了《五角场幼稚园"玩美世界"操作指引》。我们将专用活动室定位为低结构的美术活动,规划了泥工区、涂鸦区、创意区、玩色区等基本区域,提供了相应的活动材料,让幼儿运用多种材料进行想象创作,获得多样化表达的经验,从而在美术活动中获得感受美、体验美与创造美的能力。

《五角场幼稚园"玩美世界"操作指引》的文本制定如何凸显教师教育理念和教育行为的动态转型,如何体现教师对于幼儿艺术表现的充分理解、尊重与支持;文本课例中如何体现活动环境、材料与"玩美"理念的契合,为每一位儿童创造表达认识和情绪态度的条件与机会。为此我园的特色项目组采用视频录制、微格分析的方式,对教师组织"玩美世界"课堂文化转型活动的课例开展研究。

二、设计与实践

（一）活动实录

中班的"玩美世界"活动时间到了，小西老师带着孩子们开始活动。老师为孩子们准备好了一块大大的玻璃水幕墙、各色颜料、大小不一的毛笔、排刷、海绵棒、橡胶滚筒、小水桶和倒穿衣等材料。孩子们很喜欢涂鸦，他们自己选择颜料，开始画画。青青将海绵棒蘸满了颜料，在水幕墙上印出了一团团花纹；小辉将黄色和红色调在一起，用橡胶滚筒印了很多叶子；晓晓正在画机器人，她一边画一边对旁边的悦悦说："我觉得你给美人鱼加个皇冠吧，如果你不会画，我来帮你画……"孩子们按照自己的意愿自由地选择各种工具、材料进行着创作，还互相欣赏、交流着。站在水幕墙最左边的轩轩用毛笔先画了一个圆形，又画了一个方形，然后又将圆形和方形都涂上了黑色。随后他停下画笔，看了一会儿其他小朋友的画，突然他挥着蘸满了颜料的毛笔，向水幕墙边泼边开心地说："下雨啦，下雨啦！"只见一团团深色颜料泼满了他面前的墙，悦悦立刻大叫起来："你把我的美人鱼公主弄黑啦。"轩轩说："我是在下雨呢！"悦悦原来色彩丰富的画上，已经布满了"黑色的雨"。"停停停"小西老师赶紧走过来，对着轩轩说："你不要画了，瞧你画得把人家的画都遮住了，不要再泼了。"轩轩委屈地放下手中的画笔，离开了涂鸦区。

（二）活动分析

特色项目组教研时，组长请大家看了活动视频并讨论：视频中当"轩轩挥洒黑雨"时，教师进行了阻止，让轩轩到别的区域去活动，老师这样的行为适宜吗？为什么？

教师甲："我认为老师不让轩轩再画了，这样的方式不合适。轩轩被老师否定了，会影响到他参与活动的积极性。"

很多教师点头认同，组长问："老师为什么会这样做呢？在活动中，小西老师观察到了什么？识别的依据是什么呢？"

小西老师："我看到轩轩画了两个图形，涂成一团黑，几乎没有画出作品，而且他还挥洒颜料，影响到了别人，所以我才让他停下来不要画了。"

教师乙："我认为小西老师识别的依据在于成人视角，可能更希望孩子们能画得好，好像涂鸦区的其他小朋友这样画，因此轩轩的表现没有得到认可。"

组长："确实，不同的理念导致不同的观察识别。以成人的视角观察，我们看到了大部分幼儿涂鸦作品完整丰富，色彩鲜艳，相比之下轩轩的就是'不合格'，这些都是从轩轩的行为中观察并识别出的信息。但是以'玩美世界'的定位和理念来观察呢？我们除了从行为中去观察，还能从其他方面观察吗？又会识别出怎样的信息呢？"

组长的问题让所有教师陷入了思考。

教师甲："我观察到轩轩是自主选择涂鸦区的，他乐意参与活动。他一边自己画，还一边关注同伴在画什么。他洒颜料时也很开心，我认为他不是故意破坏悦悦的美人鱼。他很喜欢'下雨'的创作，他还配合以语言表达。"

教师丙："我观察到轩轩画了方形和圆形，先画轮廓后涂色的。当轩轩被老师制止时，他的情绪一下子低落了，他的神态很委屈。"

组长："两位老师观察到了轩轩的行为意愿、动作表情、表现的内容以及语言，那从中能识别出哪些信息呢？"

教师乙："从以上的观察，我识别出轩轩喜欢涂鸦区的活动，乐意摆弄探索涂鸦工具，他处于简单图形的表现阶段，能展开联想并用语言表达。"

大家都点头赞同，组长追问："依据这样的识别信息，如果回到活动现场，你会怎样做呢？"

小西老师："我不会对轩轩说不要再泼了，我也不会指责他破坏别人的画，我会说美人鱼好像不喜欢淋雨哦，我们把雨下在空的地方吧。"

教师丁："还可以问轩轩，你画的是什么呀？为什么要下雨呢？"

教师甲："还可以给轩轩滚筒和海绵棒，请他用更多的工具来涂鸦，并且问他画了什么……"

组长总结："不同的观察视角识别出了两种截然不同的信息，教师的行为从制止转变为支持，可见'玩美世界'理念引领的重要性。'玩'是指追求游戏精神，教师认可孩子在游戏，从游戏的视角观察识别他们的需求，以游戏的方式进行指导，这才是追求游戏精神。'美'是指追逐美感体验，让孩子感受到教师能认同他们对美的表达方式的各异性。不过，教师作为指导者，也要关注对表达方式适宜性的引导，比如个体行为对他人的影响、情绪引导等。因此幼儿创作的过程就是不断表达—体验—感受—再表达的过程，这样的'玩美世界'才是幼儿真正实现亲身经历与拓展经验的过程。"

组长补充："同时教师用正确的方法观察很重要。观察幼儿的活动状态、使用工具与材料、美术经验与表现能力、同伴互动等，全面的观察与识别能不断提高教师解读幼儿的专业能力，也是有效支持的前提。"

小西老师感慨："经过这样的研讨，我觉得轩轩画得很有趣，他一定有故事想讲给我听。我想不仅孩子喜欢这样的'玩美世界',我也真正体会到了'玩美世界'的价值与意义。"

三、反思与总结

通过课例研究,课题组老师对于"玩美世界"课程的实施,进行了深刻的反思。

反思一:课例研究促进教师理念内化。

在研讨中发现,虽然教师对课程理念都非常熟悉,但面临活动中的问题时,仍往往会以成人视角或传统经验来观察解读,做出与理念不符的教育行为。因此,抓住活动中的典型性问题,开展深入研究,才能真正将课程理念转化为有效的教育行为。

反思二:需要建立有效的观察识别指标。

研讨中发现教师的专业能力存在差异,有些教师的观察指导依赖于经验判断,如何帮助教师正确开展实证识别,也是课程建设中需要解决的问题。

因此我们总结了两条有效策略。

(1)制定课程培训制度。开展每月一次的定期研讨,结合经典案例的研究,帮助教师理解"玩美世界"在课程实施中的定位和价值,厘清专用活动室的区域设置、材料投放与课程目标和幼儿发展之间的关系。

(2)研制玩美活动室幼儿观察提示要点,教师使用玩美活动室幼儿学习行为观察记录表,帮助教师明确观察维度与路径,为开展有效的支持提供依据。

通过中班涂鸦墙的课例研究,教师持续深入理解课程理念,不断以课程理念指导、反思、改善自身的教育行为,学校的特色课程文本也在课例研究的循证过程中不断调整与优化。课堂文化转型视域下的课程领导力项目研究,始终在引导我们同频共振,追求、创造我园的玩美课堂!

(执笔人:匡淑蓉)

【专家点评】

课例要素齐全,表述较清晰,能体现文本的价值引领。课例能聚焦课堂真实问题,通过实证的记录,总结反思问题解决的方法与策略。建议在总结反思中能以"玩美"为导向,将教师理念行为的转变与"玩美"的内涵相结合,进一步体现课堂文化的转型。

(上海市杨浦区人民政府教育督导室 张根洪)

图书在版编目（CIP）数据

课程领导力视域下的课例研究／卜健，周梅主编. — 上海：上海教育
出版社，2020.11
ISBN 978-7-5720-0004-1

Ⅰ.①课… Ⅱ.①卜… ②周… Ⅲ.①学前教育－课堂教学－教学研究
②中小学－课堂教学－教学研究 Ⅳ.①G612②G632.421

中国版本图书馆CIP数据核字(2020)第225377号

责任编辑　茶文琼　公雯雯
封面设计　毛结平

课程领导力视域下的课例研究
卜　健　周　梅　主编

出版发行　上海教育出版社有限公司
官　　网　www.seph.com.cn
地　　址　上海市永福路123号
邮　　编　200031
印　　刷　启东市人民印刷有限公司
开　　本　700×1000　1/16　印张 17.5
字　　数　305 千字
版　　次　2020年11月第1版
印　　次　2020年11月第1次印刷
书　　号　ISBN 978-7-5720-0004-1/G·0003
定　　价　68.00 元

如发现质量问题，读者可向本社调换　　电话：021-64377165